I0270752

QUESTIONS
SUR
L'ENCYCLOPÉDIE,
PAR
DES AMATEURS.

SECONDE PARTIE.

M. DCC. LXX.

QUESTIONS
SUR
L'ENCYCLOPEDIE.

APOCRYPHE,

DU MOT GREC QUI SIGNIFIE CACHÉ.

N remarque très bien, dans le Dictionnaire encyclopédique, que les divines écritures pouvaient être à la fois sacrées & apocryphes ; sacrées, parce qu'elles sont indubitablement dictées par DIEU même ; apocryphes, parce qu'elles étaient cachées aux nations, & même au peuple Juif.

Qu'elles fussent cachées aux nations, avant la traduction grecque faite dans Alexandrie

Seconde partie. A

sous les *Ptolomées*, c'est une vérité reconnue.
Liv. I. Joseph l'avoue dans la réponse qu'il fit à
ch. IV. *Appion*, après la mort d'*Appion*; & son a-
veu n'en a pas moins de poids, quoiqu'il
Liv. XII. prétende le fortifier par une fable. Il dit dans
ch. II. son histoire, que les livres juifs étant tous
divins, nul historien, nul poëte étranger
n'en avait osé jamais parler. Et immédiatement après avoir assuré que jamais personne
n'osa s'exprimer sur les loix juives, il ajoute
que l'historien *Théopompe* ayant eu seulement
le dessein d'en insérer quelque chose dans son
histoire, Dieu le rendit fou pendant trente
jours; qu'ensuite ayant été averti dans un
songe qu'il n'était fou, que pour avoir voulu
connaître les choses divines, & les faire connaître aux prophanes, il en demanda pardon
à Dieu, qui le remit dans son bon sens.

Joseph, au même endroit, rapporte encor
qu'un poëte nommé *Théodecte*, ayant dit un
mot des Juifs, dans ses tragédies, devint
aveugle, & que Dieu ne lui rendit la vue
qu'après qu'il eut fait pénitence.

Quant au peuple Juif, il est certain qu'il y
eut des tems où il ne put lire les divines
écritures, puisqu'il est dit dans le quatriéme
Ch. XXII. livre des Rois, & dans le deuxiéme des
✯. 8. Paralipomènes, que sous le roi *Josias* on
c. XXXIV. ne les connaissait pas, & qu'on en trouva
✯. 14. par hazard un seul exemplaire dans un cof-

fre, chez le grand-prêtre *Helcias* ou *Hel-kia*.

Les dix tribus, qui furent difperfées par *Salmanafar*, n'ont jamais reparu ; & leurs livres, s'ils en avaient, ont été perdus avec elles. Les deux tribus, qui furent efclaves à Babilone, & qui revinrent au bout de foixante & dix ans, n'avaient plus leurs livres; ou du moins ils étaient très rares & très défectueux, puifque *Efdras* fut obligé de les rétablir. Mais quoique ces livres fuffent apocryphes pendant la captivité de Babilone, c'eft-à-dire, cachés, inconnus au peuple, ils étaient toûjours facrés ; ils portaient le fceau de la Divinité, ils étaient, comme tout le monde en convient, le feul monument de vérité qui fût fur la terre.

Nous appellons aujourd'hui *apocryphes* les livres qui ne méritent aucune créance, tant les langues font fujettes au changement. Les catholiques & les proteftans s'accordent à traiter d'apocryphes en ce fens & à rejetter

La Prière de Manaffé, roi de Juda, qui fe trouve dans le quatriéme livre des Rois.

Le troifiéme & quatriéme livre des Machabées.

Le quatriéme livre d'Efdras, quoiqu'ils foient inconteftablement écrits par des Juifs; mais on nie que les auteurs ayent été infpirés de DIEU ; ainfi que les autres Juifs.

A ij

APOCRYPHES.

Les autres livres juifs, rejettés par les seuls protestans, & regardés par conséquent comme non inspirés par DIEU même, sont

La Sagesse, quoiqu'elle soit écrite du même stile que les Proverbes.

L'Ecclésiastique, quoique ce soit encor le même stile.

Les deux premiers livres des Machabées, quoiqu'ils soient écrits par un Juif; mais ils ne croyent pas que ce Juif ait été inspiré de DIEU.

Tobie, quoique le fond en soit édifiant. Le judicieux & profond *Calmet* affirme, qu'une partie de ce livre fut écrite par *Tobie* père, & l'autre par *Tobie* fils, & qu'un troisiéme auteur ajouta la conclusion du dernier chapitre, laquelle dit, que le jeune *Tobie* mourut à l'âge de 99 ans, & que les enfans l'enterrèrent gaîment.

<small>Préface de *Tobie*.</small> Le même *Calmet*, à la fin de sa préface, s'exprime ainsi: „ Ni cette histoire en elle-
„ même, ni la manière dont elle est racontée,
„ ne portent en aucune manière le caractère
„ de fable, ou de fiction. S'il falait rejetter
„ toutes les histoires de l'Ecriture où il paraît
„ du merveilleux & de l'extraordinaire, où
„ serait le livre sacré que l'on pourait con-
„ server? "

<small>*Luther* dans la préface allemande du liv. de *Judith*.</small> *Judith*, quoique *Luther* lui-même déclare que „ ce livre est beau, bon, saint, utile,
„ & que c'est le discours d'un saint poëte &

„ d'un prophète animé du St. Esprit, qui
„ nous inftruit, &c. "

Il eft difficile à la vérité de favoir en quel
tems fe paffa l'avanture de *Judith*, & où
était fituée la ville de Bethulie. On a difputé auffi beaucoup fur le degré de fainteté de
l'action de *Judith*; mais le livre ayant été déclaré canonique au concile de Trente, il n'y
a plus à difputer.

Baruch, quoiqu'il foit écrit du ftile de
tous les autres prophètes.

Efther. Les proteftans n'en rejettent que
quelques additions après le chapitre dix;
mais ils admettent tout le refte du livre, encore que l'on ne fache pas qui était le roi
Affuérus, perfonnage principal de cette hiftoire.

Daniel. Les proteftans en retranchent l'a-
vanture de *Sufanne*, & des petits enfans dans
la fournaife; mais ils confervent le fonge de
Nabucodonofor & fon habitation avec les
bêtes.

DE LA VIE DE MOÏSE, LIVRE APOCRYPHE
DE LA PLUS HAUTE ANTIQUITÉ.

L'ancien livre qui contient la vie & la
mort de *Moïfe*, paraît écrit du tems de la
captivité de Babilone. Ce fut alors que les
Juifs commencèrent à connaître les noms que Voyez
les Caldéens & les Perfes donnaient aux anges. *Ange.*

C'est-là qu'on voit les noms des *Zinguiel*, *Samaël*, *Tſakon*, *Lakah*, & beaucoup d'autres dont les Juifs n'avaient fait aucune mention.

Le livre de la mort de *Moïſe* paraît poſtérieur. Il eſt reconnu que les Juifs avaient pluſieurs vies de *Moïſe* très anciennes, & d'autres livres indépendamment du Pentateuque. Il y était appellé *Moni*, & non pas *Moïſe* ; & on prétend que *mo* ſignifiait de l'eau, & *ni* la particule *de*. On le nomma auſſi du nom général *Melk* ; on lui donna ceux de *Joakim*, *Adamoſi*, *Tehtmoſi*, & ſurtout on a cru que c'était le même perſonnage que *Manethon* appelle *Ozarziph*.

Quelques-uns de ces vieux manuſcrits hébraïques furent tirés de la pouſſière des cabinets des Juifs vers l'an 1517. Le ſavant *Gilbert Gaumin*, qui poſſédait la langue parfaitement, les traduiſit en latin vers l'an 1635. Ils furent imprimés enſuite & dédiés au cardinal de *Bérule*. Les exemplaires ſont devenus d'une rareté extrême.

Jamais le rabiniſme, le goût du merveilleux, l'imagination orientale, ne ſe déployèrent avec plus d'excès.

FRAGMENT DE LA VIE DE MOÏSE.

Cent trente ans après l'établiſſement des Juifs en Egypte, & ſoixante ans après la mort du patriarche *Joſeph*, le pharaon eut un songe en dormant. Un vieillard tenait une balance ; dans l'un des bassins étaient tous les habitans de l'Egypte, dans l'autre était un petit enfant, & cet enfant pesait plus que tous les Egyptiens ensemble. Le pharaon appelle aussi-tôt ses shotim, ses sages. L'un des sages lui dit : *O roi ! cet enfant est un Juif, qui fera un jour bien du mal à votre royaume. Faites tuer tous les enfans des Juifs, vous sauverez par-là votre empire, si pourtant on peut s'opposer aux ordres du destin.*

Ce conseil plut à *Pharaon*, il fit venir les sages-femmes, & leur ordonna d'étrangler tous les mâles dont les Juives accoucheraient... Il y avait en Egypte un homme nommé *Abraham* fils de *Keath*, mari de *Jocabed* sœur de son frère. Cette *Jocabed* lui donna une fille nommée *Marie*, qui signifie *persécutée*, parce que les Egyptiens descendans de *Cham* persécutaient les Israëlites. *Jocabed* accoucha ensuite d'*Aaron*, qui signifie *condamné à mort*, parce que le pharaon avait condamné à mort tous les enfans Juifs. *Aaron* & *Marie* furent préservés par les anges du Seigneur, qui les nourrirent aux champs, & qui les rendirent à leurs parens quand ils furent dans l'adolescence.

Enfin *Jocabed* eut un troisiéme enfant : ce fut *Moïse* (qui par conséquent avait quinze ans de moins que son frère). Il fut exposé sur le Nil. La fille du pharaon le rencontra en se baignant, le fit nourrir, & l'adopta pour son fils, quoiqu'elle ne fût point mariée.

Trois ans après, son père le pharaon prit une nouvelle femme ; il fit un grand festin, sa femme était à sa droite, sa fille était à sa gauche avec le petit *Moïse*. L'enfant en se jouant lui prit sa couronne & la mit sur sa tête. *Balaam* le magicien, eunuque du roi, se ressouvint alors du songe de sa majesté. Voilà, dit-il, cet enfant qui doit un jour vous faire tant de mal ; l'esprit de Dieu est en lui. Ce qu'il vient de faire est une preuve qu'il a déja un dessein formel de vous détrôner. Il faut le faire périr sur le champ. Cette idée plut beaucoup au pharaon.

On allait tuer le petit *Moïse*, lorsque Dieu envoya sur le champ son ange *Gabriel* déguisé en officier du pharaon, & qui lui dit ; Seigneur, il ne faut pas faire mourir un enfant innocent qui n'a pas encor l'âge de discrétion ; il n'a mis votre couronne sur sa tête que parce qu'il manque de jugement. Il n'y a qu'à lui présenter un rubis & un charbon ardent ; s'il choisit le charbon, il est clair que c'est un imbécille qui ne fera pas dangereux ; mais s'il prend le rubis, c'est signe qu'il y entend finesse, & alors il faut le tuer.

Aussi-tôt on apporte un rubis & un charbon ; *Moïse* ne manque pas de prendre le rubis ; mais l'ange *Gabriel* par un *léger de main* glisse le charbon à la place de la pierre précieufe. *Moïfe* mit le charbon dans fa bouche, & fe brûla la langue fi horriblement qu'il en refta bègue toute fa vie; & c'eft la raifon pour laquelle le légiflateur des Juifs ne put jamais articuler.

Moïfe avait quinze ans & était favori du pharaon. Un Hébreu vint fe plaindre à lui, de ce qu'un Egyptien l'avait battu après avoir couché avec fa femme. *Moïfe* tua l'Egyptien. Le pharaon ordonna qu'on coupât la tête à *Moïfe*. Le boureau le frappa; mais Dieu changea fur le champ le cou de *Moïfe* en colomne de marbre; & envoya l'ange *Michel* qui en trois jours de tems conduifit *Moïfe* hors des frontières.

Le jeune Hébreu fe réfugia auprès de *Mécano* roi d'Ethiopie, qui était en guerre avec les Arabes. *Mécano* le fit fon général d'armée, & après la mort de *Mécano*, *Moïfe* fut élu roi & époufa la veuve. Mais *Moïfe*, honteux d'époufer la femme de fon feigneur, n'ofa jouïr d'elle, & mit une épée dans le lit entre lui & la reine. Il demeura quarante ans avec elle fans la toucher. La reine irritée convoqua enfin les états du royaume d'Ethiopie, fe plaignit de ce que *Moïfe* ne lui fefait rien, & conclut à le chaffer, & à mettre fur le trône le fils du feu roi.

Moïfe s'enfuit dans le pays de Madian chez le prêtre *Jéthro*. Ce prêtre crut que fa fortune était faite s'il remettait *Moïfe* entre les mains du pharaon d'Egypte, & il commença par le faire mettre dans un cu de basse-fosse, où il fut réduit au pain & à l'eau. *Moïse* engraissa à vue d'œil dans son cachot. *Jéthro* en fut tout étonné. Il ne savait pas que sa fille *Séphora* était devenue amoureuse du prisonnier, & lui portait-elle-même des perdrix & des cailles avec d'excellent vin. Il conclut que Dieu protégeait *Moïse*, & ne le livra point au pharaon.

Cependant le prêtre *Jéthro* voulut marier sa fille ; il avait dans son jardin un arbre de saphir sur lequel était gravé le nom de *Jaho* ou *Jéhova*. Il fit publier dans tout le pays qu'il donnerait sa fille à celui qui pourait arracher l'arbre de saphir. Les amans de *Séphora* se présentèrent, aucun d'eux ne put seulement faire pencher l'arbre. *Moïse* qui n'avait que soixante & dix-sept ans l'arracha tout d'un coup sans effort. Il épousa *Séphora* dont il eut bientôt un beau garçon nommé *Gerson*.

Un jour en se promenant il rencontra Dieu, qui se nommait auparavant *Sadaï*, & qui alors s'appellait *Jéhova*, dans un buisson, qui lui ordonna d'aller faire des miracles à la cour du pharaon : il partit avec sa femme & son fils. Ils rencontrèrent chemin fesant un ange qu'on ne nomme pas, qui ordonna à *Séphora* de circoncire le petit *Gerson* avec un couteau de pierre. Dieu envoya

Aaron sur la route ; mais *Aaron* trouva fort mauvais que son frère eût épousé une Madianite, il la traita de putain & le petit *Gerson* de bâtard ; il les renvoya dans leur pays par le plus court.

Aaron & *Moïse* s'en allèrent donc tout seuls dans le palais du pharaon. La porte du palais était gardée par deux lions d'une grandeur énorme. *Balaam* l'un des magiciens du roi, voyant venir les deux frères, lâcha sur eux les deux lions ; mais *Moïse* les toucha de sa verge, & les deux lions humblement prosternés léchèrent les pieds d'*Aaron* & de *Moïse*. Le roi tout étonné fit venir les deux pélerins devant tous ses magiciens. Ce fut à qui ferait le plus de miracles.

L'auteur raconte ici les dix playes d'Egypte à-peu-près comme elles sont rapportées dans l'Exode. Il ajoute seulement que *Moïse* couvrit toute l'Egypte de poux jusqu'à la hauteur d'une coudée, & qu'il envoya chez tous les Egyptiens des lions, des loups, des ours, des tigres, qui entraient dans toutes les maisons, quoique les portes fussent fermées aux verroux, & qui mangeaient tous les petits enfans.

Ce ne fut point, selon cet auteur, les Juifs qui s'enfuirent par la mer rouge ; ce fut le pharaon qui s'enfuit par ce chemin avec son armée ; les Juifs coururent après lui, les eaux se séparèrent à droite & à gauche pour les voir combattre; tous les Egyptiens, excepté le roi, furent tués sur le sable. Alors ce roi voyant bien qu'il avait affaire à forte partie, demanda pardon à DIEU. *Michaël* & *Gabriel* furent envoyés vers lui; ils le transportèrent dans la ville de Ninive où il régna quatre cent ans.

DE LA MORT DE MOÏSE.

DIEU avait déclaré au peuple d'Ifraël, qu'il ne fortirait point de l'Egypte à moins qu'il n'eût retrouvé le tombeau de *Joseph*. *Moïse* le retrouva, & le porta fur fes épaules en traverfant la mer rouge. DIEU lui dit, qu'il fe fouviendrait de cette bonne action, & qu'il l'affifterait à la mort.

Quand *Moïse* eut paffé fix-vingt ans, DIEU vint lui annoncer qu'il falait mourir, & qu'il n'avait plus que trois heures à vivre. Le mauvais ange *Samaël* affiftait à la converfation. Dès que la première heure fut paffée, il fe mit à rire de ce qu'il allait bientôt s'emparer de l'ame de *Moïse*, & *Michaël* fe mit à pleurer. Ne te réjouis pas tant, méchante bête, dit le bon ange au mauvais, *Moïse* va mourir, mais nous avons *Jofué* à fa place.

Quand les trois heures furent paffées, DIEU commanda à *Gabriel* de prendre l'ame du mourant. *Gabriel* s'en excufa, *Michaël* auffi. DIEU refufé par ces deux anges s'adreffe à

Zinguiel. Celui-ci ne voulut pas plus obéir que les autres ; c'est moi, dit-il, qui ai été autrefois son précepteur, je ne tuerai pas mon disciple. Alors DIEU se fâchant dit au mauvais ange *Samaël*, Eh bien, méchant, prends donc son ame. *Samaël* plein de joye tire son épée & court sur *Moïse*. Le mourant se lève en colère, les yeux étincelans ; Comment, coquin, lui dit *Moïse*, oserais-tu bien me tuer, moi qui étant enfant ai mis la couronne d'un pharaon sur ma tête ; qui ai fait des miracles à l'âge de quatre-vingt ans ; qui ai conduit hors d'Egypte soixante millions d'hommes ; qui ai coupé la mer rouge en douze ; qui ai vaincu deux rois si grands que du tems du déluge, l'eau ne leur venait qu'à mi-jambe ? Va-t-en, maraut, fors de devant moi tout-à-l'heure.

Cette altercation dura encor quelques momens. *Gabriel* pendant ce tems-là prépara un brancard pour transporter l'ame de *Moïse* ; *Michaël* un manteau de pourpre ; *Zinguiel* une soutane. DIEU lui mit les deux mains sur la poitrine & emporta son ame.

C'est à cette histoire que l'apôtre *St. Jude* fait allusion dans son épitre, lorsqu'il dit que l'archange *Michaël* disputa le corps de *Moïse* au diable. Comme ce fait ne se trouve que dans le livre que je viens de citer, il est évident que *St. Jude* l'avait lu, & qu'il le regardait comme un livre canonique.

La seconde histoire de la mort de *Moïse*, est encor une conversation avec DIEU. Elle n'est pas moins plaisante & moins curieuse que l'autre. Voici quelques traits de ce dialogue.

Moïse. Je vous prie, Seigneur, de me laisser entrer dans la terre promise, au moins pour deux ou trois ans.

Dieu. Non, mon décret porte que tu n'y entreras pas.

Moïse. Que du moins on m'y porte après ma mort.

Dieu. Non, ni mort ni vif.

Moïse. Hélas! bon DIEU, vous êtes si clément envers vos créatures; vous leur pardonnez deux ou trois fois, je n'ai fait qu'un péché & vous ne me pardonnez pas!

Dieu. Tu ne sais ce que tu dis, tu as commis six péchés.... Je me souviens d'avoir juré ta mort ou la perte d'Israël; il faut qu'un de ces deux sermens s'accomplisse. Si tu veux vivre, Israël périra.

Moïse. Seigneur, il y a là trop d'adresse, vous tenez la corde par les deux bouts. Que *Moïse* périsse plutôt qu'une seule ame d'Israël.

Après plusieurs discours de la sorte, l'écho de la montagne dit à *Moïse*, tu n'as plus que cinq heures à vivre. Au bout des cinq heures, DIEU envoya chercher *Gabriel*, *Zinguiel* & *Samaël*. DIEU promit à *Moïse* de l'enterrer, & emporta son ame.

APOCRYPHES.

Quand on fait réflexion que presque toute la terre a été infatuée de pareils contes, & qu'ils ont fait l'éducation du genre-humain, on trouve les fables de *Pilpay*, de *Lokman*, d'*Esope*, bien raisonnables.

LIVRES APOCRYPHES DE LA NOUVELLE LOI.

1°. Cinquante évangiles, tous assez différens les uns des autres, dont il ne nous reste que quatre entiers, celui de *Jaques*, celui de *Nicodème*, celui de l'enfance de JESUS, & celui de la naissance de *Marie*. Nous n'avons des autres que des fragmens & de légères notices.

Le voyageur *Tournefort* envoyé par *Louis XIV* en Asie, nous apprend que les Georgiens ont conservé l'*Evangile de l'enfance*, qui leur a été probablement communiqué par les Arméniens. (*Tournefort*, lettre XIX.)

Dans les commencemens plusieurs de ces évangiles, aujourd'hui reconnus comme apocryphes, furent cités comme authentiques, & furent même les seuls cités. On trouve dans les *Actes des apôtres* ces mots que prononce St. Paul : *Il faut se souvenir des paroles du Seigneur* JESUS : *car lui-même a dit, il vaut mieux donner que recevoir.* Ch. xx. ℣. 25.

St. Barnabé, ou plutôt *St. Barnabas*, fait parler ainsi JESUS-CHRIST dans son épitre catholique : *Résistons à toute iniquité, & ayons-* N°. 4; & 7.

la en haine.... *Ceux qui veulent me voir & parvenir à mon royaume, doivent me suivre par les afflictions & par les peines.*

N°. 4. St. *Clément*, dans sa seconde épitre aux Corinthiens, met dans la bouche de JESUS-CHRIST ces paroles : *Si vous êtes assemblés dans mon sein & que vous ne suiviez pas* N°. 8. *mes commandemens, je vous rejetterai, & je vous dirai, retirez-vous de moi, je ne vous connais pas; retirez-vous de moi artisans d'iniquité.*

Il attribue ensuite ces paroles à JESUS-CHRIST : *Gardez votre chair chaste, & le cachet immaculé, afin que vous receviez la vie éternelle.*

Dans les *Constitutions apostoliques*, qui sont du second siécle, on trouve ces mots : JESUS-CHRIST *a dit; soyez des agens de change honnêtes.*

Il y a beaucoup de citations pareilles, dont aucune n'est tirée des quatre évangiles reconnus dans l'église pour les seuls canoniques. Elles sont pour la plûpart tirées de l'évangile selon les Hébreux, évangile traduit par *St. Jérôme*, & qui est aujourd'hui regardé comme apocryphe.

St. Clément le Romain, dit dans sa seconde épitre : *Le Seigneur étant interrogé, quand viendrait son régne, répondit, quand deux feront un, quand ce qui est dehors sera dedans, quand le mâle sera femelle, & quand il n'y aura ni femelle ni mâle.*

Ces paroles sont tirées de l'évangile selon

lon les Egyptiens, & le texte est rapporté tout entier par *St. Clément* d'Alexandrie. Mais à quoi pensait l'auteur de l'évangile égyptien, & *St. Clément* lui-même ? Les paroles qu'ils citent sont injurieuses à JESUS-CHRIST; elles font entendre qu'il ne croyait pas que son régne advînt. Dire qu'une chose arrivera, *quand deux feront un, quand le mâle sera femelle*, c'est dire qu'elle n'arrivera jamais. C'est comme nous disons la semaine des trois jeudis, les calendes grecques : un tel passage est bien plus rabinique qu'évangelique.

Il y eut aussi des *Actes des apôtres* apocryphes, *St. Epiphane* les cite. C'est dans ces actes qu'il est rapporté que *St. Paul* était fils d'un père & d'une mère idolâtre, & qu'il se fit juif pour épouser la fille de *Gamaliel*; & qu'ayant été refusé, ou ne l'ayant pas trouvée vierge, il prit le parti des disciples de JESUS. C'est un blasphème contre *St. Paul*.

Ch. xxx? paragraphe 16.

DES AUTRES LIVRES APOCRYPHES DU PREMIER ET DU SECOND SIÈCLES.

I°. *Livre d'Enoch septième homme après Adam*; lequel fait mention de la guerre des anges rebelles sous leur capitaine *Semexia* contre les anges fidèles, conduits par *Michaël*. L'objet de la guerre était de jouïr des filles

Seconde partie. B

des hommes, comme il est dit à l'article *Ange*. *a*)

II°. *Les actes de Ste. Thécle & de St. Paul*, écrits par un disciple nommé *Jean* attaché à *St. Paul*. C'est dans cette histoire que *Thécle* s'échape des mains de ses persécuteurs pour aller trouver *St. Paul* déguisée en homme. C'est là qu'elle batise un lion; mais cette avanture fut retranchée depuis. C'est là qu'on trouve le portrait de Paul, *staturâ brevi, calvastrum, cruribus curvis, surosum; superciliis junctis, naso aquilino, plenum gratia* DEI.

Quoique cette histoire ait été recommandée par *St. Gregoire* de Nazianze, par *St. Ambroise* & par *St. Jean Chrysostome* &c., elle n'a eu aucune considération chez les autres docteurs de l'église.

III°. *La prédication de Pierre*. Cet écrit est aussi appellé *l'Evangile, la révélation de Pierre*. St. Clément d'Alexandrie en parle avec beaucoup d'éloge; mais on s'apperçut bientôt qu'il était d'un faussaire qui avait pris le nom de cet apôtre.

IV°. *Les actes de Pierre*, ouvrage non moins supposé.

a) Il y a encor un autre livre d'*Enoch* chez les chrétiens d'Ethiopie, que *Peiresc* conseiller au parlement de Provence fit venir à très grands fraix; il est d'un autre imposteur. Faut-il qu'il y en ait aussi en Ethiopie!

V°. *Le Testament des douze patriarches.* On doute si ce livre est d'un juif ou d'un chrétien. Il est très vraisemblable pourtant qu'il est d'un chrétien des premiers tems ; car il est dit dans le *Testament de Lévi*, qu'à la fin de la septiéme semaine il viendra des prêtres adonnés à l'idolâtrie, *bellatores, avari, scribæ iniqui, impudici, puerorum corruptores & pecorum.* Qu'alors il y aura un nouveau sacerdoce ; que les cieux s'ouvriront ; que la gloire du Très-Haut, & l'esprit d'intelligence & de sanctification s'élévera sur ce nouveau prêtre. Ce qui semble prophétiser Jesus-Christ.

VI°. *La lettre d'Abgare*, prétendu roi d'Edesse, *à* Jesus-Christ, *& la réponse de* Jesus-Christ *au roi Abgare.* On croit qu'en effet il y avait du tems de *Tibère*, un *Toparque* d'Edesse, qui avait passé du service des Perses à celui des Romains : mais son commerce épistolaire a été regardé par tous les bons critiques comme une chimère.

VII°. *Les actes de Pilate, Les lettres de Pilate à Tibère sur la mort de* Jesus-Christ. *La vie de Procula femme de Pilate.*

VIII°. *Les actes de Pierre & de Paul*, où l'on voit l'histoire de la querelle de *St. Pierre* avec *Simon* le magicien : *Abdias, Marcel* & *Egésippe* ont tous trois écrit cette histoire. *St. Pierre* dispute d'abord avec *Simon*, à qui reſſuſcitera un parent de l'empereur *Néron*, qui venait de mourir ; *Simon* le reſſuſcite à moitié, & *St. Pierre* achève la réſurrection. *Simon* vole enſuite dans l'air, & *St. Pierre* le fait tomber ; & le magicien ſe caſſe les jambes. L'empereur *Néron*, irrité de la mort de ſon magicien, fait crucifier *St. Pierre*, la tête en bas, & fait couper la tête à *St. Paul* qui était du parti de *St. Pierre*.

IX°. *Les geſtes du bienheureux Paul apôtre & docteur des nations.* Dans ce livre, on fait demeurer *St. Paul* à Rome deux ans après la mort de *St. Pierre*. L'auteur dit, que quand on eut coupé la tête à *Paul*, il en ſortit du lait au lieu de ſang, & que *Lucina* femme dévote le fit enterrer à vingt milles de Rome, ſur le chemin d'Oſtie, dans ſa maiſon de campagne.

X°. *Les geſtes du bienheureux apôtre André.* L'auteur raconte que *St. André* alla prêcher dans la ville des Mirmidons, & qu'il y batiſa tous les citoyens. Un jeune homme, nommé *Soſtrate*, de la ville d'Amaſée, qui eſt du moins plus connue que celle des Mirmidons, vint dire au bienheureux *André* ,, Je ſuis ,, ſi beau, que ma mère a conçu pour moi ,, de la paſſion ; j'ai eu horreur pour ce crime ,, exécrable, & j'ai pris la fuite ; ma mère ,, en fureur m'accuſe auprès du proconſul de ,, la province, de l'avoir voulu violer. Je ne

„ puis rien répondre ; car j'aimerais mieux
„ mourir que d'accuser ma mère. " Comme
il parlait ainsi, les gardes du proconsul vinrent se saisir de lui. *St. André* accompagna
l'enfant devant le juge, & plaida sa cause ;
la mère ne se déconcerta point ; elle accusa
St. André lui-même d'avoir engagé l'enfant
à ce crime. Le proconsul aussi-tôt ordonne
qu'on jette *St. André* dans la rivière : mais
l'apôtre ayant prié DIEU, il se fit un grand
tremblement de terre, & la mère mourut
d'un coup de tonnerre.

Après plusieurs avantures de ce genre, l'auteur fait crucifier *St. André* à Patras.

XI°. *Les gestes de St. Jaques le majeur*. L'auteur le fait condamner à la mort par le pontife *Abiathar* à Jérusalem, & il batise le greffier avant d'être crucifié.

XII°. *Des gestes de St. Jean l'évangeliste*.
L'auteur raconte qu'à Ephèse dont *St. Jean*
était évêque, *Drusilla* convertie par lui, ne
voulut plus de la compagnie de son mari
Andronic, & se retira dans un tombeau. Un
jeune homme nommé *Callimaque*, amoureux
d'elle, la pressa quelquefois dans ce tombeau
même de condescendre à sa passion. *Drusilla*,
pressée par son mari & par son amant, souhaita la mort, & l'obtint. *Callimaque* informé de sa perte, fut encor plus furieux d'amour ; il gagna par argent un domestique

B iij

d'*Andronic*, qui avait les clefs du tombeau ; il y court, il dépouille sa maîtresse de son linceuil, il s'écria, „ Ce que tu n'as pas „ voulu m'accorder vivante, tu me l'accor- „ deras morte. " Et dans l'excès horrible de sa démence, il assouvit ses desirs sur ce corps inanimé. Un serpent sort à l'instant du tombeau ; le jeune homme tombe évanoüi, le serpent le tue ; il en fait autant du domestique complice, & se roule sur son corps. *St. Jean* arrive avec le mari ; ils sont étonnés de trouver *Callimaque* en vie. *St. Jean* ordonne au serpent de s'en aller, le serpent obéit. Il demande au jeune homme comment il est ressuscité ? *Callimaque* répond, qu'un ange lui était apparu, & lui avait dit : „ Il falait que tu mourusses pour revivre chré- „ tien. " Il demanda aussi-tôt le baptême, & pria *St. Jean* de ressusciter *Drusilla*. L'apôtre ayant sur le champ opéré ce miracle, *Callimaque* & *Drusilla* le supplièrent de vouloir bien aussi ressusciter le domestique. Celui-ci qui était un payen obstiné, ayant été rendu à la vie, déclara qu'il aimait mieux remourir que d'être chrétien ; & en effet il remourut incontinent. Sur quoi *St. Jean* dit, qu'un mauvais arbre portait toûjours de mauvais fruits.

Aristodême grand-prêtre d'Ephèse, quoique frappé d'un tel prodige, ne voulut pas se convertir ; il dit à *St. Jean* : „ Permettez „ que je vous empoisonne, & si vous n'en mourez pas, je me convertirai." L'apôtre accepte la proposition : mais il voulut qu'auparavant *Aristodême* empoisonnât deux Éphésiens condamnés à mort ; *Aristodême* aussi-tôt leur présenta le poison ; ils expirèrent sur le champ. *St. Jean* prit le même poison, qui ne lui fit aucun mal. Il ressuscita les deux morts ; & le grand-prêtre se convertit.

St. Jean ayant atteint l'âge de quatre-vingt-dix-sept ans, JESUS-CHRIST lui apparut, & lui dit : „ Il est tems que tu viennes à mon festin avec tes frères." Et bientôt après, l'apôtre s'endormit en paix.

XIII°. *L'histoire des bienheureux Jaques le mineur, Simon & Jude frères.* Ces apôtres vont en Perse, y exécutent des choses aussi incroyables que celles que l'auteur rapporte de *St. André*.

XIV°. *Les gestes de St. Matthieu apôtre & évangeliste.* St. Matthieu va en Ethiopie, dans la grande ville de Nadaver : il y ressuscite le fils de la reine *Candace*, & il y fonde des églises chrétiennes.

XV°. *Les gestes du bienheureux Barthelemi dans l'Inde.* Barthelemi va d'abord dans le temple d'*Astarot*. Cette déesse rendait des oracles & guérissait toutes les maladies ; *Barthelemi* la fait taire, & rend malades tous ceux qu'elle avait guéris. Le roi *Polimius* dispute avec lui ; le démon déclare devant le

B iiij

roi qu'il est vaincu. St. Barthelemi sacre le roi *Polimius* évèque des Indes.

XVI°. *Les gestes du bienheureux Thomas apôtre de l'Inde.* St. Thomas entre dans l'Inde par un autre chemin, & y fait beaucoup plus de miracles que *St. Barthelemi* ; il est enfin martyrisé, & apparaît à *Xiphoro*, & à *Susani*.

XVII°. *Les gestes du bienheureux Philippe.* Il alla prêcher en Scythie. On voulut lui faire sacrifier à *Mars* ; mais il fit sortir un dragon de l'autel qui dévora les enfans des prêtres ; il mourut à Hiérapolis à l'âge de quatre-vingt sept ans. On ne sait quelle est cette ville ; il y en avait plusieurs de ce nom. Toutes ces histoires passent pour être écrites par *Abdias* évèque de Babilone, & sont traduites par *Jules* Africain.

XVIII°. A cet abus des saintes écritures on en a joint un moins révoltant, & qui ne manque point de respect au christianisme comme ceux qu'on vient de mettre sous les yeux du lecteur. Ce sont les liturgies attribuées à *St. Jaques*, à *St. Pierre*, à *St. Marc*, dont le savant *Tillemont* a fait voir la fausseté.

XIX°. *Fabricius* met parmi les écrits apocryphes l'*Homélie* attribuée à St. Augustin, *sur la manière dont se forma le Symbole* : mais il ne prétend pas sans doute que le *Symbole*, que nous appellons *des apôtres*, en soit moins sacré & moins véritable. Il est dit dans cette homélie, dans *Rufin* & ensuite dans *Isidore*, que dix jours après l'ascension les apôtres étant renfermés ensemble de peur des Juifs, Pierre dit: *Je crois en* Dieu *le Père tout-puissant*. André, *Et en* Jesus-Christ *son fils*. Jaques, *Qui a été conçu du St. Esprit*. Et qu'ainsi chaque apôtre ayant prononcé un article, le Symbole fut entiérement achevé.

Cette histoire n'étant point dans les *Actes des apôtres*, on est dispensé de la croire; mais on n'est pas dispensé de croire au Symbole, dont les apôtres ont enseigné la substance. La vérité ne doit point souffrir des faux ornemens qu'on a voulu lui donner.

XX°. *Des Constitutions apostoliques.*

On met aujourd'hui dans le rang des apocryphes les *Constitutions des saints apôtres*, qui passaient autrefois pour être rédigées par *St. Clément* le Romain. La seule lecture de quelques chapitres suffit pour faire voir que les apôtres n'ont eu aucune part à cet ouvrage.

Dans le chapitre IX, on ordonne aux femmes de ne se laver qu'à la neuviéme heure. Au premier chapitre du second livre, on veut que les évêques soient savans: mais du tems des apôtres il n'y avait point d'hiérarchie, point d'évêques attachés à une seule église. Ils allaient instruire de ville en ville, de bourgade en bourgade ; ils s'appellaient *Apôtres*, & non pas *Évêques*, & surtout ils ne se piquaient pas d'être savans.

Au chapitre II de ce second livre, il est dit qu'un évêque ne doit avoir *qu'une femme qui ait grand soin de sa maison* : ce qui ne sert qu'à prouver qu'à la fin du premier, & au commencement du second siécle, lorsque la hiérarchie commença à s'établir, les prêtres étaient mariés.

Dans presque tout le livre, les évêques sont regardés comme les juges des fidèles ; & l'on sait assez que les apôtres n'avaient aucune jurisdiction.

Il est dit au chapitre XXI, qu'il faut écouter les deux parties ; ce qui suppose une jurisdiction établie.

Il est dit au chapitre XXVI. *L'évêque est votre prince, votre roi, votre empereur, votre Dieu en terre.* Ces expressions sont bien fortes pour l'humilité des apôtres.

Au chapitre XXVIII. Il faut, dans les festins des agapes, donner aux diacres le double de ce qu'on donne à une vieille : au prêtre, le double de ce qu'on donne au diacre ; parce qu'ils sont les conseillers de l'évêque, & la couronne de l'église. Le lecteur aura une portion en l'honneur des prophètes, aussi bien que le chantre & le portier. Les laïques qui voudront avoir quelque chose, doivent s'adresser à l'évêque par le diacre.

Jamais les apôtres ne se sont servis d'aucun terme qui répondît à *laïque*, & qui marquât la différence entre les prophanes & les prêtres.

Au chapitre XXXIV. „ Il faut révérer
„ l'évêque comme un roi, l'honorer comme
„ le maître, lui donner vos fruits, les ou-
„ vrages de vos mains, vos prémices, vos
„ décimes, vos épargnes, les présens qu'on
„ vous a fait, votre froment, votre vin, vo-
„ tre huile, votre laine, & tout ce que vous
„ avez. " Cet article est fort.

Au chap. LVII. „ Que l'église soit longue,
„ qu'elle regarde l'Orient, qu'elle ressem-
„ ble à un vaisseau, que le trône de l'évê-
„ que soit au milieu; que le lecteur lise les
„ livres de *Moïse*, de *Josué*, des Juges, des
„ Rois, des Paralipomènes, de *Job* &c. "

Au chap. XVII du livre 3. „ Le batême est
„ donné pour la mort de Jesu, l'huile pour
„ le St. Esprit. Quand on nous plonge dans
„ la cuve nous mourons; quand nous en
„ sortons nous ressuscitons. *Le père est le*
„ Dieu *de tout*, Christ est fils unique
„ Dieu, fils aimé & seigneur de gloire.
„ Le saint soufle est *Paraclet* envoyé de
„ Christ, docteur enseignant, & prédica-
„ teur de Christ. "

Cette doctrine serait aujourd'hui exprimée en termes plus canoniques.

Au chap. VII du livre 5, on cite des vers des sibylles sur l'avénement de Jesus, & sur la résurrection. C'est la première fois que les chrétiens supposèrent des vers des sibylles, ce qui continua pendant plus de trois cent années.

Au chap. XXVIII du livre 6. La pédérastie & l'accouplement avec les bêtes sont défendus aux fidèles.

Au chap. XXIX, il est dit „ qu'un mari „ & une femme sont purs en sortant du „ lit, puisqu'ils ne se lavent point.

Au chap. V du liv. 8. on trouve ces mots, „ DIEU *tout puissant*, donne à l'évêque par „ ton CHRIST la participation du St. Esprit.

Au chap. VI. „ Recommandez-vous au seul „ DIEU par JESUS-CHRIST, " ce qui n'exprime pas assez la divinité de notre Seigneur.

Au chap. XII, est la constitution de *Jaques* frère de *Zebedée*.

Au chap. XV. Le diacre doit prononcer tout haut, *inclinez-vous devant* DIEU *par le* CHRIST. Ces expressions ne sont pas aujourd'hui assez correctes.

SUITE DES LIVRES APOCRYPHES.

XXI°. *Des Canons apostoliques.* Le sixiéme canon ordonne qu'aucun évéque, ni prêtre ne se sépare de sa femme sous prétexte de religion; que s'il s'en sépare, il soit excommunié; que s'il persévère il soit chassé.

Le 7e. qu'aucun prêtre ne se mêle jamais d'affaires séculières.

Le 19ᵉ. Que celui qui a épousé les deux sœurs ne soit point admis dans le clergé.

Le 21ᵉ. & 22ᵉ. Que les eunuques soient admis à la prêtrise, excepté ceux qui se sont coupés à eux-mêmes les génitoires. Cependant *Origène* fut prêtre malgré cette loi.

Le 55ᵉ. Si un évêque ou un prêtre, ou un diacre, ou un clerc, mange de la chair où il y ait encor du sang, qu'il soit déposé.

Il est assez évident que ces canons ne peuvent avoir été promulgués par les apôtres.

XXIIᵉ. *Les reconnaissances de St. Clément à Jaques frère du Seigneur, en dix livres, traduites du grec en latin par Rufin.*

Ce livre commence par un doute sur l'immortalité de l'ame ; *Utrumne fit mihi aliqua vita post mortem ; an nihil omninò postea sim futurus.* St. Clément agité par ce doute, & voulant savoir si le monde était éternel, ou s'il avait été créé ; s'il y avait un Tartare & un Phlegéton, un Ixion & un Tantale, &c. &c. voulut aller en Egypte apprendre la négromancie ; mais ayant entendu parler de *St. Barnabé* qui prêchait le christianisme, il alla le trouver dans l'Orient, dans le tems que *Barnabé* célébrait une fête juive. Ensuite il rencontra *St. Pierre* à Césarée avec *Simon* le magicien & *Zachée*. Ils disputèrent ensemble, & *St. Pierre* leur raconta tout ce qui s'était passé depuis la mort de JESUS. *Clément*

N°. XVII. & dans l'exorde.

se fit chrétien, mais *Simon* demeura magicien.

Simon devint amoureux d'une femme qu'on appellait la *Lune*, & en attendant qu'il l'épousât il proposa à *St. Pierre*, à *Zachée*, à *Lazare*, à *Nicodème*, à *Dosithée* & à plusieurs autres, de se mettre au rang de ses disciples. *Dosithée* lui répondit d'abord par un grand coup de bâton; mais le bâton ayant passé à travers du corps de *Simon* comme à travers de la fumée, *Dosithée* l'adora & devint son lieutenant ; après quoi *Simon* épousa sa maîtresse, & assura qu'elle était la lune elle-même, descendue du ciel pour se marier avec lui.

Ce n'est pas la peine d'épouser plus loin les reconnaissances de *St. Clément*. Il faut seulement remarquer qu'au livre 9. il est parlé des Chinois sous le nom de *seres*, comme des plus justes & des plus sages de tous les hommes ; après eux viennent les bracmanes, auxquels l'auteur rend la justice que toute l'antiquité leur a rendue. L'auteur les cite comme des modèles de sobrieté, de douceur & de justice.

XXIII°. *La lettre de St. Pierre à St. Jaques, & la lettre de St. Clément au même St. Jaques frère du Seigneur, gouvernant la sainte église des Hébreux à Jérusalem & toutes les églises.* La lettre de *St. Pierre* ne contient rien de curieux ; mais celle de *St. Clément* est très remarquable ; il prétend que *St. Pierre* le déclara évêque de Rome avant sa mort, & son coadjuteur; qu'il lui imposa les mains, & qu'il le fit asseoir dans sa chaire épiscopale en présence de tous les fidèles. *Ne manquez pas*, lui dit-il, *d'écrire à mon frère Jaques dès que je serai mort.*

Cette lettre semble prouver qu'on ne croyait pas alors que *St. Pierre* eût été supplicié, puisque cette lettre attribuée à *St. Clément* aurait probablement fait mention du supplice de *St. Pierre*. Elle prouve encor qu'on ne comptait pas *Clet* & *Anaclet* parmi les évêques de Rome.

XXIV°. *Homélies de St. Clément au nombre de dix-neuf.*

Il raconte dans sa première homélie ce qu'il avait déja dit dans les *reconnaissances*, qu'il était allé chercher *St. Pierre* avec *St. Barnabé* à Césarée, pour savoir si l'ame est immortelle, & si le monde est éternel.

On lit dans la seconde homélie numero 38. un passage bien plus extraordinaire; c'est *St. Pierre* lui même, qui parle de l'ancien Testament; & voici comme il s'exprime.

„ La loi écrite contient certaines choses
„ fausses, contre la loi de Dieu créateur
„ du ciel & de terre ; c'est ce que le dia-
„ ble a fait pour une juste raison, & cela
„ est arrivé aussi par le jugement de Dieu,
„ afin de découvrir ceux qui écouteraient avec
„ plaisir ce qui est écrit contre lui, &c. &c. "

Dans la 6e. homélie *St. Clément* rencontre

Appion, le même qui avait écrit contre les Juifs du tems de *Tibère*; il dit à *Appion* qu'il est amoureux d'une Egyptienne; & le prie d'écrire une lettre en son nom à sa prétendue maîtresse, pour lui persuader, par l'exemple de tous les Dieux, qu'il faut faire l'amour. *Appion* écrit la lettre, & *St. Clément* fait la réponse au nom de l'Egyptienne; après quoi il dispute sur la nature des Dieux.

XXV°. *Deux épîtres de St. Clément aux Corinthiens.*

Il ne parait pas juste d'avoir rangé ces épîtres parmi les apocryphes. Ce qui a pu engager quelques savans à ne les pas reconnaître, c'est qu'il y est parlé *du phénix d'Arabie qui vit cinq cent ans, & qui se brûle en Egypte dans la ville d'Heliopolis.* Mais il se peut très bien faire que *St. Clément* ait cru cette fable que tant d'autres croyaient, & qu'il ait écrit des lettres aux Corinthiens.

On convient qu'il y avait alors une grande dispute entre l'église de Corinthe & celle de Rome. L'église de Corinthe, qui se disait fondée la première, se gouvernait en commun; il n'y avait presque point de distinction entre les prêtres & les séculiers, encor moins entre les prêtres & l'évêque; tous avaient également voix délibérative; du moins plusieurs savans le prétendent. *St. Clément* dit aux Corinthiens, dans sa première épître,

tré, " Vous qui avez jetté les premiers
" fondemens de la sédition, soyez soumis
" aux prêtres, corrigez-vous par la péniten-
" ce, fléchissez les genoux de votre cœur,
" apprenez à obéir. " Il n'est point du tout
étonnant qu'un évêque de Rome ait employé
ces expressions.

C'est dans la 2de. épitre qu'on trouve encor
cette réponse de JESUS-CHRIST que nous
avons déja rapportée, sur ce qu'on lui demandait quand viendrait son royaume des cieux. *Ce
sera*, dit-il, *quand deux feront un, quand ce
qui est dehors sera dedans, quand le mâle sera
femelle, & quand il n'y aura ni mâle ni femelle.*

XXVI°. *Lettre de St. Ignace le martyr à la
Vierge Marie, & la réponse de la Vierge à
St. Ignace.*

A MARIE QUI A PORTÉ CHRIST,
son dévot *Ignace*.

" Vous deviez me consoler, moi néophi-
" te & disciple de votre *Jean*. J'ai enten-
" du plusieurs choses admirables de votre
" Jesus, & j'en ai été stupéfait ; je désire
" de tout mon cœur d'en être instruit par
" vous qui avez toûjours vécu avec lui en
" familiarité, & qui avez su tous ses se-
" crets. Portez-vous bien & confortez les
" néophites qui sont avec moi de vous &
" par vous, Amen.

Seconde partie. C

RÉPONSE DE LA STE. VIERGE,
à *Ignace* son disciple chéri,
l'humble servante de JESUS-CHRIST.

„ Toutes les choses que vous avez apprises
„ de *Jean* sont vraies ; croyez-les , persistez-y,
„ gardez votre vœu de christianisme , con-
„ formez-lui vos mœurs & votre vie ; je
„ viendrai vous voir avec *Jean* , vous & ceux
„ qui sont avec vous. Soyez ferme dans la
„ foi, agissez en homme ; que la sévérité de
„ la persécution ne vous trouble pas ; mais
„ que votre esprit se fortifie, & exulte en
„ DIEU votre sauveur, Amen.

On prétend que ces lettres sont de l'an 116 de notre ère vulgaire ; mais elles n'en sont pas moins fausses & moins absurdes ; ce serait même une insulte à notre sainte religion, si elles n'avaient pas été écrites dans un esprit de simplicité qui peut faire tout pardonner.

XXVII°. *Fragmens des apôtres*.

On y trouve ce passage, „ *Paul* homme
„ de petite taille, au nez aquilin, au visage
„ angelique, instruit dans le ciel, a dit à
„ *Plantilla* la Romaine avant de mourir :
„ Adieu, *Plantilla*, petite plante de salut
„ éternel, connais ta noblesse, tu es plus
„ blanche que la neige, tu es enrégistrée
„ parmi les soldats de CHRIST, tu es héri-
„ tière du royaume céleste. " Cela ne méritait pas d'être réfuté.

XXVIII°. *Onze apocalypses*, qui font attribuées aux patriarches & prophètes, à *St. Pierre*, à *Cérinthe*, à *St. Thomas*, à *St. Etienne* protomartyr, deux à *St. Jean* différentes de la canonique, & trois à *St. Paul*. Toutes ces apocalypses ont été éclipsées par celle de *St. Jean*.

XXIX°. *Les visions, les préceptes & les similitudes d'Hermas.*

Hermas paraît être de la fin du premier siècle. Ceux qui traitent son livre d'apocryphe, sont obligés de rendre justice à sa morale. Il commence par dire, que son père nouricier avait vendu une fille à Rome. *Hermas* reconnut cette fille après plusieurs années, & l'aima, dit-il, comme sa sœur: il la vit un jour se baigner dans le Tibre, il lui tendit la main & la tira du fleuve; & il disait dans son cœur, *que je serais heureux si j'avais une femme semblable à elle pour la beauté & pour les mœurs!*

Aussi-tôt le ciel s'ouvrit, & il vit tout d'un coup cette même femme, qui lui fit une révérence du haut du ciel, & lui dit, *bonjour Hermas*. Cette femme était l'église chrétienne. Elle lui donna beaucoup de bons conseils.

Un an après l'Esprit le transporta au même endroit où il avait vu cette belle femme, qui pourtant était une vieille; mais sa vieillesse était fraîche; & elle n'était vieille que parce qu'elle avait été créée dès le commencement du monde, & que le monde avait été fait pour elle.

Le livre des *préceptes* contient moins d'allégories ; mais celui des *similitudes* en contient beaucoup.

Un jour que je jeûnais, dit *Hermas*, & que j'étais assis sur une colline, rendant grace à Dieu de tout ce qu'il avait fait pour moi, un berger vint s'asseoir à mes côtés, & me dit, Pourquoi êtes-vous venu ici de si bon matin ? C'est que je suis en station, lui répondis-je. Qu'est-ce qu'une station ? me dit le berger. C'est un jeûne. Et qu'est-ce que ce jeûne ? C'est ma coutume. *Allez*, me repliqua le berger, *vous ne savez ce que c'est que de jeûner, cela ne fait aucun profit à Dieu ; je vous apprendrai ce que c'est que le vrai jeûne agréable à la Divinité. Votre jeûne n'a rien de commun avec la justice & la vertu. Servez Dieu d'un cœur pur ; gardez ses commandemens ; n'admettez dans votre cœur aucun desir coupable. Si vous avez toûjours la crainte de Dieu devant les yeux, si vous vous abstenez de tout mal, ce sera là le vrai jeûne, le grand jeûne dont Dieu vous saura gré.*

Similit. 5e. liv. 3.

Cette piété philosophique & sublime est un de plus singuliers monumens du premier siécle. Mais ce qui est assez étrange, c'est qu'à la fin des *similitudes* le berger lui donne des filles très affables, *valdè affabiles*, chastes & industrieuses pour avoir soin de sa maison; & lui déclare qu'il ne peut accomplir les commandemens de DIEU sans ces filles, qui figurent visiblement les vertus.

Ne poussons pas plus loin cette liste; elle serait immense si on voulait entrer dans tous les détails. Finissons par les sibylles.

XXX°. *Des sibylles.*

Ce qu'il y eut de plus apocryphe dans la primitive église, c'est la prodigieuse quantité de vers attribués aux anciennes sibylles en faveur des mystères de la religion chrétienne. *Diodore* de Sicile n'en reconnaissait *Diodore,* qu'une, qui fut prise dans Thèbes par les livre IV. Épigones, & qui fut placée à Delphes avant la guerre de Troye. De cette sibylle, c'est-à-dire de cette prophêtesse, on en fit bientôt dix. Celle de Cume avait le plus grand crédit chez les Romains, & la sibylle *Erythrée* chez les Grecs.

Comme tous les oracles se rendaient en vers, toutes les sibylles ne manquèrent pas d'en faire; & pour donner plus d'autorité à ces vers, on les fit quelquefois en acrostiches. Plusieurs chrétiens qui n'avaient pas un zèle selon la science, non-seulement détournèrent le sens des anciens vers qu'on supposait écrits par les sibylles; ils en firent eux-mêmes, & qui pis est, en acrostiches. Ils ne songèrent pas que cet artifice pénible de l'acrostiche ne ressemble point du tout à l'inspiration, & à l'entousiasme d'une prophè-

C iij

tesse. Ils voulurent soutenir la meilleure des causes par la fraude la plus mal-adroite. Ils firent donc de mauvais vers grecs, dont les lettres initiales signifiaient en grec, *Jesu, Christ, Fils, Sauveur*, & ces vers disaient, *qu'avec cinq pains & deux poissons il nourrirait cinq mille hommes au desert, & qu'en ramassant les morceaux qui resteront il remplirait douze paniers.*

Le régne de mille ans, & la nouvelle Jérusalem céleste, que *Justin* avait vue dans les airs pendant quarante nuits, ne manquèrent pas d'être prédits par les sibylles.

Lactance au quatriéme siécle, recueillit presque tous les vers attribués aux sibylles, & les regarda comme des preuves convaincantes. Cette opinion fut tellement autorisée, & se maintint si longtems, que nous chantons encor des hymnes dans lesquels le témoignage des sibylles est joint aux prédictions de *David.*

Solvet sæclum in favilla
Teste David cum sibylla.

Toutes ces erreurs, toute la foule des livres apocryphes, n'ont pu nuire à la religion chrétienne ; parce qu'elle est fondée, comme on sait, sur des vérités inébranlables. Ces vérités sont appuiées par une église militante & triomphante, à laquelle DIEU a donné le pouvoir d'enseigner & de réprimer. Elle unit dans plusieurs pays l'autorité spirituelle & la temporelle. La prudence, la force, la richesse font ses attributs ; & quoiqu'elle soit divisée, quoique ses divisions l'ayent ensanglantée, on la peut comparer à la république Romaine toûjours agitée de discordes civiles, mais toûjours victorieuse.

APOINTÉ, DESAPOINTÉ.

SOit que ce mot vienne du latin, *punctum*, ce qui est très vraisemblable ; soit qu'il vienne de l'ancienne barbarie, qui se plaisait fort aux *oins*, *foin*, *coin*, *loin*, *foin*, *hardouin*, *albouin*, *grouin*, *poing*, &c. ; il est certain que cette expression, bannie aujourd'hui mal-à-propos du langage, est très nécessaire. Le naïf *Amiot*, & l'énergique *Montagne*, s'en servent souvent. Il n'est pas même possible jusqu'à présent d'en employer une autre. Je lui *apointai* l'hôtel des Ursins ; à sept heures du soir je m'y rendis ; je fus *desapointé*. Comment exprimerez-vous en un seul mot le manque de parole de celui qui devait venir à l'hôtel des Ursins à sept heures du soir, & l'embarras de celui qui est venu & qui ne trouve personne ? A-t-il été trompé dans son attente ? Cela est d'une longueur insupportable, & n'exprime pas précisément la chose. Il a été *desapointé*; il n'y a que ce mot. Servez-vous en donc, vous qui voulez qu'on vous entende vite ; vous savez que les circonlocutions sont la marque d'une langue pauvre. Il ne faut pas dire : *vous me devez cinq pièces de douze sous*, quand vous pouvez dire : *vous me devez un écu.*

Les Anglais ont pris de nous ces mots *apointé*, *desapointé*, ainsi que beaucoup d'autres expressions très énergiques ; ils se sont enrichis de nos dépouilles, & nous n'osons reprendre notre bien.

APOINTER, APOINTEMENT,

TERMES DU PALAIS.

CE sont procès par écrit. On *apointe* une cause ; c'est-à-dire, que les juges ordonnent, que les parties produisent par écrit les faits & les raisons. Le dictionnaire de Trévoux, fait en partie par les jésuites, s'exprime ainsi : *Quand les juges veulent favoriser une mauvaise cause, ils sont d'avis de l'apointer au-lieu de la juger.*

Ils espéraient qu'on apointerait leur cause

dans l'affaire de leur banqueroute, qui leur procura leur expulsion. L'avocat qui plaidait contre eux trouva heureusement leur explication du mot *apointer ;* il en fit part aux juges, dans une de ses oraisons. Le parlement, plein de reconnaissance, n'apointa pas leur affaire ; il fut jugé à l'audiance que tous les jésuites, à commencer par le père-général, restitueraient l'argent de la banqueroute avec dépends, dommages & intérêts. Il fut jugé depuis qu'ils étaient de trop dans le royaume ; & cet arrêt, qui était pourtant un *apointé*, eut son exécution avec grands applaudissemens du public.

APOSTAT.

C'Est encor une question parmi les savans, si l'empereur *Julien* était en effet apostat, & s'il avait jamais été chrétien véritablement.

Il n'était pas âgé de six ans lorsque l'empereur *Constance* plus barbare encor que *Constantin*, fit égorger son père & son frère, & sept de ses cousins germains. A peine échapa-t-il à ce carnage avec son frère *Gallus*. Mais il fut toûjours traité très durement par *Constance*. Sa vie fut longtems menacée ; il vit bientôt aſſaſſiner par les ordres du tyran le frère qui lui reſtait. Les ſultans Turcs les plus barbares n'ont jamais ſurpaſſé, je l'avoue à regret, ni les cruautés, ni les fourberies de la famille Conſtantine. L'étude fut la ſeule conſolation de *Julien*, dès ſa plus tendre jeuneſſe. Il voyait en ſecret les plus illuſtres philoſophes qui étaient de l'ancienne religion de Rome. Il eſt bien probable qu'il ne ſuivit celle de ſon oncle *Conſtance*, que pour éviter l'aſſaſſinat. *Julien* fut obligé de cacher ſon eſprit, comme avait fait *Brutus* ſous *Tarquin*. Il devait être d'autant moins chrétien que ſon oncle l'avait forcé à être moine, & à faire les fonctions de lecteur dans l'égliſe. On eſt rarement de la religion de ſon perſécuteur, ſurtout quand il veut dominer ſur la conſcience.

Une autre probabilité, c'eſt que dans aucun de ſes ouvrages, il ne dit qu'il ait été chrétien. Il n'en demande jamais pardon aux pontifes de l'ancienne religion. Il leur parle dans ſes lettres comme s'il avait toûjours été attaché au culte du ſénat. Il n'eſt pas même avéré qu'il ait pratiqué les cérémonies du tauraubole, qu'on pouvait regarder comme une eſpèce d'expiation, ni qu'il eût voulu laver avec du ſang de taureau ce qu'il appellait ſi malheureuſement *la tache de ſon batême.* C'était une dévotion payenne qui d'ailleurs ne prouverait pas plus que l'aſſociation aux myſtères de *Cérès*. En un mot, ni ſes amis, ni ſes ennemis ne rapportent aucun fait, aucun diſcours qui puiſſe prouver qu'il ait jamais cru au chriſtianiſme, & qu'il ait paſſé de cette croyance ſincère à celle des Dieux de l'empire.

S'il eſt ainſi, ceux qui ne le traitent point d'apoſtat paraiſſent très excuſables.

La ſaine critique s'étant perfectionnée, tout le monde avoue aujourd'hui que l'empereur *Julien* était un héros & un ſage, un ſtoïcien égal à *Marc-Aurèle*. On condamne ſes erreurs, on convient de ſes vertus. On penſe aujourd'hui comme *Prudentius* ſon contemporain, auteur de l'hymne *ſalvete flores martyrum*. Il dit de *Julien*,

Ductor fortiſſimus armis
Conditor & legum celeberrimus : ore manuque
Conſultor patriæ : ſed non conſultor habendæ
Relligionis : amans tercentum millia divûm.
Perfidus ille Deo, ſed non eſt perfidus orbi.

Fameux par ſes vertus, par ſes loix, par la guerre,
Il méconnut ſon Dieu, mais il ſervit la terre.

Voici comme on en parle dans un livre nouveau ſouvent réimprimé.

„ Aujourd'hui, après avoir comparé les
„ faits, les monumens, les écrits de *Julien*
„ & ceux de ſes ennemis, on eſt forcé de

» reconnaitre que s'il n'aimait pas le chris-
» tianisme, il fut excusable aux yeux des
» hommes, de haïr une religion souillée
» du sang de toute sa famille ; qu'ayant été
» persécuté, emprisonné, exilé, menacé de
» mort par les Galiléens sous le règne du
» barbare *Constance*, il ne les persécuta ja-
» mais ; qu'au contraire, il pardonna à dix
» soldats chrétiens qui avaient conspiré con-
» tre sa vie. On lit ses lettres, & on ad-
» mire. *Les Galiléens, dit-il, ont souffert*
» *sous mon prédécesseur l'exil & les prisons ;*
» *on a massacré réciproquement ceux qui s'ap-*
» *pellent tour-à-tour hérétiques. J'ai rap-*
» *pellé leurs exilés, élargi leurs prisonniers ;*
» *j'ai rendu leurs biens aux proscrits ; je les*
» *ai forcés de vivre en paix. Mais telle est la*
» *fureur inquiète des Galiléens qu'ils se plai-*
» *gnent de ne pouvoir plus se dévorer les uns*
» *les autres.* Quelle lettre ! quelle sentence
» portée par la philosophie contre le fana-
» tisme persécuteur ! Dix chrétiens conspi-
» rent contre sa vie, on les découvre, il
» leur pardonne. Quel homme ! mais quels
» lâches fanatiques que ceux qui ont voulu
» deshonorer sa mémoire ! "

Enfin, en discutant les faits, on a été obligé de convenir que *Julien* avait toutes les qualités de *Trajan*, hors le goût si longtems pardonné aux Grecs & aux Romains ; toutes les vertus de *Caton*, mais non pas son opiniâtreté & sa mauvaise humeur ; tout ce qu'on admira dans *Jules César*, & aucun de ses vices ; il eut la continence de *Scipion*. Enfin il fut en tout égal à *Marc-Aurèle* le premier des hommes.

On n'ose plus répéter aujourd'hui après le calomniateur *Théodoret*, qu'il immola une femme dans le temple de Carres pour se rendre les Dieux propices. On ne redit plus qu'en mourant il jetta de sa main quelques goutes de son sang au ciel, en disant à JESUS-CHRIST : *Tu as vaincu Galiléen*, comme s'il eût combattu contre JESUS en fesant la guerre aux Perses ; comme si ce philosophe qui mourut avec tant de résignation, avait reconnu JESUS ; comme s'il eût cru que JESUS était en l'air, & que l'air était le ciel ! ces inepties ne se répètent plus aujourd'hui.

Ses détracteurs sont réduits à lui donner des ridicules ; mais il avait plus d'esprit que ceux qui le raillent. Un historien lui reproche d'après *St. Grégoire* de Nazianze, *d'avoir porté une barbe trop grande*. Mais, mon ami, si la nature la lui donna longue, pourquoi voudrais-tu qu'il la portât courte ? *Il branlait la tête*. Tien mieux la tienne. — *Sa démarche était précipitée*. Souvien-toi que l'abbé d'Aubignac prédicateur du roi, fifflé à la comédie, se moque de la démarche & de l'air du grand *Corneille.* Oserais-tu espérer de tourner le maréchal de *Luxembourg* en ridicule, parce qu'il marchait mal, & que sa taille était irrégulière ? Il marchait très bien à l'ennemi. Laissons l'ex-jésuite *Patouillet*, & l'ex-jésuite *Nonote* &c. appeller l'empereur, *Julien l'Apostat.* Eh gredins ! son successeur chrétien, *Jovien*, l'appella *Divus Julianus.*

Lettre LII, de l'empereur *Julien.*

Traitons cet empereur comme il nous a traités lui-même. Il disait en se trompant ; *nous ne devons pas les haïr, mais les plaindre ; ils sont déja assez malheureux d'errer dans la chose la plus importante.*

Ayons pour lui la même compassion, puisque nous sommes sûrs que la vérité est de notre côté.

Il rendait exactement justice à ses sujets, rendons-la donc à sa mémoire. Des Aléxandrins s'emportent contre un évêque chrétien, méchant homme il est vrai, élu par une brigue de scélérats. C'était le fils d'un maçon nommé *George Biordos.* Ses mœurs étaient plus basses que sa naissance ; il joignait la perfidie la plus lâche à la férocité la plus brute, & la superstition à tous les vices ; avare, calomniateur, persécuteur, imposteur, sanguinaire, séditieux, détesté de tous les partis ; enfin les habitans le tuèrent à coups de bâton. Voyez la lettre que l'empereur *Julien* écrit aux Alexandrins fur cette émeute populaire. Voyez comme il leur parle en père & en juge.

„ Quoi! au-lieu de me réferver la con-
„ naiffance de vos outrages, vous vous êtes
„ laiffés emporter à la colère, vous vous
„ êtes livrés aux mêmes excès que vous re-
„ prochez à vos ennemis! *George* méritait
„ d'être traité ainfi, mais ce n'était pas à vous
„ d'être fes exécuteurs. Vous avez des loix,
„ il falait demander juftice &c. "

On a ofé flétrir *Julien* de l'infâme nom d'*intolérant* & de *perfécuteur*, lui qui voulait extirper la perfécution & l'intolérance. Relifez fa lettre cinquante-deuxiéme, & refpectez fa mémoire. N'eft-il pas déja affez malheureux de n'avoir pas été catholique, & de brûler dans l'enfer avec la foule innombrable de ceux qui n'ont pas été catholiques, fans que nous l'infultions encor jufqu'au point de l'accufer d'intolérance.

DES GLOBES DE FEU QU'ON A PRÉTENDU ÊTRE SORTIS DE TERRE, POUR EMPÊCHER LA RÉÉDIFICATION DU TEMPLE DE JÉRUSALEM, SOUS L'EMPEREUR JULIEN.

Il eft très vraifemblable que lorfque *Julien* réfolut de porter la guerre en Perfe, il eut befoin d'argent; très vraifemblable encore, que les Juifs lui en donnèrent, pour obtenir la permiffion de rebâtir leur temple, détruit en partie par *Titus*, & dont il reſtait les fondemens, une muraille entière & la tour Antonia. Mais eſt-il ſi vraiſemblable que des globes de feu s'élançaſſent ſur les ouvrages & ſur les ouvriers, & fiſſent diſcontinuer l'entrepriſe?

N'y a-t-il pas une contradiction palpable dans ce que les hiſtoriens racontent?

1°. Comment ſe peut-il faire que les Juifs commençaſſent par détruire (comme on le dit) les fondemens du temple qu'ils voulaient & qu'ils devaient rebâtir à la même place? Le temple devait être néceſſairement ſur la montagne Moria. C'était là que *Salomon* l'avait élevé; c'était là qu'*Hérode* l'avait rebâti avec beaucoup plus de ſolidité & de magnificence, après avoir préalablement élevé un beau théâtre dans *Jéruſalem*, & un temple à *Auguſte* dans *Céſarée*. Les fondations de ce temple agrandi par *Hérode*, avaient juſqu'à vingt-cinq pieds de longueur, au rapport de *Joſeph*. Serait-il poſſible que les Juifs euſſent été aſſez inſenſés du tems de *Julien* pour vouloir déranger ces pierres qui étaient ſi bien préparées

à

---

a) *Omar* ayant pris Jéruſalem, y fit bâtir une moſquée ſur les fondemens même du temple d'*Hérode* & de *Salomon*; & ce nouveau temple fut conſacré au même Dieu que *Salomon* avait adoré avant qu'il fût idolâtre, au Dieu d'*Abraham* & de *Jacob*

que

à recevoir le reste de l'édifice, & sur lesquelles on a vu depuis les mahométans bâtir leur mosquée? *a*) Quel homme fut jamais assez fou, assez stupide pour se priver ainsi à grands frais & avec une peine extrême du plus grand avantage qu'il pût rencontrer sous ses yeux & sous ses mains ? Rien n'est plus incroyable.

2°. Comment des éruptions de flammes seraient-elles sorties du sein de ces pierres ? Il se pourait qu'il fût arrivé un tremblement de terre dans le voisinage ; ils sont fréquens en Syrie ; mais que de larges quartiers de pierres ayent vomi des tourbillons de feu ! ne faut il pas placer ce conte parmi tous ceux de l'antiquité ?

3°. Si ce prodige, ou si un tremblement de terre, qui n'est pas un prodige, était effectivement arrivé, l'empereur *Julien* n'en aurait-il pas parlé dans la lettre où il dit, qu'il a eu intention de rebâtir ce temple ? N'aurait-on pas triomphé de son témoignage ? N'est-il pas au contraire infiniment pro-

---

que JESUS-CHRIST avait adoré quand il fut à Jérusalem, & que les musulmans reconnaissent. Ce temple subsiste encor : il ne fut jamais entièrement démolli : mais il n'est permis ni aux Juifs, ni aux chrétiens d'y entrer ; ils n'y entreront que quand les Turcs en seront chassés.

Seconde partie.

bable qu'il changea d'avis ? Cette lettre ne contient-elle pas ces propres mots ? *Que diront les Juifs de leur temple qui a été détruit trois fois & qui n'est point encor rebâti ? Ce n'est point un reproche que je leur fais, puisque j'ai voulu moi-même relever ses ruines; je n'en parle que pour montrer l'extravagance de leurs prophètes qui trompaient de vieilles femmes imbécilles:* Quid de templo suo dicent, quod cùm tertiò sit eversum, nondum ad hodiernam usque diem instauratur ? hæc ego, non ut illis ex probrarem in medium adduxi, utpote qui templum illud tanto intervallo à ruinis excitare voluerim. Sed ideò commemoravi, ut oftenderem deliraſſe, prophetas iſtos quibus cum ſtolidis aniculis negotium erat.

N'est-il pas évident que l'empereur ayant fait attention aux prophéties juives, que le temple ferait rebâti plus beau que jamais, & que toutes les nations y viendraient adorer, crut devoir révoquer la permiſſion de relever cet édifice ? La probabilité historique ferait donc, par les propres paroles de l'empereur, qu'ayant malheureusement en horreur les livres juifs ainſi que les nôtres, il avait enfin voulu faire mentir les prophètes Juifs.

L'abbé de la *Blétrie*, historien de l'empereur *Julien*, n'entend pas comment le temple de Jérusalem fut détruit trois fois. Il dit qu'apparemment *Julien* compte pour une troisiéme destruction la catastrophe arrivée sous son règne. Voilà une plaisante destruction que des pierres d'un ancien fondement qu'on n'a pu remuer ! Comment cet écrivain n'a-t-il pas vu que le temple bâti par *Salomon*, reconstruit par *Zorobabel*, détruit entiérement par *Hérode*, rebâti par *Hérode* même avec tant de magnificence, ruiné enfin par *Titus*, fait manifestement trois temples détruits ? le compte est juste. Il n'y a pas là de quoi calomnier *Julien*. Pag. 399.

L'abbé de la *Blétrie* le calomnie assez en disant qu'il n'avait que *des vertus apparentes & des vices réels* ; mais *Julien* n'était ni hypocrite, ni avare, ni fourbe, ni menteur, ni ingrat, ni lâche, ni yvrogne, ni débauché, ni paresseux, ni vindicatif. Quels étaient donc ses vices ? Préface de la *Blétrie*.

4°. Voici enfin l'arme redoutable dont on se sert pour persuader que des globes de feu sortirent des pierres. *Ammien Marcellin*, auteur payen & non suspect, l'a dit. Je le veux ; mais cet *Ammien* a dit aussi que lorsque l'empereur voulut sacrifier dix bœufs à ses Dieux pour sa première vic-

b) *Julien* pouvait même compter quatre destructions du temple, puisqu'*Antiochus Eupator* en fit abattre tous les murs.

toire remportée contre *les* Perfes, il en tomba neuf par terre avant d'être préfentés à l'autel. Il raconte cent prédictions, cent prodiges. Faudra-t-il l'en croire ? Faudra-t-il croire tous les miracles ridicules que *Tite-Live* rapporte ?

Et qui vous a dit qu'on n'a point falfifié le texte d'*Ammien Marcellin ?* ferait-ce la première fois qu'on aurait ufé de cette fupercherie ?

Je m'étonne que vous n'ayez pas fait mention des petites croix de feu que tous les ouvriers apperçurent fur leur corps quand ils allèrent fe coucher. Ce trait aurait figuré parfaitement avec vos globes.

Le fait eft que le temple des Juifs ne fut point rebâti, & ne le fera point, à ce qu'on préfume. Tenons-nous-en là ; & ne cherchons point des prodiges inutiles. *Globi flammarum*, des globes de feu ne fortent ni de la pierre, ni de la terre. *Ammien* & ceux qui l'ont cité n'étaient pas phyficiens. Que l'abbé de la *Blétrie* regarde feulement le feu de la St. Jean, il verra que la flamme monte toûjours en pointe ou en onde, & qu'elle ne fe forme jamais en globe. Cela feul fuffit pour détruire la fotife dont il fe rend le défenfeur avec une critique peu judicieufe & une hauteur révoltante.

Au refte la chofe importe fort peu. Il n'y

à rien là qui intéresse la foi & les mœurs: & nous ne cherchons ici que la vérité historique.

APOTRES.

Après l'article *Apôtre* de l'Encyclopédie, lequel est aussi savant qu'orthodoxe, il reste bien peu de chose à dire. Mais on demande souvent : Les apôtres étaient-ils mariés ? ont-ils eu des enfans ? que sont devenus ces enfans ? où les apôtres ont-ils vécu ? où ont-ils écrit ? où sont-ils morts ? ont-ils eu un district ? ont-ils exercé un ministère civil ? avaient-ils une jurisdiction sur les fidèles ? étaient-ils évêques ? y avait-il une hiérarchie ? des rites, des cérémonies ?

Les apôtres étaient-ils mariés ?

I°. Il existe une lettre attribuée à *St. Ignace* le martyr, dans laquelle sont ces paroles décisives. „ Je me souviens de votre sainteté
„ comme d'*Elie*, de *Jérémie*, de *Jean-Batis-*
„ *te*, des disciples choisis, *Timothée*, *Titus*,
„ *Evodius*, *Clément*, qui ont vécu dans la
„ chasteté : mais je ne blâme point les autres
„ bienheureux qui ont été liés par le maria-
„ ge ; & je souhaite être trouvé digne de
„ DIEU, en suivant leurs vestiges dans son

" régne, à l'exemple d'*Abraham*, d'*Isaac*, de
" *Jacob*, de *Joseph*, d'*Isaïe*, des autres pro-
" phêtes tels que *Pierre* & *Paul* & les au-
" tres apôtres qui ont été mariés. "

Quelques savans ont prétendu que le nom de *St. Paul* est interpolé dans cette lettre fameuse ; cependant *Turrien*, & tous ceux qui ont vu les lettres de *St. Ignace* en latin dans la bibliothèque du Vatican, avouent que le nom de *St. Paul* s'y trouve. Et *Baronius* ne nie pas que ce passage ne soit dans quelques manuscripts grecs : *non negamus in quibusdam græcis codicibus* : mais il prétend que ces mots ont été ajoutés par des Grecs modernes.

3e. Baronius anno 57.

Il y avait dans l'ancienne bibliothèque d'Oxford un manuscript des lettres de *St. Ignace* en grec, où ces mots se trouvaient. J'ignore s'il n'a pas été brûlé avec beaucoup d'autres livres à la prise d'Oxford par *Cromwell*. Il en reste encor un latin dans la même bibliothèque ; les mots *Pauli & Apostolorum* y sont effacés, mais de façon qu'on peut lire aisément les anciens caractères.

Voyez *Cotellier*, tom. 2d. pag. 242.

Il est certain que ce passage existe dans plusieurs éditions de ces lettres. Cette dispute sur le mariage de *St. Paul* est peut-être assez frivole. Qu'importe qu'il ait été marié ou non, si les autres apôtres l'ont été ? Il n'y a qu'à lire sa première épître aux Corinthiens, pour prouver qu'il pouvait être marié comme les autres : " N'avons-nous pas droit

Chap. IX. ⅴ. 5 & 6.

„ de manger & de boire chez vous ? n'avons-
„ nous pas droit d'y amener notre femme,
„ notre sœur, comme les autres apôtres,
„ & les frères du Seigneur, & *Céphas* ?
„ serions-nous donc les seuls *Barnabé* &
„ moi qui n'aurions pas ce pouvoir ? Qui
„ va jamais à la guerre à ses dépens ? " *a*)

Il est clair par ce passage que tous les apôtres étaient mariés aussi bien que *St. Pierre*. Et *St. Clément* d'Alexandrie déclare positive- Stromat. ment que *St. Paul* avait une femme. liv. III.

La discipline romaine a changé : mais cela n'empêche pas qu'il n'y ait eu un autre usage dans les premiers tems. (Voyez *Constitutions apostoliques* au mot *Apocryphe*.)

Des enfans des apôtres.

II°. On a très peu de notions sur leurs familles. *St. Clément* d'Alexandrie dit que Stromat. *Pierre* eut des enfans ; que *Philippe* eut des liv. VII. filles ; & qu'il les maria. & *Eusèbe* liv. III.

Les *Actes des apôtres* spécifient *St. Philippe*, ch. xxx. dont les quatre filles prophétisaient. On croit Act. ch. qu'il y en eut une de mariée, & que c'est xxi. *Ste. Hermione*.

Eusèbe rapporte que *Nicolas*, choisi par Eusèbe les apôtres pour coopérer au saint ministère liv. III. ch. xxix.

a) Qui ? les anciens Romains qui n'avaient point de paye, les Grecs, les Tartares destructeurs de tant d'empires, les Arabes, tous les peuples conquérans.

D iiij

avec *St. Etienne*, avait une fort belle femme dont il était jaloux. Les apôtres lui ayant reproché sa jalousie, il s'en corrigea, leur amena sa femme, & leur dit : *je suis prêt à la céder ; que celui qui la voudra l'épouse*. Les apôtres n'acceptèrent point sa proposition. Il eut de sa femme un fils & des filles.

Cléophas, selon *Eusèbe* & *St. Epiphane*, était frère de *St. Joseph*, & père de *St. Jaques le mineur* & de *St. Jude*, qu'il avait eus de *Marie* sœur de la Ste. Vierge. Ainsi *St. Jude* l'apôtre était cousin germain de JESUS-CHRIST.

Egésippe, cité par *Eusèbe*, dit que deux des petits-fils de *St. Jude* furent déférés à l'empereur *Domitien*, comme descendans de *David* ; & ayant un droit incontestable au trône de Jérusalem. *Domitien* craignant qu'ils ne se servissent de ce droit, les interrogea lui-même ; ils exposèrent leur généalogie ; l'empereur leur demanda quelle était leur fortune ; ils répondirent, qu'ils possédaient trente-neuf arpens de terre, lesquels payaient tribut ; & qu'ils travaillaient pour vivre. L'empereur leur demanda quand arriverait le royaume de JESUS-CHRIST ; ils dirent que ce serait à la fin du monde. Après quoi *Domitien* les laissa aller en paix ; ce qui prouverait qu'il n'était pas persécuteur.

Voilà, si je ne me trompe, tout ce qu'on sait des enfans des apôtres.

Eusèbe liv. III. ch. XX.

APOTRES.

Où les apôtres ont-ils vécu ? où sont-ils morts ?

Selon *Eusèbe*, *Jaques*, surnommé le *Juste*, frère de Jesus-Christ, fut d'abord placé le premier *sur le trône épiscopal* de la ville de Jérusalem ; ce sont ses propres mots. Ainsi, selon lui, le premier évêché fut celui de Jérusalem, supposé que les Juifs connussent le nom d'*évêque*. Il paraissait en effet bien vraisemblable, que le frère de notre Sauveur fût le premier après lui ; & que la ville même, où s'était opéré le miracle de notre salut, fût la métropole du monde chrétien. A l'égard de *trône épiscopal*, c'est un terme dont *Eusèbe* se sert par anticipation. On sait assez qu'alors il n'y avait ni trône ni siége.

Eusèbe ajoute, d'après *St. Clément*, que les autres apôtres ne contestèrent point à *St. Jaques* l'honneur de cette dignité. Ils l'élurent immédiatement après l'Ascension. *Le Seigneur*, dit-il, *après sa résurrection, avait donné à Jaques surnommé le Juste, à Jean & à Pierre le don de la science* : paroles bien remarquables. *Eusèbe* nomme *Jaques* le premier, *Jean* le second. *Pierre* ne vient ici que le dernier ; il semble juste que le frère, & le disciple bien-aimé de Jesus passent avant celui qui l'a renié. L'église grecque toute entière, & tous les réformateurs demandent où est la primauté de *Pierre ?* Les catholiques romains répondent : S'il n'est pas nommé

Eusèbe liv. III.

le premier chez les pères de l'églife, il l'eft dans les *Actes des apôtres.* Les Grecs & les autres répliquent, qu'il n'a pas été le premier évêque; & la difpute fubfiftera autant que ces églifes.

St. *Jaques*, ce premier évêque de Jérufalem, frère du Seigneur, continua toûjours à obferver la loi mofaïque. Il était récabite, ne fe fefant jamais rafer, marchant pieds nuds, allant fe profterner dans le temple des Juifs deux fois par jour, & furnommé par les Juifs *Oblia*, qui fignifie *le Jufte.* Enfin ils s'en rapportèrent à lui pour favoir qui était JESUS-CHRIST: mais ayant répondu que JESUS était *le fils de l'homme affis à la droite de* DIEU, *& qu'il viendrait dans les nuées*, il fut affommé à coups de bâton. C'eft de St. *Jaques le mineur* que nous venons de parler.

Eufebe, Epiphane, Jérôme, Clément d'Alexandrie.

St. *Jaques le majeur* était fon oncle, frère de St. *Jean* l'évangelifte, fils de *Zébédée* & de *Salome*. On prétend qu'*Agrippa* roi des Juifs lui fit couper la tête à Jérufalem.

Eufebe liv. III.

St. *Jean* refta dans l'Afie, & gouverna l'églife d'Ephèfe, où il fut, dit-on, enterré.

Eufebe liv. III.

St. *André*, frère de St. *Pierre*, quitta l'école de St. *Jean-Batifte* pour celle de JESUS-CHRIST. On n'eft pas d'accord s'il prêcha chez les Tartares ou dans Argos. Mais pour trancher la difficulté, on a dit que c'était dans l'Epire. Perfonne ne fait où il fut martyrifé, ni même s'il le fut. Les actes de son martyre sont plus que suspects aux savans; les peintres l'ont toûjours représenté sur une croix en sautoir, à laquelle on a donné son nom; c'est un usage qui a prévalu sans qu'on en connaisse la source.

St. Pierre prêcha aux Juifs dispersés dans le Pont, la Bithynie, la Capadoce, dans Antioche, à Babilone. Les *Actes des apôtres* ne parlent point de son voyage à Rome. *St. Paul* même ne fait aucune mention de lui dans les lettres qu'il écrit de cette capitale. *St. Justin* est le premier auteur accrédité qui ait parlé de ce voyage, sur lequel les savans ne s'accordent pas. *St. Irénée*, après *St. Justin*, dit expressément que *St. Pierre* & *St. Paul* vinrent à Rome, & qu'ils donnèrent le gouvernement à *St. Lin*. C'est encor là une nouvelle difficulté. S'ils établirent *St. Lin* pour inspecteur de la société chrétienne naissante à Rome, on infère qu'ils ne la conduisirent pas, & qu'ils ne restèrent point dans cette ville.

La critique a jetté sur cette matière une foule d'incertitudes. L'opinion que *St. Pierre* vint à Rome sous *Néron*, & qu'il y occupa la chaire pontificale vingt-cinq ans, est insoutenable, puisque *Néron* ne régna que treize années. La chaise de bois qui est enchâssée dans l'église à Rome, ne peut guères avoir appartenu à *St. Pierre*; le bois ne dure pas si longtems ; & il n'eſt pas vraiſemblable que *St. Pierre* ait enſeigné dans ce fauteuil comme dans une école toute formée, puiſqu'il eſt avéré que les Juifs de Rome étaient les ennemis violens des diſciples de JESUS-CHRIST.

La plus forte difficulté peut-être, eſt que *St. Paul* dans ſon épitre écrite de Rome aux Coloſſiens, dit poſitivement qu'il n'a été ſecondé que par *Ariſtarque*, *Marc*, & un autre qui portait le nom de JESUS. Cette objection a paru inſoluble aux plus ſavans hommes.

<small>Coloſſ. ch. IV. ℣. 10 & 11.</small>

Dans ſa lettre aux Galates, il dit *qu'il obligea Jaques, Céphas & Jean qui étaient colonnes*, à reconnaître auſſi pour colonne lui & *Barnabé*. S'il place *Jean* avant *Céphas*, *Céphas* n'était donc pas le chef. Heureuſement ces diſputes n'entament pas le fond de notre ſainte religion. Que *St. Pierre* ait été à Rome ou non, JESUS-CHRIST n'en eſt pas moins fils de DIEU & de la vierge *Marie*, & n'en eſt pas moins reſſuſcité; il n'en a pas moins recommandé l'humilité & la pauvreté qu'on néglige, il eſt vrai, mais ſur leſquelles on ne diſpute pas.

<small>Ch. II. ℣. 9.</small>

Nicéphore-Caliſte, auteur du quatorziéme ſiécle, dit que *Pierre* était *menu*, *grand & droit*, *le viſage long & pâle*, *la barbe & les cheveux épais*, *courts & crépus*, *les yeux noirs*, *le nez long*, *plutôt camus que pointu*. C'eſt ainſi que *Dom Calmet* traduit ce paſſage. Voyez ſon *Dictionnaire de la Bible*.

St. Barthelemi, mot corrompu de *Bar-Ptolomaios*, *b*) fils de *Ptolamée*. Les *Actes des apôtres* nous apprennent qu'il était de Galilée. *Eufèbe* prétend qu'il alla prêcher dans l'Inde, dans l'Arabie heureuse, dans la Perse & dans l'Abiſſinie. On croit que c'était le même que *Nathanaël*. On lui attribue un évangile ; mais tout ce qu'on a dit de sa vie & de sa mort est très incertain. On a prétendu qu'*Aſtyage*, frère de *Polémon* roi d'Arménie, le fit écorcher vif ; mais cette hiſtoire eſt regardée comme fabuleuſe par tous les bons critiques.

St. Philippe. Si l'on en croit les légendes apocryphes, il vécut quatre-vingt-ſept ans, & mourut paiſiblement ſous *Trajan*.

St. Thomas-Dydime. Origène cité par *Eufèbe*, dit qu'il alla prêcher aux Mèdes, aux Perſes, aux Caramaniens, aux Bactriens & aux mages, comme ſi les mages avaient été un peuple. On ajoute qu'il batiſa un des mages qui étaient venus à Bethléem. Les manichéens prétendaient qu'un homme ayant donné un ſoufflet à *St. Thomas*, fut devoré par un lion. Des auteurs Portugais aſſurent qu'il fut martyriſé à Méliapour, dans la preſqu'iſle de l'Inde. L'égliſe grecque croit qu'il prêcha dans l'Inde, & que de-là on porta

---

b) Nom grec & hébreu, ce qui eſt ſingulier, & ce qui a fait croire que tout fut écrit par des Juifs helléniſtes loin de Jéruſalem.

son corps à Edesse. Ce qui fait croire qu'il alla dans l'Inde, c'est qu'on y trouva, vers la côte d'Ormus, à la fin du quinziéme siécle, quelques familles nestoriennes établies par un marchand de Mozoul nommé *Thomas*. La légende porte qu'il bâtit un palais magnifique pour un roi de l'Inde, appellé *Gondafer* : mais les savans rejettent toutes ses histoires.

St. Mathias. On ne sait de lui aucune particularité. Sa vie n'a été écrite qu'au douziéme siécle, par un moine de l'abbaye de St. Mathias de Trèves, qui disait la tenir d'un Juif qui la lui avait traduite de l'hébreu en latin.

St. Matthieu. Si l'on en croit *Rufin*, *Socrate*, *Abdias*, il prêcha & mourut en Ethiopie. *Héracléon* le fait vivre longtems, & mourir d'une mort naturelle : mais *Abdias* dit, qu'*Hirtacus* roi d'Ethiopie, frère d'*Eglipus*, voulant épouser sa niéce *Iphigénie*, & n'en pouvant obtenir la permission de *St. Matthieu*, lui fit trancher la tête, & mit le feu à la maison d'*Iphigénie*. Celui à qui nous devons l'évangile le plus circonstancié que nous ayons, méritait un meilleur historien qu'*Abdias*.

St. Simon Cananéen, qu'on fête communément avec *St. Jude*. On ignore sa vie. Les Grecs modernes disent, qu'il alla prêcher dans la Lybie, & de là en Angleterre. D'autres le font martyriser en Perse.

APÔTRES. 63

St. Thadée, ou *Lebée*, le même que *St. Jude*, que les Juifs appellent, dans St. Matthieu, *frère de* JESUS-CHRIST ; & qui, selon *Eusèbe*, était son cousin germain. Toutes ces rélations, la plûpart incertaines & vagues, ne nous éclairent point sur la vie des apôtres. Mais s'il y a peu pour notre curiosité, il reste assez pour notre instruction. Matth. ch xiii. ⱽ. 55.

Des quatre évangiles choisis parmi les cinquante-quatre, qui furent composés par les premiers chrétiens, il y en a deux qui ne sont point faits par des apôtres.

St. Paul n'était pas un des douze apôtres ; & cependant ce fut lui qui contribua le plus à l'établissement du christianisme. C'était le seul homme de lettres qui fût parmi eux. Il avait étudié dans l'école de *Gamaliel*. *Festus* même, gouverneur de Judée, lui reproche qu'il est trop savant ; & ne pouvant comprendre les sublimités de sa doctrine, il lui dit : Tu es fou, *Paul* ; tes grandes études t'ont conduit à la folie. *Insanis, Paule ; multa te littera ad insaniam convertunt*. Act. ch. xxvi.

Il se qualifie apôtre, *envoyé*, dans sa première épître aux Corinthiens. ,, Ne suis-je ,, pas libre ? Ne suis-je pas apôtre ? N'ai- ,, je pas vu notre Seigneur ? N'êtes-vous ,, pas mon ouvrage en notre Seigneur ? ,, Quand je ne serais pas apôtre à l'égard ,, des autres, je le suis à votre égard..... ,, Sont-ils ministres du CHRIST ? Quand on Ire. aux Corint. ch. ix.

„ devrait m'accufer d'imprudence, je le fuis
„ encor plus. "

Il fe peut en effet qu'il eût vu JESUS, lorfqu'il étudiait à Jérufalem fous *Gamaliel*. On peut dire cependant que ce n'était point une raifon qui autorifât fon apoftolat. Il n'avait point été au rang des difciples de JESUS ; au contraire, il les avait perfécutés ; il avait été complice de la mort de *St. Etienne*. Il eft étonnant qu'il ne juftifie pas plutôt fon apoftolat volontaire par le miracle que fit depuis JESUS-CHRIST en fa faveur, par la lumière célefte qui lui apparut en plein midi, qui le renverfa de cheval ; & par fon enlévement au troifiéme ciel.

Hérésies. liv. XXX. §. VI. St. Epiphane cite des *Actes des apôtres* qu'on croit compofés par les chrétiens nommés *Ebionites*, ou *Pauvres*, & qui furent rejettés par l'églife ; actes très anciens à la vérité, mais pleins d'outrages contre *St. Paul.*

C'eft là qu'il eft dit que *St. Paul* était né à Tarfis de parens idolâtres ; *utroque parente gentili procreatus* ; & qu'étant venu a Jérufalem, où il refta quelque tems, il voulut époufer la fille de *Gamaliel* ; que dans ce deffein il fe rendit profélite juif, & fe fit circoncire : mais que n'ayant pas obtenu cette vierge (ou ne l'ayant pas trouvée vierge) la colère le fit écrire contre la circoncifion, le fabath & toute la loi.

Cumque Hierofolimam accessisset, & ibidem ali-

aliquamdiù manfiffet, pontificis filiam ducere in animum induxiffe, & eam ob rem profelytum factum, atque circumcifum effe, poftea quod virginem eam non accepiffet, fuccenfuiffe; & adverfus circumcifionem ac fabbathum totamque legem fcripfiffe.

Ces paroles injurieufes font voir que ces premiers chrétiens, fous le nom de *Pauvres*, étaient attachés encor au fabath & à la circoncifion, fe prévalant de la circoncifion de Jesus-Christ, & de fon obfervance du fabath; qu'ils étaient ennemis de *St. Paul*; qu'ils le regardaient comme un intrus qui voulait tout renverfer. En un mot ils étaient hérétiques, & en conféquence ils s'efforçaient de répandre la diffamation fur leurs ennemis, emportement trop ordinaire à l'efprit de parti & de fuperftition.

Auffi *St. Paul* les traite-t-il de faux apôtres, d'ouvriers trompeurs, & les accable d'injures; il les appelle *chiens* dans fa lettre aux Galates. 2de. Epit. aux Corint. ch. xi. ⅌. 13. Ch. III. ⅌. 2.

St. Jérôme prétend qu'il était né à Gifcala, bourg de Galilée, & non à Tarfis. D'autres lui conteftent fa qualité de citoyen Romain, parce qu'il n'y avait alors de citoyen Romain ni à Tarfis, ni à Galgala; & que Tarfis ne fut colonie Romaine qu'environ cent ans après. Mais il en faut croire les *Actes des apôtres* qui font infpirés par le St. Efprit, & qui doivent l'emporter fur le

St. Jérôme épitre à Philemon.

Seconde partie. E

témoignage de *St. Jérôme*, tout favant qu'il était.

Tout eſt intéreſſant de *St. Pierre* & de *St. Paul*. Si *Nicéphore* nous a donné le portrait de l'un, les *Actes* de *Ste. Thécle*, qui, bien que non canoniques, ſont du premier ſiécle, nous ont fourni le portrait de l'autre. Il était (diſent ces actes) de petite taille, chauve, les cuiſſes tortues, la jambe groſſe, le nez aquilin, les ſourcils joints, plein de la grace du Seigneur.

Staturâ brevi, calvaſtrum, cruribus curvis, furoſum, naſo aquilino, ſuperciliis junctis, plenum gratiâ DEI.

Au reſte, ces *Actes* de *St. Paul* & de *Ste. Thécle* furent compoſés, ſelon *Tertullien*, par un Aſiatique diſciple de *Paul* lui-même, qui les mit d'abord ſous le nom de l'apôtre, & qui en fut repris & même dépoſé, c'eſt-à-dire exclus de l'aſſemblée ; car la hiérarchie n'étant pas encor établie, il n'y avait pas de dépoſition proprement dite.

Quelle était la diſcipline ſous laquelle vivaient les apôtres & les premiers diſciples ?

Il paraît qu'ils étaient tous égaux. L'égalité était le grand principe des eſſéniens, des récabites, des thérapeutes, des diſciples de *Jean*, & ſurtout de JESUS-CHRIST qui la recommande plus d'une fois.

St. Barnabé, qui n'était pas un des douze apôtres, donne ſa voix avec eux. *St. Paul* qui était encor moins apôtre choisi du vivant de JESUS, non-seulement est égal à eux, mais il a une sorte d'ascendant ; il tanse rudement St. Pierre.

On ne voit parmi eux aucun supérieur, quand ils sont assemblés. Personne ne préside, pas même tour-à-tour. Ils ne s'appellent point d'abord évèques. St. Pierre ne donne le nom d'*évêque*, ou l'épithète équivalente, qu'à JESUS-CHRIST, qu'il appelle *le surveillant des ames*. Ce nom de *surveillant*, d'*évêque*, est donné ensuite indifféremment aux anciens, que nous appellons *prêtres* ; mais nulle cérémonie, nulle dignité, nulle marque distinctive de prééminence. Epit Ire, ch. II.

Les anciens, ou vieillards, sont chargés de distribuer les aumônes. Les plus jeunes sont élus à la pluralité des voix, pour *avoir soin des tables*, & ils sont au nombre de sept; ce qui constate évidemment des repas de communauté. Voyez l'article *Eglise*. Actes ch. vi. ℣. 2.

De jurisdiction, de puissance de commandement, de punition, on n'en voit pas la moindre trace.

Il est vrai qu'*Ananiah* & *Saphira* sont mis à mort pour n'avoir pas donné tout leur argent à *St. Pierre* ; pour en avoir retenu une petite partie dans la vue de subvenir à leurs besoins pressans ; pour ne l'avoir pas avoué ; pour avoir corrompu par un petit mensonge la sainteté de leurs largesses ; mais ce n'est pas *St. Pierre* qui les condamne. Il est vrai qu'il devine la faute d'*Ananiah* ; il la lui reproche ; il lui dit : *Vous avez menti au St. Esprit*, & *Ananiah* tombe mort. Ensuite *Saphira* vient, & *Pierre* au-lieu de l'avertir l'interroge ; ce qui semble une action de juge. Il la fait tomber dans le piége en lui disant : *Femme, dites-moi combien vous avez vendu votre champ* ; la femme répond comme son mari. Il est étonnant qu'en arrivant sur le lieu, elle n'ait pas su la mort de son époux, que personne ne l'en ait avertie, qu'elle n'ait pas vu dans l'assemblée l'effroi & le tumulte qu'une telle mort devait causer, & surtout la crainte mortelle que la justice n'accourût pour informer de cette mort comme d'un meurtre. Il est étrange que cette femme n'ait pas rempli la maison de ses cris, & qu'on l'ait interrogée paisiblement comme dans un tribunal sévère, où les huissiers contiennent tout le monde dans le silence. Il est encor plus étonnant que *St. Pierre* lui ait dit : *Femme, vois-tu les pieds de ceux qui ont porté ton mari en terre ; ils vont t'y porter*. Et dans l'instant la sentence est exécutée. Rien ne ressemble plus à l'audience criminelle d'un juge despotique.

Mais il faut considérer que *St. Pierre* n'est ici que l'organe de JESUS-CHRIST & du St. Esprit ; que c'est à eux qu'*Ananiah* & sa

Actes ch. v.

femme ont menti ; & que ce sont eux qui les puniſſent par une mort ſubite ; que c'eſt même un miracle fait pour effrayer tous ceux qui en donnant leurs biens à l'égliſe, & qui en diſant qu'ils ont tout donné, retiendront quelque choſe pour des uſages prophanes. Le judicieux *Dom Calmet* fait voir combien les pères & les commentateurs diffèrent ſur le ſalut de ces deux premiers chrétiens, dont le péché conſiſtait dans une ſimple réticence, mais coupable.

Quoiqu'il en ſoit, il eſt certain que les apôtres n'avaient aucune juriſdiction, aucune puiſſance, aucune autorité que celle de la perſuaſion, qui eſt la première de toutes, & ſur laquelle toutes les autres ſont fondées.

D'ailleurs il paraît par cette hiſtoire même que les chrétiens vivaient en commun.

Quand ils étaient aſſemblés deux ou trois, JESUS-CHRIST était au milieu d'eux. Ils pouvaient tous recevoir également l'Eſprit. JESUS était leur véritable, leur ſeul ſupérieur ; il leur avait dit : *N'appellez perſonne ſur la terre, votre père; car vous n'avez qu'un père qui eſt dans le ciel. Ne deſirez point qu'on vous appelle, maîtres ; parce que vous n'avez qu'un ſeul maître, & que vous êtes tous frères ; ni qu'on vous appelle, docteurs ; car votre ſeul docteur eſt* JESUS. Voyez *Egliſe*.

St. Matthieu ch. XXIII.

Il n'y avait du tems des apôtres aucun rite, point de liturgie, point d'heures marquées pour s'assembler, nulle cérémonie. Les disciples batisaient les cathécumènes; on leur souflait dans la bouche, pour y faire entrer l'Esprit-saint avec le soufle, ainsi que JESUS-CHRIST avait soufflé sur les apôtres; ainsi qu'on soufle encor aujourd'hui en plusieurs églises dans la bouche d'un enfant, quand on lui administre le batême. Tels furent les commencemens du christianisme. Tout se fesait par inspiration, par enthousiasme, comme chez les thérapeutes & chez les judaïtes, s'il est permis de comparer un moment des sociétés judaïques, devenues réprouvées, à des sociétés conduites par JÉSUS-CHRIST même du haut du ciel, où il était assis à la droite de son père.

St. Jean ch. xx. y. 22.

Le tems amena des changemens nécessaires; l'église s'étant étendue, fortifiée, enrichie, eut besoin de nouvelles loix.

APPARENCE.

Toutes les apparences sont-elles trompeuses? Nos sens ne nous ont-ils été donnés que pour nous faire une illusion continuelle? Tout est-il erreur? Vivons-nous dans un songe entourés d'ombres chimériques? Vous voyez le soleil se coucher à l'horizon, quand il eſt déja deſſous. Il n'eſt pas encore levé, & vous le voyez paraître. Cette tour quarrée vous ſemble ronde. Ce bâton enfoncé dans l'eau vous ſemble courbé.

Vous regardez votre image dans un miroir. Il vous la repréſente derrière lui. Elle n'eſt ni derrière, ni devant. Cette glace, qui au toucher & à la vuë eſt ſi liſſe, & ſi unie, n'eſt qu'un amas inégal d'aſpérités & de cavités. La peau la plus fine & la plus blanche n'eſt qu'un réſeau hériſſé, dont les ouvertures ſont incomparablement plus larges que le tiſſu, & qui renferment un nombre infini de petits crins. Des liqueurs paſſent ſans ceſſe ſous ce réſeau, & il en ſort des exhalaiſons continuelles, qui couvrent toute cette ſurface. Ce que vous appellez *grand* eſt très petit pour un élephant, & ce que vous appellez *petit* eſt un monde pour des inſectes.

Le même mouvement, qui ſerait rapide pour une tortue, ſerait très lent aux yeux d'un aigle. Ce rocher, qui eſt impénétrable au fer de vos inſtrumens, eſt un crible percé de plus de trous qu'il n'a de matière, & de mille avenues d'une largeur prodigieuſe, qui conduiſent à ſon centre, où logent des multitudes d'animaux, qui peuvent ſe croire les maîtres de l'univers.

Rien n'eſt ni comme il vous paraît, ni à la place où vous croyez qu'il ſoit.

Plusieurs philosophes fatigués d'être toujours trompés par les corps, ont prononcé de dépit que les corps n'existent pas, & qu'il n'y a de réel que notre esprit. Ils pouvaient conclure tout aussi bien que toutes les apparences étant fausses, & que la nature de l'ame étant inconnue comme la matière, il n'y avait en effet ni esprit ni corps.

C'est peut-être ce desespoir de rien connaître, qui a fait dire à certains philosophes Chinois, que le néant est le principe & la fin de toutes choses.

Cette philosophie destructive des êtres était fort connue du tems de *Molière*. Le docteur *Marphurius* représente toute cette école, quand il enseigne à Sganarelle, *qu'il ne faut pas dire : je suis venu ; mais il me semble que je suis venu. Et il peut vous le sembler, sans que la chose soit véritable.*

Mais à présent une scène de comédie n'est pas une raison, quoiqu'elle vaille quelquefois mieux ; & il y a souvent autant de plaisir à rechercher la vérité qu'à se moquer de la philosophie.

Vous ne voyez pas le réseau, les cavités, les cordes, les inégalités, les exhalaisons de cette peau blanche & fine que vous idolâtrez. Des animaux mille fois plus petits qu'un ciron, discernent tous ces objets qui vous échapent. Ils s'y logent, ils s'y nourrissent, ils s'y promènent comme dans un vaste pays. Et ceux, qui font sur le bras droit, ignorent qu'il y ait des gens de leur espèce sur le bras gauche. Si vous aviez le malheur de voir ce qu'ils voyent, cette peau charmante vous ferait horreur.

L'harmonie d'un concert que vous entendez avec délices, doit faire sur certains petits animaux l'effet d'un tonnerre épouvantable, & peut-être les tuer. Vous ne voyez, vous ne touchez, vous n'entendez, vous ne sentez les choses que de la manière dont vous devez les sentir.

Tout est proportionné. Les loix de l'optique, qui vous font voir dans l'eau l'objet où il n'est pas, & qui brisent une ligne droite, tiennent aux mêmes loix qui vous font paraître le soleil sous un diamètre de deux pieds, quoiqu'il soit un million de fois plus gros que la terre. Pour le voir dans sa dimension véritable, il faudrait avoir un œil qui en rassemblât les rayons sous un angle aussi grand que son disque ; ce qui est impossible. Vos sens vous assistent donc beaucoup plus qu'ils ne vous trompent.

Le mouvement, le tems, la dureté, la mollesse, les dimensions, l'éloignement, l'approximation, la force, la faiblesse, les apparences, de quelque genre qu'elles soient, tout est rélatif. Et qui a fait ces rélations ?

APPARITION.

CE n'eſt point du tout une choſe rare qu'une perſonne, vivement émue, voye ce qui n'eſt point. Une femme en 1726, accuſée à Londres d'être complice du meurtre de ſon mari, niait le fait ; on lui préſente l'habit du mort qu'on ſecoue devant elle ; ſon imagination épouvantée lui fait voir ſon mari même ; elle ſe jette à ſes pieds, & veut les embraſſer. Elle dit aux jurés qu'elle avait vu ſon mari.

Il ne faut pas s'étonner que *Théodoric* ait vu dans la tête d'un poiſſon, qu'on lui ſervait, celle de *Simmaque* qu'il avait aſſaſſiné, ou fait exécuter injuſtement ; (c'eſt la même choſe.)

Charles IX, après la St. Barthelemi, voyait des morts & du ſang, non pas en ſonge, mais dans les convulſions d'un eſprit troublé, qui cherchait en vain le ſommeil. Son médecin & ſa nourrice l'atteſtèrent. Des viſions fantaſtiques ſont très fréquentes dans les fiévres chaudes. Ce n'eſt point s'imaginer voir, c'eſt voir en effet. Le phantôme exiſte pour celui qui en a la perception. Si le don de la raiſon, accordé à la machine humaine, ne venait pas corriger ces illusions, toutes les imaginations échauffées feraient dans un transport presque continuel, & il ferait impossible de les guérir.

C'est surtout dans cet état mitoyen, entre la veille & le sommeil, qu'un cerveau enflammé voit des objets imaginaires, & entend des sons que personne ne prononce. La frayeur, l'amour, la douleur, le remords sont les peintres qui tracent les tableaux dans les imaginations bouleversées. L'œil qui est ébranlé pendant la nuit par un coup vers le petit cantus, & qui voit jaillir des étincelles, n'est qu'une très faible image des inflammations de notre cerveau.

Aucun théologien ne doute qu'à ces causes naturelles, la volonté du maître de la nature n'ait joint quelquefois sa divine influence. L'ancien & le nouveau Testament en sont d'assez évidens témoignages. La providence daigna employer ces apparitions, ces visions en faveur du peuple Juif, qui était alors son peuple chéri.

Il se peut que dans la suite des tems, quelques ames, pieuses à la vérité, mais trompées par leur enthousiasme, ayent cru recevoir d'une communication intime avec Dieu ce qu'elles ne tenaient que de leur imagination enflammée. C'est alors qu'on a besoin du conseil d'un honnête homme, & surtout d'un bon médecin.

Les histoires des apparitions sont innombrables. On prétend que ce fut sur la foi d'une apparition que *St. Théodore*, au commencement du quatriéme siécle, alla mettre le feu au temple d'Amasée, & le réduisit en cendre. Il est bien vraisemblable que DIEU ne lui avait pas ordonné cette action, qui en elle-même est si criminelle, dans laquelle plusieurs citoyens périrent, & qui exposait tous les chrétiens à une juste vengeance.

Que *Ste. Potamienne* ait apparu à *St. Basilide*, DIEU peut l'avoir permis; il n'en a rien résulté qui troublât l'état. On ne niera pas que JESUS-CHRIST ait pu apparaître à *St. Victor*; mais que *St. Benoît* ait vu l'ame de *St. Germain* de Capoue portée au ciel par des anges, & que deux moines ayent vu celle de *St. Benoît* marcher sur un tapis étendu depuis le ciel jusqu'au mont Cassin, cela est plus difficile à croire.

On peut douter de même, sans offenser notre auguste religion, que *St. Eucher* fut mené par un ange en enfer, où il vit l'ame de *Charles Martel*; & qu'un saint hermite d'Italie ait vu des diables qui enchaînaient l'ame de *Dagobert* dans une barque, & lui donnaient cent coups de fouet; car après tout, il ne serait pas aisé d'expliquer nettement comment une ame marche fur un tapis, comment on l'enchaîne dans un bateau, & comment on la fouette.

Mais il fe peut très bien faire que des cervelles allumées ayent eu de femblables vifions ; on en a mille exemples de fiécle en fiécle. Il faut être bien éclairé pour diftinguer, dans ce nombre prodigieux de vifions, celles qui viennent de DIEU même, & celles qui font produites par la feule imagination.

L'illuftre *Boffuet* rapporte, dans l'*Oraifon funèbre de la princeffe Palatine*, deux vifions, qui agirent puiffamment fur cette princeffe, & qui déterminèrent toute la conduite de fes dernières années. Il faut croire ces vifions céleftes ; puifqu'elles font regardées comme telles par le difert & favant évêque de Meaux, qui pénétra toutes les profondeurs de la théologie, & qui même entreprit de lever le voile dont l'Apocalypfe eft couverte.

Il dit donc, que la princeffe Palatine, après avoir prêté cent mille francs à la reine de Pologne fa fœur *a*), vendu le duché de Rételois un million, marié avantageufement fes filles, étant heureufe felon le monde, mais doutant malheureufement des vérités de la religion catholique, fut rappellée à la

a) *Oraifon funèbre*, page 310 & fuivantes, édition de 1749.

conviction & à l'amour de ces vérités ineffables par deux visions. La première fut un rêve, dans lequel un aveugle-né lui dit, qu'il n'avait aucune idée de la lumière, & qu'il falait en croire les autres sur les choses qu'on ne peut concevoir. La seconde fut un violent ébranlement des méninges & des fibres du cerveau dans un accès de fiévre. Elle vit une poule qui courait après un de ses poussins qu'un chien tenait dans sa gueule. La princesse Palatine arrache le petit poulet au chien ; une voix lui crie : rendez-lui son poulet ; si vous le privez de son manger, il fera mauvaise garde. Non, s'écria la princesse ; je ne le rendrai jamais.

Ce poulet, c'était l'ame d'*Anne de Gonzague* princesse Palatine ; la poule était l'église ; le chien était le diable. *Anne de Gonzague*, qui ne devait jamais rendre le poulet au chien, était la grace efficace.

Bossuet prêchait cette oraison funèbre aux religieuses carmelites du fauxbourg St. Jaques à Paris, devant toute la maison de *Condé*; il leur dit ces paroles remarquables : *Ecoutez, & prenez garde surtout de ne pas écouter avec mépris l'ordre des avertissemens divins, & la conduite de la grace.*

Les lecteurs doivent donc lire cette histoire avec le même respect que les auditeurs l'écoutèrent. Ces effets extraordinaires de la providence, font comme les miracles des faints qu'on canonife. Ces miracles doivent être atteftés par des témoins irréprochables. Eh! quel dépofant plus légal pourions-nous avoir des apparitions & des vifions de la princéffe Palatine, que celui qui employa fa vie à diftinguer toûjours la vérité de l'apparence? Il combattit avec vigueur contre les religieufes de Port-royal fur le formulaire; contre *Paul Ferri* fur le catéchifme; contre le miniftre *Claude* fur les variations de l'églife; contre le docteur *Du Pin* fur la Chine; contre le père *Simon* fur l'intelligence du texte facré; contre le cardinal *Sfrondate* fur la prédeftination; contre le pape fur les droits de l'églife gallicane; contre l'archevêque de Cambrai fur l'amour pur & défintereffé. Il ne fe laiffait féduire ni par les noms, ni par les titres, ni par la réputation, ni par la dialectique de fes adverfaires. Il a rapporté ce fait; il l'a donc cru. Croyons-le comme lui, malgré les railleries qu'on en a faites. Adorons les fecrets de la providence : mais défions-nous des écarts de l'imagination, que *Mallebranche* appellait, *la folle du logis*. Car les deux vifions accordées à la princeffe Palatine, ne font pas données à tout le monde.

JESUS-CHRIST apparut à *Ste. Catherine* de Sienne; il l'époufa; il lui donna un anneau. Cette apparition myftique eft refpectable, puisqu'elle est attestée par *Raimond* de Capoue, général des dominicains, qui la confessait, & même par le pape *Urbain VI*. Mais elle est rejettée par le savant *Fleuri*, auteur de l'*Histoire ecclésiastique*. Et une fille qui se vanterait aujourd'hui d'avoir contracté un tel mariage, pourait avoir une place aux petites-maisons pour présent de noces.

L'apparition de la mère *Angelique* abbesse du Port-royal, à sœur *Dorothée*, est rapportée par un homme d'un très grand poids dans le parti qu'on nomme *Janséniste*, c'est le Sr. *Dufossé* auteur des mémoires de *Pontis*. La mère *Angelique* longtems après sa mort, vint s'asseoir dans l'église de Port-royal à son ancienne place, avec sa crosse à la main. Elle commanda qu'on fît venir sœur *Dorothée*, à qui elle dit de terribles secrets. Mais le témoignage de ce *Dufossé* ne vaut pas celui de *Raimond* de Capoue, & du pape *Urbain VI*, lesquels pourtant n'ont pas été recevables.

Celui qui vient d'écrire ce petit morceau a lu ensuite les quatre volumes de l'abbé *Langlet* sur les apparitions, & ne croit pas devoir en rien prendre. Il est convaincu de toutes les apparitions avérées par l'église; mais il a quelques doutes sur les autres jusqu'à ce qu'elles soient autentiquement reconnues. Les cordeliers & les jacobins, les jansénistes

&

& les molinistes ont eu leurs apparitions & leurs miracles. *Illiacos intra muros peccatur & extra.*

APROPOS, L'APROPOS.

L'Apropos est comme l'avenir, l'atour, l'ados & plusieurs termes pareils, qui ne composent plus aujourd'hui qu'un seul mot, & qui en fesaient deux autrefois.

Si vous dites : à propos, j'oubliais de vous parler de cette affaire ; alors ce sont deux mots, & *à* devient une préposition. Mais si vous dites : voilà un *apropos* heureux, un *apropos* bien adroit, apropos n'est plus qu'un seul mot.

La Mothe a dit, dans une de ses odes :

   Le sage, le prompt apropos,
   Dieu qu'à tort oublia la fable.

Tous les heureux succès en tout genre sont fondés sur les choses dites ou faites à propos.

Arnaud de Bresse, *Jean Hus* & *Jérôme* de Prague ne vinrent pas assez à-propos ; ils furent tous trois brûlés ; les peuples n'étaient pas encor assez irrités ; l'invention de l'imprimerie n'avait point encor mis sous les yeux de tout le monde les abus dont on se plaignait. Mais quand les hommes commencèrent à lire ; quand la populace, qui voulait bien ne pas aller en purgatoire, mais qui ne voulait pas payer trop cher des indulgences, commença à ouvrir les yeux, les réformateurs du seiziéme siécle vinrent très à-propos, & réussirent.

Un des meilleurs *apropos*, dont l'histoire ait fait mention, est celui de *Pierre Danez* au concile de Trente. Un homme qui n'aurait pas eu l'esprit présent n'aurait rien répondu au froid jeu-de-mot de l'évêque Italien : *Ce coq chante bien : iste gallus bene cantat.* a) Danez répondit par cette terrible réplique : *Plût à* DIEU *que Pierre se repentît au chant du coq !*

La plûpart de recueils de bons mots sont remplis de réponses très froides. Celle du marquis *Mafei*, ambassadeur de Sicile auprès du pape *Clément XI*, n'est ni froide, ni injurieuse, ni piquante, mais c'est un bel apropos. Le pape se plaignait avec larmes de ce qu'on avait ouvert, malgré lui, les églises de Sicile qu'il avait interdites : *Pleurez, saint père,* lui dit-il, *quand on les fermera.*

Les Italiens appellent une chose dite hors

―――――――

a) Les dames, qui pouront lire ce morceau, sauront que *Gallus* signifie *Gaulois* & *Coq*.

de propos : un *expropofito*. Ce mot manque
à notre langue.

C'eſt une grande leçon dans *Plutarque* que
ces paroles : Tu tiens ſans propos beaucoup
de bons propos. Ce défaut ſe trouve dans
beaucoup de nos tragédies, où les héros débitent des maximes bonnes en elles-mêmes,
qui deviennent fauſſes dans l'endroit où elles ſont placées.

L'apropos fait tout dans les grandes affaires, dans les révolutions des états. On a
déja dit, que *Cromwell*, ſous *Elizabeth*, ou
ſous *Charles II*; le cardinal de *Retz*, quand
Louis XIV gouverna par lui-même, auraient
été des hommes très ordinaires.

Céſar, né du tems de *Scipion l'Africain*,
n'aurait pas ſubjugué la république Romaine; & ſi *Mahomet* revenait aujourd'hui, il
ferait tout au plus ſherif de la Mecque.
Mais ſi *Archimède* & *Virgile* renaiſſaient, l'un
ſerait encor le meilleur mathématicien, l'autre le meilleur poete de ſon pays.

ARABES.

ET PAR OCCASION DU LIVRE DE JOB.

SI quelqu'un veut connaître à fond les antiquités arabes, il eſt à préſumer qu'il
n'en ſera pas plus inſtruit que de celles de

l'Auvergne & du Limousin. Il est pourtant certain, que les Arabes étaient quelque chose longtems avant *Mahomet*. Les Juifs eux-mêmes disent, que *Moïse* épousa une fille Arabe, & son beau-père *Jethro* paraît un homme de fort bon sens.

Mecka, ou la Mecque passa, & non sans vraisemblance, pour une des plus anciennes villes du monde ; & ce qui prouve son ancienneté, c'est qu'il est impossible qu'une autre cause que la superstition seule ait fait bâtir une ville en cet endroit ; elle est dans un désert de sable, l'eau y est saumache, on y meurt de faim & de soif. Le pays, à quelques milles vers l'orient, est le plus délicieux de la terre, le plus arrosé, le plus fertile. C'était là qu'il falait bâtir, & non à la Mecque. Mais il suffit d'un charlatan, d'un fripon, d'un faux prophète qui aura débité ses rêveries pour faire de la Mecque un lieu sacré, & le rendez-vous des nations voisines. C'est ainsi que le temple de *Jupiter Ammon* était bâti au milieu des sables, &c. &c.

L'Arabie s'étend du désert de Jérusalem jusqu'à Aden ou Eden, vers le quinziéme degré ; en tirant droit du nord-est au sud-est. C'est un pays immense, environ trois fois grand comme l'Allemagne. Il est très vraisemblable que ses déserts de sable ont été apportés par les eaux de la mer, & que ses golphes maritimes ont été des terres fertiles autrefois.

Ce qui semble déposer en faveur de l'antiquité de cette nation, c'est qu'aucun historien ne dit qu'elle ait été subjuguée ; elle ne le fut pas même par *Alexandre*, ni par aucun roi de Syrie, ni par les Romains. Les Arabes au contraire ont subjugué cent peuples depuis l'Inde jusqu'à la Garonne ; & ayant ensuite perdu leurs conquêtes, ils se sont retirés dans leur pays sans s'être mêlés avec d'autres peuples.

N'ayant jamais été ni asservis, ni mélangés, ils est plus que probable qu'ils ont conservé leurs mœurs & leur langage ; aussi l'arabe est-il la langue-mère de toute l'Asie jusqu'à l'Inde, & jusqu'au pays habité par les Scythes. Leur génie n'a point changé, ils font encor des *mille & une nuit*, comme ils en fesaient du tems qu'ils imaginaient un *Bach* ou *Bacchus*, qui traversait la mer rouge avec trois millions d'hommes, de femmes & d'enfans ; qui arrêtait le soleil & la lune, qui fesait jaillir des fontaines de vin avec une baguette, laquelle il changeait en serpent, quand il voulait.

Une nation ainsi isolée, & dont le sang est sans mélange, ne peut changer de caractère. Les Arabes qui habitent les déserts ont toujours été un peu voleurs. Ceux qui habitent les villes ont toûjours aimé les fables, la poéfie & l'aftronomie.

Il eft dit dans la *préface hiftorique de l'Alcoran*, que lorfqu'ils avaient un bon poëte dans une de leurs tribus, les autres tribus ne manquaient pas d'envoyer des députés pour féliciter celle à qui Dieu avait fait la grace de lui donner un poëte.

Les tribus s'affemblaient tous les ans par repréfentans dans une place nommée *Ocad*, où l'on récitait des vers à-peu-près comme on fait aujourd'hui à Rome, dans le jardin de l'académie des Arcades; & cette coutume dura jufqu'à *Mahomet*. De fon tems chacun affichait fes vers à la porte du temple de la Mecque.

Labid fils de *Rabia*, paffait pour l'*Homère* des Mecquois; mais ayant vu le fecond chapitre de l'Alcoran que *Mahomet* avait affiché, il fe jetta à fes genoux, & lui dit: *O Mohammed, fils d'Abdallah, fils de Motaleb, fils d'Achem, vous êtes un plus grand poëte que moi, vous êtes fans doute le prophète de* Dieu.

Autant les Arabes du défert étaient voleurs, autant ceux de Maden, de Naïd, de Sanaa étaient généreux. Un ami était deshonoré dans ces pays quand il avait refufé des fecours à un ami.

Dans leur recueil de vers intitulé *Tograïd*, il eft rapporté qu'un jour dans la cour du temple de la Mecque trois Arabes difputaient fur la générofité & l'amitié, & ne pouvaient convenir qui méritait la préférence de ceux qui donnaient alors les plus grands exemples de ces vertus. Les uns tenaient pour *Abdallah* fils de *Giafar* oncle de *Mahomet*, les autres pour *Kaïs* fils de *Saad*, & d'autres pour *Arabad* de la tribu d'As. Après avoir bien difputé, ils convinrent d'envoyer un ami d'*Abdallah* vers lui, un ami de *Kaïs* vers *Kaïs*, & un ami d'*Arabad* vers *Arabad*, pour les éprouver tous trois, & venir enfuite faire leur rapport à l'affemblée.

L'ami d'*Abdallah* courut donc à lui, & lui dit ; Fils de l'oncle de *Mahomet*, je fuis en voyage & je manque de tout. *Abdallah* était monté fur fon chameau chargé d'or & de foye, & en defcendit au plus vite, lui donna fon chameau & s'en retourna à pied dans fa maifon.

Le fecond alla s'adreffer à fon ami *Kaïs* fils de *Saad*. *Kaïs* dormait encor, un de fes domeftiques demande au voyageur ce qu'il defire. Le voyageur répond, qu'il eft l'ami de *Kaïs* & qu'il a befoin de fecours. Le domeftique lui dit : je ne veux pas éveiller mon maître ; mais voilà fept mille piéces d'or, c'eft tout ce que nous avons à préfent dans la maifon ; prenez encor un chameau dans l'écurie avec un efclave, je crois que cela vous fuffira jufqu'à ce que vous foyez arrivé chez vous. Lorſque *Kaïs* fut éveillé, il gronda beaucoup le domeſtique de n'avoir pas donné davantage.

Le troiſiéme alla trouver l'ami *Arabad* de la tribu d'As. *Arabad* était aveugle, & il ſortait de ſa maiſon appuié ſur deux eſclaves pour aller prier DIEU au temple de la Mecque ; dès qu'il eut entendu la voix de l'ami, il lui dit : je n'ai de bien que mes deux eſclaves, je vous prie de les prendre & de les vendre ; j'irai au temple comme je pourai avec mon bâton.

Les trois diſputeurs étant revenus à l'aſſemblée, racontèrent fidélement ce qui leur était arrivé. On donna beaucoup de louanges à *Abdallah* fils de *Giafar*, à *Kaïs* fils de *Saad*, & à *Arabad* de la tribu d'As ; mais la préférence fut pour *Arabad*.

Les Arabes ont pluſieurs contes de cette eſpèce. Nos nations occidéntales n'en ont point ; nos romans ne ſont pas dans ce goût. Nous en avons pluſieurs qui ne roulent que ſur des friponneries, comme ceux de *Bocace*, *Guſman* d'*Alfarache*, *Gilblas*, &c.

Il eſt clair que du moins les Arabes avaient des idées nobles & élevées. Les hommes les plus ſavans dans les langues orientales penſent que le livre de *Job*, qui eſt de la plus haute antiquité, fut compoſé par un Arabe de l'Idumée. La preuve la plus claire & la plus indubitable, c'est que le traducteur Hébreu a laissé dans sa traduction plus de cent mots arabes qu'apparemment il n'entendait pas.

Job, le héros de la piéce, ne peut avoir été un Hébreu : car il dit, dans le quarante-deuxième chapitre, qu'ayant recouvré son premier état, il partagea ses biens également à ses fils & à ses filles : ce qui est directement contraire à la loi hébraïque.

Il est très vraisemblable que si ce livre avait été composé après le tems où l'on place l'époque de *Moïse*, l'auteur qui parle de tant de choses, & qui n'épargne pas les exemples, aurait parlé de quelqu'un des étonnans prodiges opérés par *Moïse*, & connus sans doute de toutes les nations de l'Asie.

Dès le premier chapitre, *Sathan* paraît devant D I E U, & lui demande la permission d'affliger *Job* ; on ne connaît point *Sathan* dans le Pentateuque, c'était un mot caldéen. Nouvelle preuve que l'auteur Arabe était voisin de la Caldée.

On a cru qu'il pouvait être Juif, parce qu'au douziéme chapitre le traducteur Hébreu a mis *Jehova* à la place d'*El* ou de *Bel*, ou de *Shadaïd*. Mais quel est l'homme un peu instruit qui ne sache que le mot de *Jehova* était commun aux Phéniciens, aux Syriens, aux Egyptiens, & à tous les peuples des contrées voisines ?

Une preuve plus forte encore & à laquelle on ne peut rien repliquer, c'est la connaissance de l'astronomie qui éclate dans le livre de *Job*. Il est parlé des constellations que nous nommons l'*Arcture*, l'*Orion*, les *Hiades*, & même de celles *du midi qui sont cachées*. Or les Hébreux n'avaient aucune connaissance de la sphère, n'avaient pas même de terme pour exprimer l'astronomie; & les Arabes ont toûjours été renommés pour cette science ainsi que les Caldéens.

<small>Chap. IX. ℣. 9.</small>

Il parait donc très bien prouvé que le livre de *Job* ne peut être d'un Juif, & est antérieur à tous les livres juifs. *Philon* & *Joseph* sont trop avisés pour le compter dans le canon hébreu. C'est incontestablement une parabole, une allégorie arabe.

Ce n'est pas tout ; on y puise des connaissances des usages de l'ancien monde, & surtout de l'Arabie. Il y est question du commerce des Indes, commerce que les Arabes firent dans tous les tems, & dont les Juifs n'entendirent seulement pas parler.

<small>Chapitre XXVIII. ℣. 16. &c.</small>

On y voit que l'art d'écrire était très cultivé, & qu'on fesait déja de gros livres.

<small>Chapitre XXXI.</small>

On ne peut dissimuler que le commentateur *Calmet*, tout profond qu'il est, manque à toutes les règles de la logique, en prétendant que *Job* annonce l'immortalité de l'ame, & la réfurrection du corps, quand il dit : *Je fais que* Dieu *qui eft vivant aura pitié de moi, que je me releverai un jour de mon fumier, que ma peau reviendra, que je reverrai* Dieu *dans ma chair. Pourquoi donc dites-vous à préfent, perfécutons-le, cherchons des paroles contre lui ? Je ferai puiffant à mon tour, craignez mon épée, craignez que je ne me venge, fachez qu'il y a une juftice.*

Peut-on entendre par ces paroles autre chofe, que l'efpérance de la guérifon ? L'immortalité de l'ame, & la réfurrection des corps au dernier jour, font des vérités fi indubitablement annoncées dans le nouveau Teftament, fi clairement prouvées par les pères & par les conciles, qu'il n'eft pas befoin d'en attribuer la première connaiffance à un Arabe. Ces grands myftères ne font expliqués dans aucun endroit du Pentateuque hébreu ; comment le feraient-ils dans ce feul verfet de *Job*, & encor d'une manière fi obfcure ? *Calmet* n'a pas plus de raifon de voir l'immortalité de l'ame & la réfurrection dans les difcours de *Job*, que d'y voir la vérole dans la maladie dont il eft attaqué. Ni la logique, ni la phyfique ne font d'accord avec ce commentateur.

Au refte, ce livre allégorique de *Job* étant manifeftement arabe, il eft permis de dire, qu'il n'y a ni méthode, ni justesse, ni précision. Mais c'est peut-être le monument le plus précieux & le plus ancien des livres qui ayent été écrits au-deçà de l'Euphrate.

ARANDA.

DROITS ROYAUX, JURISPRUDENCE, INQUISITION.

Quoique les noms propres ne soient pas l'objet de nos questions encyclopédiques, notre société littéraire a cru devoir faire une exception en faveur du comte d'*Aranda*, président du conseil suprème en Espagne, & capitaine-général de la Castille nouvelle, qui a commencé à couper les têtes de l'hydre de l'inquisition.

Il était bien juste qu'un Espagnol délivrât la terre de ce monstre, puisqu'un Espagnol l'avait fait naître. Ce fut un saint, à la vérité, ce fut *St. Dominique l'encuirassé*, qui étant illuminé d'enhaut, & croyant fermement que l'église catholique apostolique & romaine, ne pouvait se soutenir que par des moines & des boureaux, jetta les fondemens de l'inquisition au treiziéme siécle, & lui soumit les rois, les ministres, & les magistrats : mais il arrive quelquefois qu'un grand-homme est plus qu'un saint dans les choses purement civiles, & qui concernent directement la majesté des couronnes, la dignité du conseil des rois, les droits de la magistrature, la sûreté des citoyens.

La conscience, le for intérieur (comme l'appelle l'université de Salamanque) est d'une autre espèce ; elle n'a rien de commun avec les loix de l'état. Les inquisiteurs, les théologiens doivent prier DIEU pour les peuples ; & les ministres, les magistrats établis par les rois sur les peuples, doivent juger.

Un soldat bigame ayant été arrêté pour ce délit par l'auditeur de la guerre au commencement de l'année 1770, & le St. Office ayant prétendu que c'était à lui seul qu'il appartenait de juger ce soldat, le roi d'Espagne a décidé que cette cause devait uniquement ressortir au tribunal du comte d'*Aranda* capitaine-général, par un arrêt solemnel du 5 Février de la même année.

L'arrêt porte, que le très révérend archevèque de Pharsale, (ville qui appartient aux Turcs) inquisiteur-général des Espagnols, doit observer les loix du royaume, respecter les jurisdictions royales, se tenir dans ses bornes, & ne se point mêler d'emprisonner les sujets du roi.

On ne peut pas tout faire à la fois ; *Hercule* ne put nétoyer en un jour les écuries du roi *Augias*. Les écuries d'Espagne étaient pleines des plus puantes immondices depuis plus de cinq cent ans ; c'était grand dommage de voir de si beaux chevaux, si fiers, si legers, si courageux, si brillans, n'avoir pour palfreniers que des moines qui leur appesantissaient la bouche par un vilain mords, & qui les fesaient croupir dans la fange.

Le comte d'*Aranda* qui est un exellent écuyer, commence à mettre la cavalerie Espagnole sur un autre pied ; & les écuries d'*Augias* seront bientôt de la plus grande propreté.

Nous saisissons cette occasion de dire un petit mot des premiers beaux jours de l'inquisition, parce qu'il est d'usage dans les dictionnaires, quand on parle de la mort des gens, de faire mention de leur naissance & de leurs dignités.

Nous commençons par cette patente curieuse donnée par *St. Dominique*.

„ Moi ; *a*) frère *Dominique*, je réconcilie
„ à l'église le nommé *Roger* porteur des
„ patentes, à condition qu'il se fera fouetter
„ par un prêtre trois dimanches consécutifs,
„ depuis l'entrée de la ville jusqu'à la porte

---

a) Ce témoignage de la toute-puissance de *St. Dominique* se trouve dans *Louis de Paramo*, l'un des plus grands théologiens d'Espagne. Elle est citée

„ de l'église ; qu'il fera maigre toute sa vie,
„ qu'il jeûnera trois carêmes dans l'année ;
„ qu'il ne boira jamais de vin, qu'il portera
„ le *san-benito* avec des croix ; qu'il réci-
„ tera le bréviaire tous les jours, dix pater
„ dans la journée, & vingt à l'heure de mi-
„ nuit ; qu'il gardera désormais la continen-
„ ce, & qu'il se présentera tous les mois au
„ curé de sa paroisse, sous peine d'être traité
„ comme hérétique, parjure & impénitent. "

Il faudrait savoir si ce n'est pas un autre saint du même nom qui donna cette patente. Il faudrait diligemment rechercher si du tems de *St. Dominique* on fesait porter le *san-benito* aux pécheurs, & si ce *san-benito* n'était pas une chemise bénite qu'on leur donnait en échange de leur argent qu'on leur prenait. Mais étant retirés au milieu des neiges au pied du mont Crapak, qui sépare la Pologne de la Hongrie, nous n'avons qu'une bibliothèque médiocre.

La disette de livres dont nous gémissons vers ce mont Crapak où nous sommes, nous empêche aussi d'examiner si *St. Domique* assista en qualité d'inquisiteur à la bataille de Muret, ou en qualité de prédicateur, ou en celle d'officier volontaire ; & si

dans le *Manuel de l'inquisition*, ouvrage d'un théologien Français qui est d'une autre espèce. Il écrit à la manière de *Pascal*.

le titre d'*encuirassé* lui fut donné aussi bien qu'à l'hermite *Dominique*; je crois qu'il était à la bataille de Muret, mais qu'il ne porta point d'armes.

Quoique *Dominique* soit le véritable fondateur de l'inquisition, cependant *Louïs de Paramo* l'un des plus respectables écrivains & des plus brillantes lumières du St. Office, rapporte au titre second de son second livre, que DIEU fut le premier instituteur du St. Office, & qu'il exerça le pouvoir des frères prêcheurs contre *Adam*. D'abord *Adam* est cité au tribunal, *Adam ubi es* ? & en effet, ajoute-t-il, le défaut de citation aurait rendu la procédure de DIEU nulle.

Les habits de peau que DIEU fit à *Adam* & à *Eve* furent le modèle du *san-benito* que le St. Office fait porter aux hérétiques. Il est vrai que par cet argument on prouve que DIEU fut le premier tailleur ; mais il n'est pas moins évident qu'il fut le premier inquisiteur.

Adam fut privé de tous les biens immeubles qu'il possédait dans le paradis terrestre, c'est de-là que le St. Office confisque les biens de tous ceux qu'il a condamnés.

Louïs de Paramo remarque que les habitans de Sodome furent brûlés comme hérétiques, parce que la sodomie est une hérésie formelle. De-là il passe à l'*Histoire de Juifs*; il y trouve partout le St. Office.

JESUS-

JESUS-CHRIST est le premier inquisiteur de la nouvelle loi ; les papes furent inquisiteurs de droit divin, & enfin ils communiquèrent leur puissance à *St. Dominique*.

Il fait ensuite le dénombrement de tous ceux que l'inquisition a mis à mort, & il en trouve beaucoup au de-là de cent mille.

Son livre fut imprimé en 1589 à Madrid avec l'approbation des docteurs, les éloges de l'évêque & le privilège du roi. Nous ne concevons pas aujourd'hui des horreurs si extravagantes à la fois & si abominables ; mais alors rien ne paraissait plus naturel & plus édifiant. Tous les hommes ressemblent à *Louïs de Paramo* quand ils sont fanatiques.

Ce *Paramo* était un homme simple, très exact dans les dates, n'omettant aucun fait intéressant, & supputant avec scrupule le nombre des victimes humaines que le St. Office a immolées dans tous les pays.

Il raconte avec la plus grande naïveté l'établissement de l'inquisition en Portugal, & il est parfaitement d'accord avec quatre autres historiens qui ont tous parlé comme lui. Voici ce qu'ils rapportent unanimement.

ETABLISSEMENT CURIEUX DE L'INQUISITION EN PORTUGAL.

Il y avait longtems que le pape *Boniface* IX, au commencement du quinzième siécle,

Seconde partie. G

avait délégué des frères prêcheurs qui allaient en Portugal de ville en ville brûler les hérétiques, les musulmans & les Juifs; mais ils étaient ambulans, & les rois mêmes se plaignirent quelquefois de leurs vexations. Le pape *Clément VII* voulut leur donner un établissement fixe en Portugal comme ils en avaient en Arragon & en Castille. Il y eut des difficultés entre la cour de Rome & celle de Lisbonne, les esprits s'aigrirent, l'inquisition en souffrait & n'était point établie parfaitement.

En 1539 il parut à Lisbonne un légat du pape, qui était venu, disait-il, pour établir la sainte inquisition sur des fondemens inébranlables. Il apporte au roi *Jean III* des lettres du pape *Paul III*. Il avait d'autres lettres de Rome pour les principaux officiers de la cour; ses patentes de légat étaient duement scellées & signées; il montra les pouvoirs les plus amples de créer un grand inquisiteur & tous les juges du St. Office. C'était un fourbe nommé *Savedra* qui savait contrefaire toutes les écritures, fabriquer & appliquer de faux sceaux & de faux cachets. Il avait appris ce métier à Rome & s'y était perfectionné à Séville dont il arrivait avec deux autres fripons. Son train était magnifique, il était composé de plus de cent vingt domestiques. Pour subvenir à cette énorme dépense, lui & ses deux confidens empruntèrent à Séville des sommes immenses au nom de la chambre apostolique de Rome ; tout était concerté avec l'artifice le plus éblouïssant.

Le roi de Portugal fut étonné d'abord que le pape lui envoyât un légat *à latere* sans l'en avoir prévenu. Le légat répondit fiérement que dans une chose aussi pressante que l'établissement fixe de l'inquisition, sa sainteté ne pouvait souffrir les délais, & que le roi était assez honoré que le premier courier qui lui en apportait la nouvelle fût un légat du saint père. Le roi n'osa repliquer. Le légat dès le jour même établit un grand-inquisiteur, envoya partout recueillir des décimes ; & avant que la cour pût avoir des réponses de Rome, il avait déja fait brûler deux cent personnes, & recueilli plus de deux cent mille écus.

Cependant le marquis de *Villanova*, seigneur Espagnol de qui le légat avait emprunté à Séville une somme très considérable sur de faux billets, jugea à propos de se payer par ses mains, au-lieu d'aller se compromettre avec le fourbe à Lisbonne. Le légat fesait alors sa tournée sur les frontières de l'Espagne. Il y marche avec cinquante hommes armés, l'enlève & le conduit à Madrid.

La friponnerie fut bientôt découverte à Lisbonne, le conseil de Madrid condamna le légat *Savedra* au fouët & à dix ans de galères ; mais ce qu'il y eut d'amirable, c'est que le pape *Paul IV* confirma depuis tout ce qu'avait établi ce fripon; il rectifia par la plénitude de sa puissance divine toutes les petites irrégularités des procédures, & rendit sacré ce qui avait été purement humain.

Qu'importe de quel bras Dieu daigne se servir.

Voilà comme l'inquisition devint sédentaire à Lisbonne, & tout le royaume admira la providence.

Au reste on connait assez toutes les procédures de ce tribunal; on sait combien elles étaient opposées à la fausse équité & à l'aveugle raison de tous les autres tribunaux de l'univers. On était emprisonné sur la simple dénonciation des personnes les plus infames, un fils pouvait dénoncer son père, une femme son mari; on n'était jamais confronté avec ses accusateurs, les biens étaient confisqués au profit des juges. C'est ainsi du moins que l'inquisition s'est conduite jusqu'à nos jours; il y a là quelque chose de divin: car il est incompréhensible que les hommes ayent souffert ce joug patiemment. *b*)

Bénissons le comte d'*Aranda*.

b) Consultez, si vous voulez, sur la jurisprudence de l'inquisition le révérend père *Yvonet*, le docteur *Chucalon*, & surtout magister *Grillandus*, beau nom pour un inquisiteur.

ARARAT.

MOntagne d'Arménie, sur laquelle s'arrêta l'arche. On a longtems agité la question sur l'universalité du déluge, s'il inonda toute la terre sans exception, ou seulement toute la terre alors connue. Ceux qui ont cru qu'il ne s'agissait que des peuplades, qui existaient alors, se sont fondés sur l'inutilité de noyer des terres non peuplées; & cette raison a paru assez plausible. Nous nous en tenons au texte de l'Ecriture, sans prétendre l'expliquer. Mais nous prendrons plus de liberté avec *Bérose*, ancien auteur Caldéen, dont on retrouve des fragmens conservés par *Abidène*, cités dans *Eusebe*, & rapportés mot-à-mot par *George* le sincelle.

On voit par ces fragmens, que les Orientaux, qui bordent le Pont-Euxin, fesaient anciennement de l'Arménie la demeure des Dieux. Et c'est en quoi les Grecs les imitèrent. Ils placèrent les Dieux sur le mont Olympe. Les hommes transportent toûjours les choses humaines aux choses divines. Les princes bâ-

---

Et vous, rois de l'Europe, princes souverains, républiques; souvenez-vous à jamais que les moines inquisiteurs se sont intitulés *inquisiteurs par la grace de* DIEU!

tiſſaient leurs citadelles ſur des montagnes; donc les Dieux y avaient auſſi leurs demeures: elles devenaient donc ſacrées. Les brouillards dérobent aux yeux le ſommet du mont Ararat : donc les Dieux ſe cachaient dans ces brouillards ; & ils daignaient quelquefois apparaître aux mortels dans le beau tems.

Un Dieu de ce pays, qu'on croit être *Saturne*, apparut un jour à *Xixutre*, dixiéme roi de la Caldée, ſuivant la ſupputation d'*Africain*, d'*Abidène*, & d'*Apollodore*. Ce Dieu lui dit : *Le quinze du mois d'Oeſi le genre humain ſera détruit par le déluge. Enfermez bien tous vos écrits dans Sipara, la ville du ſoleil, afin que la mémoire des choſes ne ſe perde pas. Bâtiſſez un vaiſſeau ; entrez-y avec vos parens & vos amis ; faites-y entrer des oiſeaux, des quadrupèdes ; mettez-y des proviſions ; & quand on vous demandera, où voulez-vous aller avec votre vaiſſeau ? répondez : vers les Dieux, pour les prier de favoriſer le genre-humain.*

Xixutre bâtit ſon vaiſſeau, qui était large de deux ſtades, & long de cinq ; c'eſt-à-dire, que ſa largeur était de deux cent cinquante pas géométriques, & ſa longueur de ſix cent vingt-cinq. Ce vaiſſeau, qui devait aller ſur la mer noire, était mauvais voilier. Le déluge vint. Lorſque le déluge eut ceſſé, *Xixutre* lâcha quelques-uns de ſes oiſeaux, qui, ne trouvant point à manger, revinrent au vaiſſeau.

Quelques jours après il lâcha encore ses oiseaux, qui revinrent avec de la bouë aux pattes. Enfin ils ne revinrent plus. *Xixutre* en fit autant : il sortit de son vaisseau, qui était perché sur une montagne d'Arménie ; & on ne le vit plus ; les Dieux l'enlevèrent.

Dans cette fable, il y a probablement quelque chose d'historique. Le Pont-Euxin franchit ses bornes, & inonda quelques terrains. Le roi de Caldée courut réparer le desordre. Nous avons dans *Rabelais* des contes non moins ridicules, fondés sur quelques vérités. Les anciens historiens sont pour la plûpart des *Rabelais* sérieux.

Quant à la montagne d'Ararat, on a prétendu qu'elle était une des montagnes de la Phrygie, & qu'elle s'appellait d'un nom qui répond à celui d'*Arche*, parce qu'elle était enfermée par trois rivières.

Il y a trente opinions sur cette montagne. Comment démêler le vrai ? Celle que les moines Arméniens appellent aujourd'hui *Ararat*, était, selon eux, une des bornes du paradis terrestre ; paradis dont il reste peu de traces. C'est un amas de rochers, & de précipices couverts d'une neige éternelle. Tournefort y alla chercher des plantes par ordre de Louis XIV ; il dit, *que tous les environs en sont horribles, & la montagne encore plus ; qu'il trouva des neiges de quatre pieds d'épaisseur,*

& toutes cryſtaliſées ; que de tous les côtés il y a des précipices taillés à-plomb.

Le voyageur *Jean Struis* prétend y avoir été auſſi. Il monta, ſi on l'en croit, juſqu'au ſommet, pour guérir un hermite affligé d'une deſcente. *Son hermitage*, dit-il, *était ſi éloigné de terre, que nous n'y arrivames qu'au bout de ſept jours ; & chaque jour nous feſions cinq lieues.* Si dans ce voyage il avait toûjours monté, ce mont Ararat ſerait haut de trente-cinq lieues. Du tems de la guerre des géans, en mettant quelques Ararats l'un ſur l'autre, on aurait été à la lune fort commodément. *Jean Struis* aſſure encore que l'hermite, qu'il guérit, lui fit préſent d'une croix faite du bois de l'arche de Noé. *Tournefort* n'a pas eu tant d'avantage.

Voyage de Jean Struis, in-4°. page 208.

ARBRE A PAIN.

L'Arbre à pain croît dans les iſles Philippines, & principalement dans celles de Gaam & de Ténian, comme le coco croît dans l'Inde. Ces deux arbres ſeuls, s'ils pouvaient ſe multiplier dans les autres climats, ſerviraient à nourrir & à déſaltérer le genre-humain.

L'arbre à pain est plus gros & plus élevé que nos pommiers ordinaires ; les feuilles sont noires, le fruit est jaune, & de la dimension de la plus grosse pomme de calleville ; son écorce est épaisse & dure, le dedans est une espèce de pâte blanche & tendre qui a le goût des meilleurs petits-pains au lait ; mais il faut le manger frais ; il ne se garde que vingt-quatre heures, après quoi il se sèche, s'aigrit, & devient désagréable ; mais en récompense ces arbres en sont chargés huit mois de l'année. Les naturels du pays n'ont point d'autre nourriture ; ils sont tous grands, robustes, bien faits, d'un embonpoint médiocre, d'une santé vigoureuse, telle que la doit procurer l'usage unique d'un aliment salubre ; & c'est à des Nègres que la nature a fait ce présent.

Le voyageur *Dampier* fut le premier qui en parla. Il reste encor quelques officiers qui ont mangé de ce pain, quand l'amiral *Anson* y a relâché, & qui l'ont trouvé d'un goût supérieur. Si cet arbre était transplanté comme l'a été l'arbre à caffé, il pourait tenir lieu en grande partie à l'invention de *Triptolème*, qui coûte tant de soins & tant de peines multipliées. Il faut travailler une année entière, avant que le bled puisse être changé en pain ; & quelquefois tous ces travaux sont inutiles.

Le bled n'eſt pas aſſûrément la nourriture de la plus grande partie du monde. Le maïs, la caſſave nourriſſent toute l'Amérique. Nous avons des provinces entières, où les payſans ne mangent que du pain de chataignes, plus nourriſſant & d'un meilleur goût que ceux de ſeigle ou d'orge, dont tant de gens s'alimentent, & qui vaut beaucoup mieux que le pain de munition qu'on donne au ſoldat. Toute l'Afrique auſtrale ignore le pain. L'immenſe archipel des Indes, Siam, le Laos, le Pégu, la Cochinchine, le Tunquin, une partie de la Chine, le Japon, les côtes de Malabar & de Coromandel, les bords du Gange, fourniſſent un ris, dont la culture eſt beaucoup plus aiſée que celle du froment, & qui le fait négliger. Le bled eſt abſolument inconnu dans l'eſpace de quinze cent lieues ſur les côtes de la mer glaciale. Cette nourriture, à laquelle nous ſommes accoutumés, eſt parmi nous ſi précieuſe, que la crainte ſeule de la voir manquer cauſe des ſéditions chez les peuples les plus ſoumis. Le commerce du bled eſt partout un des grands objets du gouvernement; c'eſt une partie de notre être; & cependant on prodigue quelquefois ridiculement cette denrée eſſentielle.

Les amidonniers employent la meilleure farine pour couvrir la tête de nos jeunes gens, & de nos femmes.

Le Dictionnaire encyclopédique remarque avec très grande raison, que le pain-béni, dont on ne mange presque point, & dont la plus grande partie est perdue, monte en France à quatre millions de livres par an. Ainsi, de ce seul article, l'Angleterre est au bout de l'année plus riche de quatre millions que la France.

ARBRE A SUIF.

ON nomme dans l'Amérique *chandel-berri-trée*, ou *bai-berri-trée*, ou *l'arbre à suif* une espèce de bruyère, dont la baye donne une graisse propre à faire des chandelles. Elle croît en abondance dans un terrain bas & bien humecté ; il paraît qu'elle se plaît sur les rivages maritimes. Cet arbuste est couvert de bayes d'où semble suinter une substance blanche & farineuse ; on les cueille à la fin de l'automne lorsqu'elles sont meures ; on les jette dans une chaudière qu'on remplit d'eau bouillante ; la graisse se fond & s'élève au-dessus de l'eau : on met dans un vase à part cette graisse refroidie, qui ressemble à du suif ou à de la cire ; sa couleur est communément d'un verd sale. On la purifie, & alors elle devient d'un assez beau verd. Ce suif est plus cher que le suif ordinaire, & coûte moins que la cire. Pour en former des chandelles, on le mêle souvent avec du suif commun ; alors elles ne sont pas si sujettes à couler. Les pauvres se servent volontiers de ce suif végétal, qu'ils recueillent eux-mêmes, au-lieu qu'il faudrait acheter l'autre.

On en fait aussi du savon, & des savonnettes d'une odeur assez agréable.

Les médecins & les chirurgiens en font usage pour les playes.

Un négociant de Philadelphie envoya de ce suif dans les pays catholiques de l'Amérique, dans l'espoir d'en débiter beaucoup pour des cierges : mais les prêtres refusèrent de s'en servir.

Dans la Caroline on en a fait aussi une sorte de cire à cacheter.

On indique enfin la racine du même arbuste comme un remède contre les fluxions des gencives, remède usité chez les sauvages.

A l'égard du cirier ou de l'arbre à cire, il est assez connu. Que de plantes utiles à tout le genre-humain la nature a prodigué aux Indes orientales & occidentales ! le quinquina seul valait mieux que les mines du Pérou, qui n'ont servi qu'à mettre la cherté dans l'Europe.

(Cet article est de Mr. *Durey.*)

A R C.

Jeanne d'Arc dite la Pucelle d'Orléans.

IL convient de mettre le lecteur au fait de la véritable histoire de *Jeanne d'Arc* surnommée *la Pucelle*. Les particularités de son avanture sont très peu connués & pouront faire plaisir aux lecteurs. Les voici.

Paul Jove dit que le courage des Français fut animé par cette fille, & se garde bien de la croire inspirée. Ni *Robert Gagain*, ni *Paul Emile*, ni *Polidore Virgile*, ni *Genebrar*, ni *Philippe de Bergame*, ni *Papire Masson*, ni même *Mariana*, ne disent qu'elle était envoyée de Dieu; & quand *Mariana* le jésuite l'aurait dit, en vérité cela ne m'en imposerait pas.

Mézerai conte, *que le prince de la milice céleste lui apparut*; j'en suis fâché pour *Mézerai*, & j'en demande pardon au prince de la milice céleste.

La plûpart de nos historiens qui se copient tous les uns les autres, supposent que la *pucelle* fit des prédictions & qu'elles s'accomplirent. On lui fait dire qu'*elle chassera les*

Anglais hors du royaume, & ils y étaient encor cinq ans après sa mort. On lui fait écrire une longue lettre au roi d'Angleterre, & assurément elle ne savait ni lire, ni écrire; on ne donnait pas cette éducation à une servante d'hôtellerie dans le Barrois; & son procès porte qu'elle ne savait pas signer son nom.

Mais, dit-on, elle a trouvé une épée rouillée dont la lame portait cinq fleurs de lys d'or gravées; & cette épée était cachée dans l'église de Ste. Catherine de Fierbois à Tours. Voilà certes un grand miracle!

La pauvre *Jeanne d'Arc* ayant été prise par les Anglais, en dépit de ses prédictions & de ses miracles, soutint d'abord dans son interrogatoire que *Ste. Catherine*, & *Ste. Marguerite* l'avaient honorée de beaucoup de révélations. Je m'étonne qu'elle n'ait rien dit de ses conversations avec le prince de la milice céleste. Apparemment que ces deux saintes aimaient plus à parler que *St. Michel*. Ses juges la crurent sorcière, & elle se crut inspirée; & c'est là le cas de dire,

Ma foi, juge & plaideurs, il faudrait tout lier.

Une grande preuve que les capitaines de *Charles VII* employaient le merveilleux pour encourager les soldats dans l'état déplorable où la France était réduite, c'est que *Saintrailles* avait son berger, comme le comte de *Dunois* avait sa bergère. Ce berger fesait les prédictions d'un côté, tandis que la bergère les fesait de l'autre.

Mais malheureusement la prophètesse du comte de *Dunois* fut prise au siége de Compiégne par un bâtard de *Vendôme*, & le prophète de *Saintrailles* fut pris par *Talbot*. Le brave *Talbot* n'eut garde de faire brûler le berger. Ce *Talbot* était un de ces vrais Anglais qui dédaignent les superstitions, & qui n'ont pas le fanatisme de punir les fanatiques.

Voilà ce me semble ce que les historiens auraient dû observer, & ce qu'ils ont négligé.

La *pucelle* fut amenée à *Jean de Luxembourg* comte de Ligny. On l'enferma dans la forteresse de Beaulieu, ensuite dans celle de Beaurevoir, & de là dans celle du Crotoy en Picardie.

D'abord *Pierre Cauchon* évêque de Beauvais, qui était du parti du roi d'Angleterre contre son roi légitime, revendique la *pucelle* comme une sorcière arrêtée sur les limites de sa métropole. Il veut la juger en qualité de sorcière. Il appuyait son prétendu droit d'un insigne mensonge. *Jeanne* avait été prise sur le territoire de l'évêché de Noyon : & ni l'évêque de Beauvais, ni l'évêque de Noyon n'avaient assurément le droit de condamner personne, & encor moins de livrer à la mort une sujette du duc de Lorraine, & une guerrière à la solde du roi de France.

Il y avait alors (qui le croïrait ?) un vicaire-général de l'inquifition en France, nommé frère *Martin*. C'était bien là un des plus horribles effets de la fubverfion totale de ce malheureux pays. Frère *Martin* réclama la prifonnière comme *fentant l'héréfie, odorantem hærefim*. Il fomma le duc de Bourgogne & le comte de Ligny, *par le droit de fon office, & de l'autorité à lui commife par le St. Siége, de livrer* Jeanne *à la fainte inquifition*.

La Sorbonne fe hâta de feconder frère *Martin* : elle écrivit au duc de Bourgogne & à *Jean de Luxembourg* : „ Vous avez employé
„ votre noble puiffance à appréhender icelle
„ femme qui fe dit *la pucelle*, au moyen de
„ laquelle l'honneur de DIEU a été fans me-
„ fure offenfé, la foi exceffivement bleffée,
„ & l'églife trop fort deshonorée ; car par fon
„ occafion idolatrie, erreurs, mauvaife doc-
„ trine & autres maux ineftimables fe font
„ enfuivis en ce royaume.... mais peu de
„ chofe ferait avoir fait telle prinfe, fi ne
„ s'enfuivait ce qu'il appartient pour fatis-
„ faire l'offenfe par elle perpétrée contre no-
„ tre doux créateur & fa foi, & fa fainte
„ églife, avec fes autres méfaits innuméra-
„ bles.... & fi, ferait intolérable offenfe
„ contre la majefté divine s'il arrivait qu'i-
„ celle femme fût délivrée. " *a*)

Enfin

a) C'eft une traduction du latin de la Sorbonne, faite longtems après.

Enfin la *pucelle* fut adjugée à *Pierre Cauchon* qu'on appellait l'indigne évèque, l'indigne Français & l'indigne homme. *Jean de Luxembourg* vendit la *pucelle* à *Cauchon* & aux Anglais pour dix mille livres, & le duc de *Bedfort* les paya. La Sorbonne, l'évêque & frère *Martin*, présentèrent alors une nouvelle requête à ce duc de *Bedfort* régent de France: *En l'honneur de notre Seigneur & Sauveur* JESUS-CHRIST, *pour qu'icelle* Jeanne *fût briévement mise es mains de la justice de l'église.* Jeanne fut conduite à Rouen. L'archevêché était alors vacant, & le chapitre permit à l'évêque de Beauvais, de *besogner* dans la ville. (C'est le terme dont on se servit.) Il choisit pour ses assesseurs neuf docteurs de Sorbonne avec trente-cinq autres assistans, abbés ou moines. Le vicaire de l'inquisition, *Martin*, présidait avec *Cauchon*; & comme il n'était que vicaire, il n'eut que la seconde place.

Jeanne subit quatorze interrogatoires; ils sont singuliers. Elle dit qu'elle a vu *Ste. Catherine* & *Ste. Marguerite* à Poitiers. Le docteur *Beaupère* lui demanda, à quoi elle a reconnu les deux saintes? elle répond que c'est à leur manière de faire la révérence. Beaupère lui demande si elles sont bien jaseuses? Allez, dit-elle, le voir sur le régistre. Beaupère lui demande si quand elle a vu *St. Mi-*

Seconde partie.   H

chel il était tout nud ? elle répond, Penſez-vous que notre Seigneur n'eût de quoi le vêtir ?

Les curieux obſerveront ici ſoigneuſement, que *Jeanne* avait été longtems dirigée avec quelques autres dévotes de la populace par un fripon nommé *Richard*, qui feſait des miracles, & qui apprenait à ces filles à en faire. Il donna un jour la communion trois fois de ſuite à *Jeanne*, à l'honneur de la Trinité. C'était alors l'uſage dans les grandes affaires & dans les grands périls. Les chevaliers feſaient dire trois meſſes, & communiaient trois fois quand ils allaient en bonne fortune, ou quand ils s'allaient battre en duel. C'eſt ce qu'on a remarqué du bon chevalier *Bayard*.

Mémoires pour ſervir à l'Hiſtoire de France & de Bourgogne, tom. Ier.

Les feſeuſes de miracles compagnes de *Jeanne*, & ſoumiſes à frère *Richard*, ſe nommaient *Pierrone* & *Catherine*. *Pierrone* affirmait qu'elle avait vu que DIEU apparaiſſait à elle en humanité comme ami fait à ami, DIEU était long vêtu de robe blanche avec huque vermeil deſſous, &c.

Voilà juſqu'à préſent le ridicule ; voici l'horrible.

Un de ſes juges, docteur en théologie & prêtre, nommé *Nicolas l'oiſeleur*, vient la confeſſer dans la priſon. Il abuſe du ſacrement juſqu'au point de cacher derrière un morceau de ferge deux prêtres qui tranfcrivent la confeffion de *Jeanne d'Arc*. Ainfi les juges employèrent le facrilège pour être homicides. Et une malheureufe idiote, qui avait eu affez de courage pour rendre de très grands fervices au roi & à la patrie, fut condamnée à être brûlée par quarante-quatre prêtres Français qui l'immolaient à la faction de l'Angleterre.

On fait affez comment on eut la baffeffe artificieufe de mettre auprès d'elle un habit d'homme pour la tenter de reprendre cet habit, & avec quelle abfurde barbarie on prétexta cette prétendue tranfgreffion pour la condamner aux flammes, comme fi c'était dans une fille guerrière un crime digne du feu, de mettre une culotte au-lieu d'une jupe. Tout cela déchire le cœur, & fait frémir le fens commun. On ne conçoit pas comment nous ofons, après les horreurs fans nombre dont nous avons été coupables, appeller aucun peuple du nom de *barbare*.

La plûpart de nos hiftoriens, plus amateurs des prétendus embelliffemens de l'hiftoire que de la vérité, difent que *Jeanne* alla au fupplice avec intrépidité; mais comme le portent les chroniques du tems, & comme l'avoue l'hiftorien *Villaret*, elle reçut fon arrêt avec des cris & avec des larmes ; faibleffe pardonnable à fon fexe, & peut-être au nôtre, & très compatible avec le courage que cette fille avait déployé dans les dangers de la guerre ; car on peut être hardi dans les combats, & sensible sur l'échaffaut.

Je dois ajouter ici que plusieurs personnes ont cru sans aucun examen que la *pucelle d'Orléans* n'avait point été brûlée à Rouen, quoique nous ayons le procès verbal de son exécution. Elles ont été trompées par la relation que nous avons encore, d'une avanturière qui prit le nom de la *pucelle*, trompa les frères de *Jeanne d'Arc*, & à la faveur de cette imposture épousa en Lorraine un gentilhomme de la maison des *Armoises*. Il y eut deux autres friponnes qui se firent aussi passer pour la *pucelle d'Orléans*. Toutes les trois prétendirent qu'on n'avait point brûlé *Jeanne*, & qu'on lui avait substitué une autre femme. De tels contes ne peuvent être admis que par ceux qui veulent être trompés.

ARDEUR.

LE Dictionnaire encyclopédique n'ayant parlé que des ardeurs d'urine, & de l'ardeur d'un cheval, il paraît expédient de citer aussi d'autres ardeurs ; celle du feu, celle de l'amour. Nos poëtes Français, Italiens, Espagnols, parlent beaucoup des ardeurs des amants : l'opéra n'a presque jamais été sans ardeurs *parfaites*. Elles sont moins *parfaites* dans les tragédies, mais il y a toûjours beaucoup d'ardeurs.

Le dictionnaire de Trévoux dit, qu'ardeur en général signifie une *passion amoureuse*. Il cite pour exemple ce vers :

C'est de tes jeunes yeux que mon ardeur est née.

& on ne pouvait guère en rapporter un plus mauvais. Remarquons ici que ce dictionnaire est fécond en citations de vers détestables. Il tire tous ses exemples de je ne sais quel nouveau choix de vers, parmi lesquels il serait très difficile d'en trouver un bon. Il donne pour exemple de l'emploi du mot d'*ardeur* ces deux vers de *Corneille* :

Une première ardeur est toûjours la plus forte ;
Le temps ne l'éteint point, la mort seule l'emporte.

& celui-ci de *Racine* :

Rien ne peut modérer mes ardeurs insensées.

Si les compilateurs de ce dictionnaire avaient eu du goût, ils auraient donné pour exemple du mot *ardeur* bien placé cet excellent morceau de *Mithridate* :

J'ai sû, par une longue & pénible industrie,
Des plus mortels venins prévenir la furie.

Ah ! qu'il eût mieux valu, plus sage & plus heureux,
Et repoussant les traits d'un amour dangereux,
Ne pas laisser remplir d'ardeurs empoisonnées
Un cœur déja glacé par le froid des années !

C'est ainsi qu'on peut donner une nouvelle énergie à une expression ordinaire & faible. Mais pour ceux qui ne parlent d'*ardeur* que pour rimer avec *cœur*, & qui parlent de leur vive ardeur ou de leur tendre ardeur, & qui joignent encor à cela les *allarmes* ou les *charmes* qui leur ont coûté tant de *larmes*, & qui, lorsque toutes ces platitudes sont arrangées en douze sillabes croyent avoir fait des vers, & qui après avoir écrit quinze cent lignes remplies de ces termes oiseux en tout genre, croyent avoir fait une tragédie, il faut les renvoyer au nouveau choix de vers, ou au recueil en douze volumes des meilleures piéces de théâtre, parmi lesquelles on n'en trouve pas une seule qu'on puisse lire.

ARGENT.

Mot dont on se sert pour exprimer de l'or. Monsieur, voudriez-vous me prêter cent louis d'or ? Monsieur, je le voudrais de tout mon cœur ; mais je n'ai point d'argent ;

je ne suis pas en argent comptant : l'Italien vous dirait, *Signore non ho di danari.* Je n'ai point de deniers.

Harpagon demande à maître *Jacques*, Me feras-tu bonne chère ? Oui ; si vous me donnez beaucoup d'argent.

On demande tous les jours quel est le pays de l'Europe le plus riche en argent ? on entend par-là quel est le peuple qui possède le plus de métaux représentatifs des objets de commerce. On demande par la même raison quel est le plus pauvre ? & alors trente nations se présentent à l'envi ; le Vestphalien, le Limousin, le Basque, l'habitant du Tirol, celui du Valais, le Grison, l'Istrien, l'Ecossais & l'Irlandais du nord, le Suisse d'un petit canton, & surtout le sujet du pape.

Pour déviner qui en a davantage, on balance aujourd'hui entre la France, l'Espagne, & la Hollande qui n'en avait point en 1600.

Autrefois, dans le treiziéme, quatorziéme, & quinziéme siécles, c'était la province de la daterie qui avait sans contredit le plus d'argent comptant ; aussi fesait-elle le plus grand commerce. *Combien vendez-vous cela ?* disait-on à un marchand. Il répondait, *autant que les gens sont sots.*

Toute l'Europe envoyait alors son argent à la cour romaine, qui rendait en échange des grains bénis, des agnus, des indulgences plénières ou non plénières, des difpenfes, des confirmations, des exemptions, des bénédictions, & même des excommunications contre ceux qui n'étaient pas affez bien en cour de Rome, & à qui les payeurs en voulaient.

Les Vénitiens ne vendaient rien de tout cela ; mais ils fefaient le commerce de tout l'Occident par Alexandrie ; on n'avait que par eux du poivre & de la canelle. L'argent qui n'allait pas à la daterie venait à eux, un peu aux Tofcans & aux Génois. Tous les autres royaumes étaient fi pauvres en argent comptant, que *Charles VIII* fut obligé d'emprunter les pierreries de la duchesse de Savoye, & de les mettre en gage, pour aller conquérir Naples qu'il perdit bientôt : les Vénitiens foudoièrent des armées plus fortes que la fienne. Un noble Vénitien avait plus d'or dans fon coffre & plus de vaiffelle d'argent fur fa table, que l'empereur *Maximilien* furnommé *Pochi danari*.

Les chofes changèrent quand les Portugais allèrent trafiquer aux Indes, en conquérans, & que les Efpagnols eurent fubjugué le Méxique & le Pérou avec fix ou fept cent hommes. On fait qu'alors le commerce de Venife, celui des autres villes d'Italie, tout tomba. *Philippe II* maître de l'Efpagne, du Portugal, des Pays-Bas, des deux Siciles, du

Milanais, de quinze cent lieuës de côtes dans l'Afie, & des mines d'or & d'argent dans l'Amérique, fut le feul riche, & par conféquent le feul puiffant en Europe. Les efpions qu'il avait gagnés en France, baifaient à genoux les doublons catholiques; & le petit nombre d'angélots & de carolus qui circulaient en France n'avaient pas un grand crédit. On prétend que l'Amérique & l'Afie lui valurent à-peu-près dix millions de ducats de revenus. Il eût en effet acheté l'Europe avec fon argent, fans le fer de *Henri IV* & les flottes de la reine *Elizabeth*.

Le Dictionnaire encyclopédique, à l'article *Argent*, cite l'*Efprit des loix*, dans lequel il eft dit: „ J'ai ouï déplorer plufieurs fois l'aveu-
„ glement du confeil de *François I*, qui rebuta
„ *Chriftophe Colomb* qui lui propofait les In-
„ des; en vérité, en vérité, on fit, peut-
„ être par imprudence, une chofe bien
„ fage. "
Nous voyons par l'énorme puiffance de *Philippe*, que le confeil prétendu de *François I* n'aurait pas fait *une chofe fi fage*. Mais contentons-nous de remarquer que *François I* n'était pas né, quand on prétend qu'il refufa les offres de *Chriftophe Colomb*; ce Génois aborda en Amérique en 1492, & *François I* nâquit en 1494, & ne parvint au trône qu'en 1515.

Comparons ici le revenu de *Henri III*, de *Henri IV*, & de la reine *Elizabeth*, avec celui de *Philippe II*; le subfide ordinaire d'*Elizabeth* n'était que de cent mille livres sterling : &, avec l'extraordinaire, il fut, année commune, d'environ quatre cent mille ; mais il falait qu'elle employât ce surplus à se défendre de *Philippe II*. Sans une extrême économie elle était perdue, & l'Angleterre avec elle.

Le revenu de *Henri III* se montait à la vérité à trente millions de livres de son tems ; cette somme était à la seule somme que *Philippe II* retirait des Indes, comme trois à dix ; mais il n'entrait pas le tiers de cet argent dans les coffres de *Henri III* très prodigue, très volé, & par conséquent très pauvre : il se trouve que *Philippe II* était d'un seul article dix fois plus riche que lui.

Pour *Henri IV*, ce n'est pas la peine de comparer ses trésors avec ceux de *Philippe II*. Jusqu'à la paix de Vervins il n'avait que ce qu'il pouvait emprunter ou gagner à la pointe de son épée, & il vécut en chevalier-errant jusqu'au tems qu'il devint le premier roi de l'Europe.

L'Angleterre avait toûjours été si pauvre, que le roi *Edouard III* fut le premier qui fit battre de la monnoie d'or.

On veut savoir ce que devient l'or & l'argent qui affluent continuellement du Mexique & du Pérou en Espagne ? Il entre dans les poches des Français, des Anglais, des Hollandais qui font le commerce de Cadix sous des noms Espagnols, & qui envoyent en Amérique les productions de leurs manufactures. Une grande partie de cet argent s'en va aux Indes orientales payer des épiceries, du coton, du salpêtre, du sucre-candi, du thé, des toiles, des diamans & des magots.

On demande ensuite ce que déviennent tous ces trésors des Indes ? je réponds: Que *Sha Thamas-Koulikan* ou *Sha Nadir* a emporté tout celui du grand-mogol avec ses pierreries. Vous voulez savoir où sont ces pierreries, cet or, cet argent que *Sha Nadir* a emportés en Perse ? une partie a été enfouïe dans la terre pendant les guerres civiles ; des brigands se sont servis de l'autre pour se faire des partis. ,, Car, comme dit fort bien *César*, ,, avec de l'argent on a des soldats, & avec ,, des soldats on vole de l'argent. "

Votre curiosité n'est point encore satisfaite; vous êtes embarrassé de savoir où sont les trésors de *Sésostris*, de *Crésus*, de *Cyrus*, de *Nabucodonosor*, & surtout de *Salomon*, qui avait, dit-on, vingt milliards, & plus, de nos livres de compte, à lui tout seul dans sa cassette.

Je vous dirai que tout cela s'est répandu par le monde. Soyez sûr que du tems de

Cyrus, les Gaules, la Germanie, le Dannemark, la Pologne, la Ruſſie, n'avaient pas un écu. Les choſes ſe ſont miſes au niveau avec le tems, ſans ce qui s'eſt perdu en dorure, ce qui reſte enfoui à Notre-Dame de Lorette, & autres lieux; & ce qui a été englouti dans l'*avare* mer.

Comment feſaient les Romains ſous leur grand *Romulus* fils de *Mars* & d'une religieuſe, & ſous le dévot *Numa Pompilius*? Ils avaient un Jupiter de bois de chêne mal taillé, des huttes pour palais, une poignée de foin au bout d'un bâton pour étendart, & pas une piéce d'argent de douze ſous dans leur poche. Nos cochers ont des montres d'or que les ſept rois de Rome, les *Camilles*, les *Manlius*, les *Fabius* n'auraient pu payer.

Si par hazard la femme d'un receveur-général des finances ſe feſait lire ce chapitre à ſa toilette par le bel eſprit de la maiſon, elle aurait un étrange mépris pour les Romains des trois premiers ſiécles, & ne voudrait pas laiſſer entrer dans ſon antichambre un *Manlius*, un *Curius*, un *Fabius*, qui viendraient à pied, & qui n'auraient pas de quoi faire ſa partie de jeu.

Leur argent comptant était du cuivre. Il ſervait à la fois d'armes & de monnoie. On ſe battait, & on comptait avec du cuivre.

Trois ou quatre livres de cuivre de douze onces, payaient un bœuf. On achetait le nécessaire au marché comme on l'achète aujourd'hui ; & les hommes avaient comme de tout tems la nourriture, le vêtement & le couvert. Les Romains plus pauvres que leurs voisins, les subjuguèrent, & augmentèrent toûjours leur territoire dans l'espace de près de cinq cent années, avant de frapper de la monnoie d'argent.

Les soldats de *Gustave - Adolphe* n'avaient en Suède que de la monnoie de cuivre pour leur solde, avant qu'il fît des conquêtes hors de son pays.

Pourvu qu'on ait un gage d'échange pour les choses nécessaires à la vie, le commerce se fait toûjours. Il n'importe que ce gage d'échange soit de coquilles ou de papier. L'or & l'argent à la longue n'ont prévalu partout, que parce qu'ils sont plus rares.

C'est en Asie que commencèrent les premières fabriques de la monnoie de ces deux métaux, parce que l'Asie fut le berceau de tous les arts.

Il n'est point question de monnoie dans la guerre de Troye ; on y pèse l'or & l'argent. *Agamemnon* pouvait avoir un trésorier, mais point de cour des monnoies.

Ce qui a fait soupçonner à plusieurs savans téméraires, que le Pentateuque n'avait été écrit que dans le tems où les Hébreux commencèrent à se procurer quelques monnoies de leurs voisins, c'est que dans plus d'un passage il est parlé de sicles. On y dit qu'*Abraham* qui était étranger, & qui n'avait pas un pouce de terre dans le pays de Canaan, y acheta un champ & une caverne pour enterrer sa femme, quatre cent sicles d'argent monnoié de bon alloi ; *Quadringintos siclos argenti probatæ monetæ publicæ*. Le judicieux *Dom Calmet* évalue cette somme à quatre cent quarante-huit livres six sous neuf deniers, selon les anciens calculs imaginés assez au hazard quand le marc d'argent était à vingt-six livres de compte le marc. Mais comme le marc d'argent est augmenté de moitié, la somme vaudrait huit cent quatre-vingt-seize livres.

{Genèse chapitre XXIII. ⅴ. 16.}

Or comme en ce tems-là il n'y avait point de monnoie marquée au coin, qui répondît au mot *pecunia*, cela fesait une petite difficulté dont il est aisé de se tirer. *a*)

a) Ces hardis savans, qui sur ce prétexte & sur plusieurs autres, attribuent le Pentateuque à d'autres qu'à *Moïse*, se fondent encor sur les témoignages de *St. Théodoret*, de *Mazius*, &c. Ils disent, si *St. Théodoret* & *Mazius* affirment que le livre de *Josué* n'a pas été écrit par *Josué*, & n'en est pas moins admirable, ne pouvons-nous pas croire aussi que

Une autre difficulté, c'est que dans un endroit il est dit, qu'*Abraham* acheta ce champ en Hébron, & dans un autre en Sichem. Consultez sur cela le vénérable *Bede*, *Raban Maure* & *Emmanuel Sa*.

Actes ch. VII. ⱴ. 5.

Nous pourions parler ici des richesses que laissa *David* à *Salomon* en argent monnoié. Les uns les font monter à vingt & un, vingt-deux milliards tournois, les autres à vingt-cinq. Il n'y a point de garde du trésor royal, ni de testerdar du grand Turc, qui puisse supputer au juste le trésor du roi *Salomon*. Mais les jeunes bacheliers d'Oxford & de Sorbonne font ce compte tout courant.

Je ne parlerai point des innombrables avantures qui sont arrivées à l'argent depuis qu'il a été frappé, marqué, évalué, altéré, prodigué, resserré, volé, ayant dans toutes ses transmigrations demeuré constamment l'amour du genre-humain. On l'aime au point que chez tous les princes chrétiens, il y a encor une vieille loi qui subsiste, c'est de ne point laisser sortir d'or & d'argent de leurs royau-

---

le Pentateuque est très admirable sans être de *Moïse*? Voyez sur cela le premier livre de l'*Histoire critique du vieux Testament*, par le révérend père *Simon* de l'oratoire. Mais quoi qu'en ayent dit tant de savans, il est clair qu'il faut s'en tenir au sentiment de la sainte église apostolique & romaine, la seule infaillible.

mes. Cette loi suppose de deux choses l'une; ou que ces princes règnent sur des fous à lier qui se défont de leurs espèces en pays étranger pour leur plaisir ; ou qu'il ne faut pas payer ses dettes à un étranger. Il est clair pourtant que personne n'est assez insensé pour donner son argent sans raison, & que quand on doit à l'étranger il faut payer soit en lettres de change, soit en denrées, soit en espèces sonnantes. Aussi cette loi n'est pas exécutée depuis qu'on a commencé à ouvrir les yeux, & il n'y a pas longtems qu'ils sont ouverts.

Il y aurait beaucoup de choses à dire sur l'argent monnoié ; comme sur l'augmentation injuste & ridicule des espèces qui fait perdre tout d'un coup des sommes considérables à un état, sur la refonte ou la remarque avec une augmentation de valeur idéale, qui invite tous vos voisins, tous vos ennemis, à remarquer votre monnoie & à gagner à vos dépens, enfin, sur vingt autres tours d'adresse inventés pour se ruiner. Plusieurs livres nouveaux sont pleins de réflexions judicieuses sur cet article. Il est plus aisé d'écrire sur l'argent que d'en avoir. Et ceux qui en gagnent se moquent beaucoup de ceux qui ne savent qu'en parler.

En général, l'art du gouvernement consiste à prendre le plus d'argent qu'on peut à
une

une grande partie des citoyens, pour le donner à une autre partie.

On demande s'il est possible de ruiner radicalement un royaume, dont en général la terre est fertile ? On répond, que la chose n'est pas praticable, attendu que depuis la guerre de 1689 jusqu'à la fin de 1769 où nous écrivons, on a fait presque sans discontinuation tout ce qu'on a pu pour ruiner la France sans ressource, & qu'on n'a jamais pu en venir à bout. C'est un bon corps qui a eu la fièvre pendant quatre-vingt ans avec des redoublemens, & qui a été entre les mains des charlatans, mais qui vivra.

Si vous voulez lire un morceau curieux & bien fait sur l'argent de différens pays, adressez-vous à l'article *Monnoie* de Mr. le chevalier de *Jaucour*, dans l'Encyclopédie. On ne peut en parler plus savamment & avec plus d'impartialité. Il est beau d'approfondir un sujet qu'on méprise.

ARIANISME.

Toutes les grandes disputes théologiques pendant douze cent ans ont été grecques. Qu'auraient dit *Homère*, *Sophocle*, *Démos-*

thène, *Archimède*, s'ils avaient été témoins de ces subtils ergotismes qui ont coûté tant de sang ?

Arius a l'honneur encor aujourd'hui de passer pour avoir inventé son opinion ; comme *Calvin* passe pour être le fondateur du calvinisme. La vanité d'être chef de secte est la seconde de toutes les vanités de ce monde ; car celle des conquérans est, dit-on, la première. Cependant ni *Calvin*, ni *Arius* n'ont certainement pas la triste gloire de l'invention.

On se querellait depuis longtems sur la Trinité, lorsqu'*Arius* se mêla de la querelle dans la disputeuse ville d'Alexandrie, où *Euclide* n'avait pu parvenir à rendre les esprits tranquilles & justes. Il n'y eut jamais de peuple plus frivole que les Alexandrins ; les Parisiens mêmes n'en approchent pas.

Il falait bien qu'on disputât déja vivement sur la Trinité, puisque le patriarche, auteur de la *Chronique d'Alexandrie*, conservée à Oxford, assure qu'il y avait deux mille prêtres qui soutenaient le parti qu'*Arius* embrassa.

Méttons ici, pour la commodité du lecteur, ce qu'on dit d'*Arius* dans un petit livre qu'on peut n'avoir pas sous la main.

„ Voici une question incompréhensible,
„ qui a exercé depuis plus de seize cent ans

» la curiosité, la subtilité sophistique, l'ai-
» greur, l'esprit de cabale, la fureur de do-
» miner, la rage de persécuter, le fanatisme
» aveugle & sanguinaire, la crédulité barba-
» re; & qui a produit plus d'horreurs que
» l'ambition des princes, qui pourtant en a
» produit beaucoup." JESUS est-il verbe?
S'il est verbe, est-il émané de DIEU dans le
tems ou avant le tems? S'il est émané de
DIEU, est-il coéternel & consubstantiel avec
lui? Ou est-il d'une substance semblable?
Est-il distinct de lui ou ne l'est-il pas? Est-
il fait ou engendré? Peut-il engendrer à
son tour? A-t-il la paternité ou la vertu
productive sans paternité? Le St. Esprit est-il
fait, ou engendré, ou produit, ou procédant du père, ou procédant du fils, ou procédant de tous les deux? Peut-il engendrer,
peut-il produire? Son hypostase est-elle con-
substantielle avec l'hypostase du père & du
fils? Et comment, ayant précisément la même nature, la même essence que le père &
le fils, peut-il ne pas faire les mêmes choses que ces deux personnes qui sont lui-
même?

Ces questions si au-dessus de la raison,
avaient certainement besoin d'être décidées
par une église infaillible.

On sophistiquait, on ergotait, on se haïs-
sait, on s'excommuniait chez les chrétiens

pour quelques-uns de ces dogmes inaccessibles à l'esprit humain avant les tems d'*Arius* & d'*Athanase*. Les Grecs Égyptiens étaient d'habiles gens, ils coupaient un cheveu en quatre, mais cette fois-ci ils ne le coupèrent qu'en trois. *Alexandros* évêque d'Alexandrie s'avise de prêcher que Dieu étant nécessairement individuel, simple, une monade dans toute la rigueur du mot, cette monade est trine.

Le prêtre *Arious*, que nous nommons *Arius* est tout scandalisé de la monade d'*Alexandros*; il explique la chose différemment, il ergote en partie comme le prêtre *Sabellious*, qui avait ergoté comme le Phrygien *Praxeas* grand ergoteur. *Alexandros* assemble vite un petit concile de gens de son opinion, & excommunie son prêtre. *Eusebios* évêque de Nicomédie prend le parti d'*Arious*, voilà toute l'église en feu.

L'empereur *Constantin* était un scélérat, je l'avoue, un parricide qui avait étouffé sa fem-

---

(*a*) Un professeur de l'université de Paris, qui a écrit l'*Histoire du bas empire*, se garde bien de rapporter la lettre de *Constantin*, telle qu'elle est, & telle que la rapporte le savant auteur du Dictionnaire des hérésies. *Ce bon prince*, dit-il, *animé d'une tendresse paternelle, finissait en ces termes: rendez-moi des jours sereins & des nuits tranquilles.* Il rapporte les complimens de *Constantin* aux évêques, mais il devait aussi rapporter le reproche. L'épithète

ARIANISME. 133

me dans un bain, égorgé son fils, assassiné son beau-père, son beau-frère & son neveu, je ne le nie pas ; un homme bouffi d'orgueil & plongé dans les plaisirs, je l'accorde ; un détestable tyran ainsi que ses enfans, transeat : mais il avait du bon sens. On ne parvient point à l'empire, on ne subjugue pas tous ses rivaux sans avoir raisonné juste.

Quand il vit la guerre civile des cervelles scholastiques allumée, il envoya le célèbre évêque *Ozius* avec des lettres déhortatoires aux deux parties belligérantes. *a*) *Vous êtes de grands fous*, (leur dit-il expressément dans sa lettre) *de vous quereller pour des choses que vous n'entendez pas. Il est indigne de la gravité de vos ministères, de faire tant de bruit sur un sujet si mince.*

Constantin n'entendait pas par *mince sujet* ce qui regarde la Divinité ; mais la manière incompréhensible dont on s'efforçait d'expliquer la nature de la Divinité. Le patriarche Arabe qui a écrit l'*Histoire de l'église d'A-*

___

de *bon prince* convient à *Titus*, à *Trajan*, à *Marc-Antonin*, à *Marc-Aurèle*, & même à *Julien le philosophe*, qui ne versa jamais que le sang des ennemis de l'empire en prodiguant le sien, & non pas à *Constantin* le plus ambitieux des hommes, le plus vain, le plus voluptueux, & en même tems le plus perfide & le plus sanguinaire. Ce n'est pas écrire l'histoire, c'est la défigurer.

lexandrie, fait parler à-peu-près ainſi *Oſius* en préſentant la lettre de l'empereur.

 " Mes frères, le chriſtianiſme commence
" à peine à jouïr de la paix, & vous allez le
" plonger dans une diſcorde éternelle. L'em-
" pereur n'a que trop raiſon de vous dire,
" que vous vous *querellez pour un ſujet fort*
" *mince*. Certainement ſi l'objet de la diſpu-
" te était eſſentiel, JESUS-CHRIST que nous
" reconnaiſſons tous pour notre légiſlateur,
" en aurait parlé; DIEU n'aurait pas en-
" voyé ſon fils ſur la terre pour ne nous
" pas apprendre notre catéchiſme. Tout ce
" qu'il ne nous a pas dit expreſſément eſt
" l'ouvrage des hommes, & l'erreur eſt leur
" partage. JESUS vous a commandé de vous
" aimer, & vous commencez par lui déſo-
" béïr en vous haïſſant, en excitant la diſ-
" corde dans l'empire. L'orgueil ſeul fait
" naître les diſputes, & JESUS votre maître
" vous a ordonné d'être humbles. Perſonne
" de vous ne peut ſavoir ſi JESUS eſt fait ou
" engendré. Et que vous importe ſa nature
" pourvu que la vôtre ſoit d'être juſtes &
" raiſonnables ? qu'a de commun une vaine
" ſcience de mots avec la morale qui doit
" conduire vos actions ? Vous chargez la
" doctrine de myſtères, vous qui n'êtes fait
" que pour affermir la religion par la vertu.
" Voulez-vous que la religion chrétienne ne
" ſoit qu'un amas de ſophiſmes ? Eſt-ce pour

„ cela que le CHRIST eſt venu ? Ceſſez de
„ diſputer, adorez, édifiez, humiliez-vous,
„ nourriſſez les pauvres, appaiſez les que-
„ relles des familles au-lieu de ſcandaliſer
„ l'empire entier par vos diſcordes. "

Ozius parlait à des opiniâtres. On aſſembla le concile de Nicée, & il y eut une guerre civile ſpirituelle dans l'empire Romain. Cette guerre en amena d'autres, & de ſiécle en ſiécle on s'eſt perſécuté mutuellement juſqu'à nos jours.

Ce qu'il y eut de triſte, c'eſt que la perſécution commença dès que le concile fut terminé; mais lorſque *Conſtantin* en avait fait l'ouverture, il ne ſavait encor quel parti prendre, ni ſur qui il ferait tomber la perſécution. Il n'était point chrétien, quoiqu'il fût à la tête des chrétiens; le batême ſeul conſtituait alors le chriſtianiſme, & il n'était point batiſé; il venait même de faire rebâtir à Rome le temple de la Concorde. Il lui était ſans doute fort indifférent qu'*Alexandre* d'Alexandrie, ou *Euſèbe* de Nicomédie, & le prêtre *Arios* euſſent raiſon ou tort; il eſt aſſez évident par la lettre ci-deſſus rapportée qu'il avait un profond mépris pour cette diſpute. Voyez l'article *Viſion de Conſtantin* dans l'Encyclopédie.

Mais il arriva ce qu'on voit, & ce qu'on verra à jamais dans toutes les cours. Les ennemis de ceux qu'on nomma depuis *Ariens*, accuſèrent *Euſèbe* de Nicomédie d'avoir pris autrefois le parti de Licinius contre l'empereur : *J'en ai des preuves*, dit Constantin dans sa lettre à l'église de Nicomédie, *par les prêtres & les diacres de sa suite que j'ai pris* ; &c.

Ainsi donc dès le premier grand concile, l'intrigue, la cabale, la persécution sont établies avec le dogme sans pouvoir en affaiblir la sainteté. *Constantin* donna les chapelles de ceux qui ne croyaient pas la consubstantiabilité à ceux qui la croyaient, confisqua les biens des dissidens à son profit, & se servit de son pouvoir despotique pour exiler *Arius* & ses partisans qui alors n'étaient pas les plus forts. On a dit même, que de son autorité privée il condamna à mort quiconque ne brûlerait pas les ouvrages d'*Arius* : mais ce fait n'est pas vrai. *Constantin*, tout prodigue qu'il était du sang des hommes, ne poussa pas la cruauté jusqu'à cet excès de démence absurde de faire assassiner par ses boureaux celui qui garderait un livre hérétique, pendant qu'il laissait vivre l'hérésiarque.

Tout change bientôt à la cour ; plusieurs évêques inconsubstantiels, des eunuques, des femmes parlèrent pour *Arius*, & obtinrent la révocation de la lettre de cachet. C'est ce que nous avons vu arriver plusieurs fois dans nos cours modernes en pareille occasion.

Le célèbre *Eusèbe*, évêque de Césarée, connu par ses ouvrages qui ne sont pas écrits avec un grand discernement, accusait fortement *Eustate*, évêque d'Antioche, d'être sabellien ; & *Eustate* accusait *Eusèbe* d'être arien. On assembla un concile à Antioche ; *Eusèbe* gagna sa cause ; on déposa *Eustate* ; on offrit le siége d'Antioche à *Eusèbe* qui n'en voulut point ; les deux partis s'armèrent l'un contre l'autre ; ce fut le prélude des guerres de controverse. Constantin, qui avait exilé *Arius* pour ne pas croire le Fils consubstantiel, exila *Eustate* pour le croire. De telles révolutions sont communes.

St. Athanase était alors évêque d'Alexandrie ; il ne voulut point recevoir dans la ville *Arius* que l'empereur y avait envoyé, disant, qu'*Arius était excommunié ; qu'un excommunié ne devait plus avoir ni maison, ni patrie, qu'il ne pouvait ni manger, ni coucher nulle part, & qu'il vaut mieux obéir à* DIEU *qu'aux hommes*. Aussi-tôt nouveau concile à Tyr, & nouvelles lettres de cachet. *Athanase* est déposé par les pères de Tyr, & exilé à Trèves par l'empereur. Ainsi *Arius*, & *Athanase* son plus grand ennemi, sont condamnés tour-à-tour par un homme qui n'était pas encor chrétien.

Les deux factions employèrent également l'artifice, la fraude, la calomnie selon l'ancien & l'éternel usage. *Constantin* les laissa disputer & cabaler ; il avait d'autres occupations. Ce fut dans ce tems-là que ce *bon prince* fit affaffiner fon fils, fa femme, & fon neveu le jeune *Licinius*, l'efpérance de l'empire, qui n'avait pas encor douze ans.

Le parti d'*Arius* fut toûjours victorieux fous Conftantin. Le parti oppofé n'a pas rougi d'écrire qu'un jour *St. Macaire*, l'un des plus ardens fectateurs d'*Athanafe*, fachant qu'*Arius* s'acheminait pour entrer dans la cathédrale de Conftantinople, fuivi de plufieurs de fes confrères, pria DIEU fi ardemment de confondre cet héréfiarque, que DIEU ne put réfifter à la prière de *Macaire*; que fur le champ tous les boiaux d'*Arius* lui fortirent par le fondement; ce qui eft impoffible; mais enfin *Arius* mourut.

Conftantin le fuivit une année après, en 337 de l'ère vulgaire. On prétend qu'il mourut de la lèpre. L'empereur *Julien* dans fes *Céfars* dit, que le batême que reçut cet empereur quelques heures avant fa mort ne guérit perfonne de cette maladie.

Comme fes enfans régnèrent après lui, la flatterie des peuples Romains, devenus efclaves depuis longtems, fut portée à un tel excès, que ceux de l'ancienne religion en firent un Dieu, & ceux de la nouvelle en firent un faint. On célébra longtems fa fête avec celle de fa mère.

Après fa mort, les troubles occafionnés par

le seul mot *consubstantiel*, agitèrent l'empire avec violence. *Constance*, fils & successeur de *Constantin*, imita toutes les cruautés de son père, & tint des conciles comme lui ; ces conciles s'anathématisèrent réciproquement. *Athanase* courut l'Europe & l'Asie pour soutenir son parti. Les eusébiens l'accablèrent. Les exils, les prisons, les tumultes, les meurtres, les assassinats signalèrent la fin du règne de *Constance*. L'empereur *Julien*, fatal ennemi de l'église, fit ce qu'il put pour rendre la paix à l'église, & n'en put venir à bout. *Jovien*, & après lui *Valentinien*, donnèrent une liberté entière de conscience : mais les deux partis ne la prirent que pour une liberté d'exercer leur haine & leur fureur.

Théodose se déclara pour le concile de Nicée : mais l'impératrice *Justine*, qui régnait en Italie, en Illirie, en Afrique comme tutrice du jeune *Valentinien*, proscrivit le grand concile de Nicée ; & bientôt les Goths, les Vandales, les Bourguignons, les Francs, qui se répandirent dans tant de provinces, y trouvant l'arianisme établi, l'embrassèrent pour gouverner les peuples conquis par la propre religion de ces peuples mêmes.

Mais la foi nicéenne ayant été reçue chez les Gaulois, *Clovis*, leur vainqueur, suivit leur communion par la même raison que les autres barbares avaient professé la foi arienne.

Le grand *Théodoric* en Italie entretint la paix entre les deux partis ; & enfin, la formule nicéenne prévalut dans l'Occident & dans l'Orient.

L'arianisme reparut vers le milieu du seiziéme siécle, à la faveur de toutes les disputes de religion qui partageaient alors l'Europe : mais il reparut armé d'une force nouvelle, & d'une plus grande incrédulité. Quarante gentilshommes de Vicence formèrent une académie, dans laquelle on n'établit que les seuls dogmes qui parurent nécessaires pour être chrétiens. JESUS fut reconnu pour verbe, pour sauveur & pour juge : mais on nia sa divinité, sa consubstantiabilité, & jusqu'à la Trinité.

Les principaux de ces dogmatiseurs furent *Lelius Socin*, *Okin*, *Pazuta*, *Gentilis*. *Servet* se joignit à eux. On connaît sa malheureuse dispute avec *Calvin* ; ils eurent quelque tems ensemble un commerce d'injures par lettres. *Servet* fut assez imprudent pour passer par Genève, dans un voyage qu'il fesait en Allemagne. *Calvin* fut assez lâche pour le faire arrêter, & assez barbare pour le faire condamner à être brûlé à petit feu ; c'est-à-dire, dans le même supplice auquel *Calvin* avait à peine échapé en France. Presque tous les théologiens d'alors étaient tour-à-tour persécuteurs & persécutés, boureaux ou victimes.

Le même *Calvin* sollicita dans Genève la mort de *Gentilis*. Il trouva cinq avocats qui signèrent que *Gentilis* méritait de mourir dans les flammes. De telles horreurs sont dignes de cet abominable siécle. *Gentilis* fut mis en prison, & allait être brûlé comme *Servet* : mais il fut plus avisé que cet Espagnol ; il se rétracta, donna les louanges les plus ridicules à *Calvin*, & fut sauvé. Mais son malheur voulut ensuite que n'ayant pas assez ménagé un baillif du canton de Berne, il fut arrêté comme arien. Des témoins déposèrent qu'il avait dit, que les mots de *trinité*, d'*essence*, d'*hypostase* ne se trouvaient pas dans l'Ecriture sainte ; & sur cette déposition, les juges, qui ne savaient pas plus que lui ce que c'est qu'une hypostase, le condamnèrent sans raisonner à perdre la tête.

Faustus Socin, neveu de *Lælius Socin*, & ses compagnons furent plus heureux en Allemagne ; ils pénétrèrent en Silésie & en Pologne ; ils y fondèrent des églises, ils écrivirent, ils prêchèrent ; ils réussirent ; mais à la longue, comme leur religion était dépouillée de presque tous les mystères, & plutôt une secte philosophique paisible qu'une secte militante, ils furent abandonnés ; les jésuites qui avaient plus de crédit qu'eux, les poursuivirent, & les dispersèrent.

Ce qui reste de cette secte en Pologne, en

Allemagne, en Hollande, se tient caché & tranquille. La secte a reparu en Angleterre avec plus de force & d'éclat. Le grand *Newton* & *Loke* l'embrassèrent ; *Samuel Clarke* célèbre curé de St. James, auteur d'un si bon livre sur l'*existence de* Dieu, se déclara hautement arien, & ses disciples sont très nombreux. Il n'allait jamais à sa paroisse le jour qu'on y récitait le *symbole de St. Athanase*. On poura voir, dans le cours de cet ouvrage, les subtilités que tous ces opiniâtres, plus philosophes que chrétiens, opposent à la pureté de la foi catholique.

Quoi qu'il y eût un grand troupeau d'ariens à Londres parmi les théologiens, les grandes vérités mathématiques découvertes par *Newton*, & la sagesse métaphysique de *Loke* ont plus occupé les esprits. Les disputes sur la consubstantiabilité ont paru très fades aux philosophes. Il est arrivé à *Newton* en Angleterre la même chose qu'à *Corneille* en France ; on oublia *Pertharite*, *Théodore* & son recueil de vers, on ne pensa qu'à *Cinna*. *Newton* fut regardé comme l'interprète de Dieu dans le calcul des fluxions, dans les loix de la gravitation, dans la nature de la lumière. Il fut porté à sa mort par les pairs & le chancelier du royaume près des tombeaux des rois, & plus révéré qu'eux. *Servet* qui découvrit, dit-on, la circulation du sang, avait été brûlé à petit feu dans une petite ville des Allobroges, maîtrisée par un théologien de Picardie.

ARISTÉE.

Quoi ? l'on voudra toujours tromper les hommes sur les choses les plus indifférentes, comme sur les plus sérieuses ! Un prétendu *Aristée* veut faire croire qu'il a fait traduire l'ancien Testament en grec, pour l'usage de *Ptolomée Philadelphe*, comme le duc de *Montausier* a réellement fait commenter les meilleurs auteurs Latins à l'usage du dauphin qui n'en fit aucun usage.

Si on en croit cet *Aristée*, Ptolomée brûlait d'envie de connaître les loix juives; & pour connaître ces loix que le moindre Juif d'Alexandrie lui aurait traduites pour cent écus, il se proposa d'envoyer une ambassade solemnelle au grand-prêtre des Juifs de Jérusalem, de délivrer six-vingt mille esclaves Juifs que son père *Ptolomée Soter* avait pris prisonniers en Judée, & de leur donner à chacun environ quarante écus de notre monnoie pour leur aider à faire le voyage agréablement ; ce qui fait quatorze millions quatre cent mille de nos livres.

Ptolomée ne se contenta pas de cette libéralité inouïe. Comme il était fort dévot sans doute au judaïsme, il envoya au temple à Jérusalem une grande table d'or massif enrichie partout de pierres précieuses ; & il eut soin de faire graver sur cette table la carte du Méandre fleuve de Phrygie ; *a*) le cours de cette rivière était marqué par des rubis & par des émeraudes. On sent combien cette carte du Méandre devait enchanter les Juifs. Cette table était chargée de deux immenses vases d'or encor mieux travaillés ; il donna trente autres vases d'or & une infinité de vases d'argent. On n'a jamais payé si chérement un livre ; on aurait toute la bibliothèque du Vatican à bien meilleur marché.

Eléazar, prétendu grand-prêtre de Jérusalem, lui envoya à son tour des ambassadeurs qui ne présentèrent qu'une lettre en beau vélin écrite en caractères d'or. C'était en agir en dignes juifs que de donner un morceau de parchemin pour environ trente millions. *Ptolomée* fut si content du stile d'*Eléazar* qu'il en versa des larmes de joie.

Les ambassadeurs dînèrent avec le roi & les principaux prêtres d'Egypte. Quand il fallut

a) Il se peut très bien pourtant que ce ne fût pas un plan du cours du Méandre, mais ce qu'on appellait en grec un *méandre*, un lacis, un nœud de pierres précieuses. C'était toûjours un fort beau présent.

lut bénir la table, les Egyptiens cédèrent cet honneur aux Juifs.

Avec ces ambaſſadeurs arrivèrent ſoixante & douze interprètes, ſix de chacune des douze tribus; tous ayant appris le grec en perfection dans Jéruſalem. C'eſt dommage, à la vérité, que de ces douze tribus il y en eût dix d'abſolument perdues, & diſparues de la face de la terre depuis tant de ſiécles. Mais le grand-prêtre *Eléazar* les avait retrouvées exprès pour envoyer des traducteurs à *Ptolomée*.

Les ſoixante & douze interprètes furent enfermés dans l'iſle de Pharos, chacun d'eux fit ſa traduction à part en ſoixante & douze jours, & toutes les traductions ſe trouvèrent ſemblables mot pour mot; c'eſt ce qu'on appelle la *traduction des ſeptante*, & qui devrait être nommée la *traduction des ſeptante-deux*.

Dès que le roi eut reçu ces livres, il les adora tant il était bon juif. Chaque interprète reçut trois talens d'or; & on envoya encor au grand-ſacrificateur pour ſon parchemin dix lits d'argent, une couronne d'or, des encenſoirs & des coupes d'or, un vaſe de trente talens d'argent, (c'eſt-à-dire du poids d'environ ſoixante mille écus) avec dix robes de pourpre, & cent piéces de toile du plus beau lin.

Seconde partie. K

Presque tout ce beau conte est fidélement rapporté par l'historien *Joseph*, qui n'a jamais rien exagéré. St. *Justin* a enchéri sur *Joseph*; il dit que ce fut au roi Hérode que Ptolomée s'adressa, & non pas au grand-prêtre *Eléazar*. Il fait envoyer deux ambassadeurs de Ptolomée à Hérode, c'est beaucoup ajouter au merveilleux; car on sait qu'Hérode ne nâquit que longtems après le règne de Ptolomée *Philadelphe*.

Ce n'est pas la peine de remarquer ici la profusion d'anacronismes qui règnent dans tout ce roman & dans tous leurs semblables; la foule des contradictions & les énormes bévues dans lesquelles l'auteur Juif tombe à chaque phrase : cependant cette fable a passé pendant des siécles pour une vérité incontestable. Et pour mieux exercer la crédulité de l'esprit humain, chaque auteur qui la citait, ajoutait ou retranchait à sa manière; de sorte qu'en croyant cette avanture il falait la croire de cent manières différentes. Les uns rient de ces absurdités dont les nations ont été abreuvées, les autres gémissent de ces impostures; la multitude infinie des mensonges fait des *Démocrites* & des *Héraclites*.

ARISTOTE.

IL ne faut pas croire que le précepteur d'*Alexandre*, choisi par *Philippe*, fût un pédant & un esprit faux. *Philippe* était assurément un bon juge, étant lui-même très instruit, & rival de *Démosthène* en éloquence.

DE SA LOGIQUE.

La *logique* d'*Aristote*, son art de raisonner, est d'autant plus estimable qu'il avait affaire aux Grecs, qui s'exerçaient continuellement à des argumens captieux; & son maître *Platon* était moins exempt qu'un autre de ce défaut.

Voici, par exemple, l'argument par lequel *Platon* prouve dans le *Phédon* l'immortalité de l'ame.

„ Ne dites vous pas que la mort est le
„ contraire de la vie? — Oui. — Et qu'elles
„ naissent l'une de l'autre? — Oui. — Qu'est-
„ ce donc qui naît du vivant? — le mort —
„ & qui naît du mort? — le vivant. — C'est
„ donc des morts que naissent toutes les cho-
„ ses vivantes. Par conséquent les ames exis-
„ tent dans les enfers après la mort.

Il falait des règles sûres pour démêler cet épouvantable galimatias, par lequel la réputation de *Platon* fascinait les esprits.

Il était nécessaire de démontrer que *Platon* donnait un sens louche à toutes ses paroles.

Le mort ne naît point du vivant ; mais l'homme vivant a cessé d'être en vie.

Le vivant ne naît point du mort, mais il est né d'un homme en vie qui est mort depuis.

Par conséquent votre conclusion que toutes les choses vivantes naissent des mortes est ridicule. De cette conclusion vous en tirez une autre qui n'est nullement renfermée dans les premisses. *Donc les ames sont dans les enfers après la mort.*

Il faudrait avoir prouvé auparavant que les corps morts sont dans les enfers, & que l'ame accompagne les corps morts.

Il n'y a pas un mot dans votre argument qui ait la moindre justesse. Il falait dire, ce qui pense est sans parties, ce qui est sans parties est indestructible ; donc ce qui pense en nous étant sans parties est indestructible.

Ou bien, le corps meurt parce qu'il est divisible, l'ame n'est point divisible ; donc elle ne meurt pas. Alors du moins on vous aurait entendu.

Il en est de même de tous les raisonnemens captieux des Grecs. Un maître enseigne la rhétorique à son disciple, à condition que le disciple le payera à la première cause qu'il aura gagnée.

Le disciple prétend ne le payer jamais. Il intente un procès à son maître ; il lui dit,

Je ne vous dois jamais rien, car si je perds ma cause je ne devais vous payer qu'après l'avoir gagnée ; & si je gagne, ma demande est de ne vous point payer.

Le maître rétorquait l'argument, & disait, Si vous perdez, payez, & si vous gagnez, payez, puisque notre marché est que vous me payerez après la première cause que vous aurez gagnée.

Il est évident que tout cela roule sur une équivoque. *Aristote* enseigne à la lever en mettant dans l'argument les termes nécessaires.

On ne doit payer qu'à l'échéance ;

L'échéance est ici une cause gagnée.

Il n'y a point eu encor de cause gagnée ;

Donc il n'y a point eu encor d'échéance,

Donc le disciple ne doit rien encor.

Mais *encor* ne signifie pas *jamais*. Le disciple fesait donc un procès ridicule.

Le maître de son côté n'était pas en droit de rien exiger, puisqu'il n'y avait pas encor d'échéance.

Il falait qu'il attendît que le disciple eût plaidé quelque autre cause.

Qu'un peuple vainqueur stipule qu'il ne rendra au peuple vaincu que la moitié de ses vaisseaux ; qu'il les fasse scier en deux, & qu'ayant ainsi rendu la moitié juste il prétende avoir satisfait au traité, il est évident que voilà une équivoque très criminelle.

Aristote, par les règles de la *logique*, rendit donc un grand service à l'esprit humain en prévenant toutes les équivoques ; car ce sont elles qui font tous les mal-entendus en philosophie, en théologie, & en affaires.

La malheureuse guerre de 1756 a eu pour prétexte une équivoque sur l'Acadie.

Il est vrai que le bon sens naturel, & l'habitude de raisonner, se passent des règles d'*Aristote*. Un homme qui a l'oreille & la voix juste, peut bien chanter sans les règles de la musique ; mais il vaut mieux la savoir.

DE SA PHYSIQUE.

On ne la comprend guères, mais il est plus que probable qu'*Aristote* s'entendait, & qu'on l'entendait de son tems. Le grec est étranger pour nous. On n'attache plus aujourd'hui aux mêmes mots les mêmes idées.

Par exemple, quand il dit dans son chapitre sept, que les principes des corps sont, *la matière, la privation, la forme* ; il semble qu'il dise une bétise énorme ; ce n'en est pourtant point une. La matière, selon lui, est le premier principe de tout, le sujet de tout, indifférent à tout. La forme lui est essentielle pour devenir une certaine chose. La privation est ce qui distingue un être de toutes les choses qui ne sont point en lui. La matière est indifférente à devenir rose ou poirier. Mais quand elle eſt poirier ou roſe, elle eſt privée de tout ce qui la ferait argent ou plomb. Cette vérité ne valait peut-être pas la peine d'ètre énoncée; mais enfin il n'y a rien là que de très intelligible, & rien qui ſoit impertinent.

L'acte de ce qui eſt en puiſſance parait ridicule, & ne l'eſt pas davantage. La matière peut devenir tout ce qu'on voudra, feu, terre, eau, vapeur, métal, minéral, animal, arbre, fleur. C'eſt tout ce que cette expreſſion *d'acte en puiſſance* ſignifie. Ainſi il n'y avait point de ridicule, chez les Grecs, à dire que le mouvement était un acte de puiſſance, puiſque la matière peut être mue. Et il eſt fort vraiſemblable qu'*Ariſtote* entendait par-là que le mouvement n'eſt pas eſſentiel à la matière.

Ariſtote dut faire néceſſairement une très mauvaiſe phyſique de détail; & c'eſt ce qui lui a été commun avec tous les philoſophes, juſqu'au tems où les *Galilée*, les *Toricelli*, les *Gueric*, les *Drebellius*, les *Boiles*, l'académie *del Cimento* commencèrent à faire des expériences. La phyſique eſt une mine, dans laquelle on ne peut deſcendre qu'avec des machines, que les anciens n'ont jamais connues. Ils ſont reſtés ſur le bord de l'abîme; & ont raiſonné ſur ce qu'il contenait, ſans le voir.

K iiij

TRAITÉ D'ARISTOTE SUR LES ANIMAUX.

Ses *Recherches sur les animaux*, au contraire, ont été le meilleur livre de l'antiquité, parce qu'*Aristote* se servit de ses yeux. *Alexandre* lui fournit tous les animaux rares de l'Europe, de l'Afrique & de l'Asie. Ce fut un fruit de ses conquêtes. Ce héros y dépensa des sommes qui effrayeraient tous les gardes du trésor royal d'aujourd'hui, & c'est ce qui doit immortaliser la gloire d'*Alexandre* dont nous avons déja parlé.

De nos jours un héros, quand il a le malheur de faire la guerre, peut à peine donner quelque encouragement aux sciences; il faut qu'il emprunte de l'argent d'un juif, & qu'il consulte continuellement des ames juives pour faire couler la substance de ses sujets dans son coffre des danaïdes, dont elle sort le moment d'après par cent ouvertures. *Alexandre* fesait venir chez *Aristote*, éléphans, rinocerots, tigres, lions, crocodiles, gazelles, aigles, autruches. Et nous autres, quand par hazard on nous amène un animal rare dans nos foires, nous allons l'admirer pour vingt sous; & il meurt avant que nous ayons pu le connaître.

DU MONDE ÉTERNEL.

Aristote soutient expressément dans son livre du *Ciel* (Chap XI.) que le monde est éternel ; c'était l'opinion de toute l'antiquité, excepté des épicuriens. Il admettait un DIEU, un premier moteur, & il le définit, *Un* , *éternel , immobile , indivisible , sans qualités.* Liv. VII. ch. XII.

Il falait donc qu'il regardât le monde émané de DIEU, comme la lumière émanée du soleil, & aussi ancienne que cet astre.

A l'égard des sphères célestes, il est aussi ignorant que tous les autres philosophes. *Copernic* n'était pas venu.

DE SA MÉTAPHYSIQUE.

DIEU étant le premier moteur, il fait mouvoir l'ame ; mais qu'est-ce que DIEU selon lui, & qu'est-ce que l'ame ? L'ame est une enteléchie. Mais que veut dire enteléchie ? C'est, dit-il, un principe & un acte, une puissance nutritive, sentante & raisonnable. Cela ne veut dire autre chose, sinon que nous avons la faculté de nous nourrir, de sentir & de raisonner. Le comment & le pourquoi sont un peu difficiles à saisir. Les Grecs ne savaient pas plus ce que c'est qu'une enteléchie, que les Topinambous & nos docteurs ne savent ce que c'est qu'une ame. Liv. I. ch. II.

DE SA MORALE.

La morale d'*Aristote* est comme toutes les autres, fort bonne, car il n'y a pas deux morales. Celles de *Confutzée*, de *Zoroastre*, de *Pythagore*, d'*Aristote*, d'*Epictète*, de *Marc-Antonin*, sont absolument les mêmes. Dieu a mis dans tous les cœurs la connaissance du bien avec quelque inclination pour le mal.

Aristote dit, qu'il faut trois choses pour être vertueux, la nature, la raison & l'habitude ; rien n'est plus vrai. Sans un bon naturel la vertu est trop difficile ; la raison le fortifie, & l'habitude rend les actions honnêtes aussi familières qu'un exercice journalier auquel on s'est accoutumé.

Il fait le dénombrement de toutes les vertus, entre lesquelles il ne manque pas de placer l'amitié. Il distingue l'amitié entre les égaux, les parens, les hôtes & les amans. On ne connaît plus parmi nous l'amitié qui naît des droits de l'hospitalité. Ce qui était le sacré lien de la société chez les anciens, n'est parmi nous qu'un compte de cabaretier. Et à l'égard des amans, il est rare aujourd'hui qu'on mette de la vertu dans l'amour. On croit ne devoir rien à une femme à qui on a mille fois tout promis.

Il est triste que nos premiers docteurs n'ayent presque jamais mis l'amitié au rang des vertus ; n'ayent presque jamais recommandé l'amitié ; au contraire, ils semblèrent inspirer souvent l'inimitié. Ils ressemblaient aux tyrans qui craignent les associations.

C'est encor avec très grande raison qu'*A-*

riſtote met toutes les vertus entre les extrêmes oppoſés. Il eſt peut-être le premier qui leur ait aſſigné cette place.

Il dit expreſſément que la piété eſt le milieu entre l'athéïſme & la ſuperſtition.

DE SA RHÉTORIQUE.

C'eſt probablement ſa *rhétorique* & ſa *poétique* que Cicéron & Quintilien ont en vue. Cicéron, dans ſon livre de *l'orateur*, dit, *perſonne n'eut plus de ſcience, plus de ſagacité, d'invention & de jugement*: Quintilien va juſqu'à louer non-ſeulement l'étendue de ſes connaiſſances, mais encor la ſuavité de ſon élocution, *eloquendi ſuavitatem*.

Ariſtote veut qu'un orateur ſoit inſtruit des loix, des finances, des traités, des places de guerre, des garniſons, des vivres, des marchandiſes. Les orateurs des parlemens d'Angleterre, des diètes de Pologne, des états de Suède, des pregadi de Veniſe, &c. ne trouveront pas ces leçons d'*Ariſtote* inutiles; elles le ſont peut-être à d'autres nations.

Il veut que l'orateur connaiſſe les paſſions des hommes, & les mœurs, les humeurs de chaque condition.

Je ne crois pas qu'il y ait une ſeule fineſſe de l'art qui lui échape. Il recommande ſurtout qu'on apporte des exemples quand on parle d'affaires publiques ; rien ne fait un plus grand effet sur l'esprit des hommes.

On voit, par ce qu'il dit sur cette matière, qu'il écrivait sa rhétorique longtems avant qu'*Alexandre* fût nommé capitaine-général de la Grèce contre le grand roi.

Si quelqu'un, dit-il, avait à prouver aux Grecs qu'il est de leur intérêt de s'opposer aux intérêts du roi de Perse, & d'empêcher qu'il ne se rende maître de l'Egypte, il devrait d'abord faire souvenir que *Darius Ochus* ne voulut attaquer la Grèce qu'après que l'Egypte fut en sa puissance ; il remarquerait que *Xerxès* tint la même conduite. Il ne faut point douter, ajouterait-il, que *Darius Codoman* n'en use ainsi. Gardez-vous de souffrir qu'il s'empare de l'Egypte.

Il va jusqu'à permettre, dans les discours devant les grandes assemblées, les paraboles & les fables. Elles saisissent toûjours la multitude ; il en rapporte de très ingénieuses, & qui sont de la plus haute antiquité, comme celle du cheval qui implora le secours de l'homme pour se venger du cerf, & qui devint esclave pour avoir cherché un protecteur.

On peut remarquer que dans le livre second, où il traite des argumens du plus au moins, il rapporte un exemple qui fait bien voir quelle était l'opinion de la Grèce, &

probablement de l'Asie, sur l'étendue de la puissance des Dieux.

S'il est vrai, dit-il, *que les Dieux mêmes ne peuvent pas tout savoir, quelqu'éclairés qu'ils soient, à plus forte raison les hommes*. Ce passage montre évidemment qu'on n'attribuait pas alors l'omniscience à la divinité. On ne concevait pas que les Dieux pussent savoir ce qui n'est pas : or l'avenir n'étant pas, il leur paraissait impossible de le connaître. C'est l'opinion des sociniens d'aujourd'hui ; mais revenons à la rhétorique d'*Aristote*.

Ce que je remarquerai le plus dans son chapitre de l'*élocution* & de la *diction*, c'est le bon sens avec lequel il condamne ceux qui veulent être poëtes en prose. Il veut du patétique, mais il bannit l'enflure ; il proscrit les épithètes inutiles. En effet, *Démosthène* & *Cicéron* qui ont suivi ses preceptes, n'ont jamais affecté le stile poétique dans leurs discours. Il faut, dit *Aristote*, que le stile soit toûjours conforme au sujet.

Rien n'est plus déplacé que de parler de physique poétiquement, & de prodiguer les figures, les ornemens quand il ne faut que méthode, clarté & vérité. C'est le charlatanisme d'un homme qui veut faire passer de faux systèmes à la faveur d'un vain bruit de paroles. Les petits esprits sont trompés par cet appas, & les bons esprits le dédaignent.

Parmi nous, l'oraison funèbre s'est emparée du stile poëtique en prose. Mais ce genre consistant presque tout entier dans l'exagération, il semble qu'il lui soit permis d'emprunter ses ornemens de la poësie.

Les auteurs des romans se sont permis quelquefois cette licence. *La Calprenède* fut le premier, je pense, qui transposa ainsi les limites des arts, & qui abusa de cette facilité. On fit grace à l'auteur du *Télémaque* en faveur d'*Homère* qu'il imitait sans pouvoir faire des vers, & plus encor en faveur de sa morale, dans laquelle il surpasse infiniment *Homère* qui n'en a aucune. Mais ce qui lui donna le plus de vogue, ce fut la critique de la fierté de *Louïs XIV*, & de la dureté de *Louvois* qu'on crut appercevoir dans le *Télémaque*.

Quoi qu'il en soit, rien ne prouve mieux le grand sens & le bon goût d'*Aristote*, que d'avoir assigné sa place à chaque chose.

POËTIQUE.

Où trouver dans nos nations modernes un physicien, un géomètre, un métaphysicien, un moraliste même qui ait bien parlé de la poesie ? Ils sont accablés des noms d'*Homère*, de *Virgile*, de *Sophocle*, de l'*Arioste*, du *Tasse*, & de tous ceux qui ont enchanté la terre par les productions harmonieuses de leur génie. Ils n'en fentent pas les beautés, ou s'ils les fentent, ils voudraient les anéantir.

Quel ridicule dans *Pascal* de dire, „com-
„ me on dit *beauté poëtique*, on devrait
„ dire auffi *beauté géométrique*, & *beauté
„ médecinale*. Cependant on ne le dit point;
„ & la raifon en eft qu'on fait bien quel eft
„ l'objet de la géométrie & quel eft l'objet
„ de la médecine; mais on ne fait pas en
„ quoi confifte l'agrément qui eft l'objet de
„ la poëfie. On ne fait ce que c'eft que ce
„ modèle naturel qu'il faut imiter ; & faute
„ de cette connaiffance on a inventé de cer-
„ tains termes bizarres, *fiécle d'or*, *mer-
„ veilles de nos jours*, *fatal laurier*, *bel
„ aftre*, &c. Et on appelle ce jargon *beauté
„ poëtique*. "

On fent affez combien ce morceau de *Paf-
cal* eft pitoyable. On fait qu'il n'y a rien de beau ni dans une médecine, ni dans les pro-
priétés d'un triangle, & que nous n'appel-
lons *beau* que ce qui caufe à notre ame & à nos fens du plaifir & de l'admiration. C'eft ainfi que raifonne Ariftote : & Pafcal raifonne ici fort mal. *Fatal laurier*, *bel aftre*, n'ont jamais été des beautés poetiques. S'il avait voulu favoir ce que c'eft, il n'avait qu'à lire dans *Malherbe* :

Le pauvre en fa cabane, où le chaume le couvre,
 Eft foumis à fes loix;

Et la garde qui veille, aux barrières du Louvre
N'en défend pas nos rois.

Il n'avait qu'à lire dans *Racan*,

Que te sert de chercher les tempêtes de Mars,
Pour mourir tout en vie au milieu des hazards
Où la gloire te mène ?
Cette mort qui promet un si digne loyer,
N'est toûjours que la mort, qu'avecque moins de peine
L'on trouve en son foyer.
Que sert à ces héros ce pompeux appareil,
Dont ils vont dans la lice éblouïr le soleil
Des tréfors du Pactole ?
La gloire qui les suit après tant de travaux,
Se passe en moins de tems que la poudre qui vole
Du pied de leurs chevaux.

Il n'avait surtout qu'à lire les grands traits d'*Homère*, de *Virgile*, d'*Horace*, d'*Ovide*, &c.

Nicole écrivit contre le théâtre dont il n'avait pas la moindre teinture, & il fut fecondé par un nommé *Dubois*, qui était auffi ignorant que lui en belles-lettres.

Il n'y a pas jufqu'à *Montefquieu*, qui dans fon livre amufant des Lettres Perfanes, a la petite vanité de croire qu'*Homère* & *Virgile* ne font rien en comparaifon d'un homme qui imite avec esprit & avec fuccès le *Siamois* de *Dufréni*, & qui remplit fon livre

de

,de choses hardies, sans lesquelles il n'aurait pas été lu. „ *Qu'est-ce que les poëmes épiques?* dit-il, „ *je n'en sais rien ; je méprise les lyri-* „ *ques autant que j'estime les tragiques.*" Il devait pourtant ne pas tant mépriser *Pindare* & *Horace*. Aristote ne méprisait point Pindare.

Descartes fit à la vérité pour la reine *Christine* un petit divertissement en vers, mais digne de sa matière cannelée.

Mallebranche ne distinguait pas le *Qu'il mourût* de Corneille, d'un vers de *Jodele* ou de *Garnier*.

Quel homme qu'Aristote qui trace les règles de la tragédie de la même main dont il a donné celles de la dialectique, de la morale, de la politique, & dont il a levé, autant qu'il a pu, le grand voile de la nature !

C'est dans le chapitre quatriéme de sa *poétique* que *Boileau* a puisé ces beaux vers.

Il n'est point de serpent ni de monstre odieux,
Qui par l'art imité ne puisse plaire aux yeux ;
D'un pinceau délicat, l'artifice agréable,
Du plus affreux objet fait un objet aimable :
Ainsi, pour nous charmer, la tragédie en pleurs,
D'Oedipe tout sanglant fit parler les douleurs.

Voici ce que dit *Aristote*. „ L'imitation
„ & l'harmonie ont produit la poésie.....
„ nous voyons avec plaisir dans un tableau
„ des animaux affreux, des hommes morts

„ ou mourans que nous ne regarderions
„ qu'avec chagrin & avec frayeur dans la
„ nature. Plus ils font bien imités, plus ils
„ nous caufent de fatisfaction. "

Ce quatriéme chapitre de la poëtique d'*Ariftote* fe retrouve prefque tout entier dans *Horace* & dans *Boileau*. Les loix qu'il donne dans les chapitres fuivans, font encor aujourd'hui celles de nos bons auteurs, fi vous en exceptez ce qui regarde les chœurs & la mufique. Son idée que la tragédie eft inftituée pour purger les paffions, a été fort combattue ; mais s'il entend, comme je le crois, qu'on peut dompter un amour inceftueux en voyant le malheur de *Phèdre*, qu'on peut réprimer fa colère en voyant le trifte exemple d'*Ajax*, il n'y a plus aucune difficulté.

Ce que ce philofophe recommande expreffément, c'eft qu'il y ait toûjours de l'héroïfme dans la tragédie, & du ridicule dans la comédie. C'eft une règle dont on commence peut-être trop aujourd'hui à s'écarter.

ARMES, ARMÉES, &c.

C'Eft une chofe très digne de confidération, qu'il y ait eu & qu'il y ait encor fur la terre des fociétés fans armées. Les bracmanes, qui gouvernèrent longtems presque toute la grande Kerchonèse de l'Inde ; les primitifs nommés *Quakers*, qui gouvernent la Pensilvanie ; quelques peuplades de l'Amérique, quelques-unes même du centre de l'Afrique ; les Samoïèdes, les Lapons, les Kamshkadiens n'ont jamais marché en front de bandière pour détruire leurs voisins.

Les bracmanes furent les plus considérables de tous ces peuples pacifiques ; leur caste qui est si ancienne, qui subsiste encor, & devant qui toutes les autres institutions sont nouvelles, est un prodige qu'on ne sait pas admirer. Leur police & leur religion se réunirent toûjours à ne verser jamais de sang, pas même celui des moindres animaux. Avec un tel régime on est aisément subjugué ; ils l'ont été & n'ont point changé.

Les Pensilvains n'ont jamais eu d'armée, & ils ont constamment la guerre en horreur.

Plusieurs peuplades de l'Amérique ne savaient ce que c'est qu'une armée avant que les Espagnols vinssent les exterminer tous. Les habitans des bords de la mer Glaciale ignorèrent & armes & Dieux des armées, & bataillons & escadrons.

Outre ces peuples, les prêtres, les religieux ne portent les armes en aucun pays, du moins quand ils sont fidèles à leur institution.

Ce n'est que chez les chrétiens qu'on a vu des sociétés religieuses établies pour combattre, comme templiers, chevaliers de St Jean, chevaliers Teutons, chevaliers portes glaive. Ces ordres religieux furent institués à l'imitation des lévites qui combattirent comme les autres tribus juives.

Ni les armées, ni les armes ne furent les mêmes dans l'antiquité. Les Egyptiens n'eurent presque jamais de cavalerie ; elle eût été assez inutile dans un pays entrecoupé de canaux, inondé pendant cinq mois, & fangeux pendant cinq autres. Les habitans d'une grande partie de l'Asie employèrent les quadriges de guerre. Il en est parlé dans les annales de la Chine. *Confutzé* *Confucius* dit, qu'encor de son tems chaque gouver- *lv. III.* neur de province fournissait à l'empereur *part. I.* mille chars de guerre à quatre chevaux. Les Troyens & les Grecs combattaient sur des chars à deux chevaux.

La cavalerie & les chars furent inconnus à la nation Juive dans un terrain montagneux, où leur premier roi n'avait que des ânesses quand il fut élu. Trente fils de *Jaïr*, Juges ch. princes de trente villes, à ce que dit le texte, x. ⅴ. 4. étaient montés chacun sur un âne. *Saül*, depuis roi de Juda, n'avait que des ânesses ; & les fils de *David* s'enfuirent tous sur des mules lors qu'*Absalon* eut tué son frere *Ammon*. Absalon n'était monté que sur une mule, dans la bataille qu'il livra contre les troupes de son père ; ce qui prouve, selon les histoires juives, que l'on commençait alors à se servir de jumens en Palestine, ou bien qu'on y était déja assez riche pour acheter des mules des pays voisins.

Les Grecs se servirent peu de cavalerie ; ce fut principalement avec la phalange Macédonienne qu'*Alexandre* gagna les batailles qui lui assujettirent la Perse.

C'est l'infanterie Romaine qui subjugua la plus grande partie du monde. *César*, à la bataille de Pharsale, n'avait que mille hommes de cavalerie.

On ne sait point en quel tems les Indiens & les Africains commencèrent à faire marcher les éléphans à la tête de leurs armées. Ce n'est pas sans surprise qu'on voit les éléphans d'*Annibal* passer les Alpes, qui étaient beaucoup plus difficiles à franchir qu'aujourd'hui.

On a disputé longtems sur les dispositions des armées Romaines & Grecques, sur leurs armes, sur leurs évolutions.

Chacun a donné son plan des batailles de Zama & de Pharsale.

Le commentateur *Calmet* bénédictin, a fait imprimer trois gros volumes du Dictionnaire de la Bible, dans lesquels, pour mieux expliquer les commandemens de Dieu, il a inféré cent gravures où se voyent des plans de bataille & des siéges en taille-douce. Le Dieu des Juifs était le Dieu des armées; mais *Calmet* n'était pas son secrétaire : il n'a pu savoir que par révélation comment les armées des Amalécites, des Moabites, des Syriens, des Philistins furent arrangées pour les jours de meurtre général. Ces estampes de carnage, dessinées au hazard, enchérirent son livre de cinq ou six louis d'or, & ne le rendirent pas meilleur.

C'est une grande question si les Francs, que le jésuite *Daniel* appelle *Français* par anticipation, se servaient de fléches dans leurs armées, s'ils avaient des casques & des cuirasses.

Supposé qu'ils allassent au combat presque nuds & armés seulement, comme on le dit, d'une petite hache de charpentier, d'une épée & d'un couteau, il en résultera que les Romains, maîtres des Gaules si aisément vaincus par *Clovis*, avaient perdu toute leur ancienne valeur, & que les Gaulois aimérent autant devenir les sujets d'un petit nombre de Francs, que d'un petit nombre de Romains.

L'habillement de guerre changea enfuite, ainfi que tout change.

Dans le tems des chevaliers, écuyers & varlets, on ne connut plus que la gendarmerie à cheval en Allemagne, en France, en Italie, en Angleterre, en Espagne. Cette gendarmerie était couverte de fer ainfi que les chevaux. Les fantaffins étaient des ferfs qui fefaient plutôt les fonctions de pionniers que de foldats. Mais les Anglais eurent toûjours dans leurs gens de pied de bons archers, & c'eft en grande partie ce qui leur fit gagner prefque toutes les batailles.

Qui croirait qu'aujourd'hui les armées ne font guères que des expériences de phyfique ! un foldat ferait bien étonné fi quelque favant lui difait : ,, Mon ami, tu es un
,, meilleur machinifte qu'*Archimède*. Cinq par-
,, ties de falpêtre, une partie de fouphre,
,, une partie de carbonis ligneus, ont été
,, préparées chacune à part. Ton falpêtre dif-
,, fous avec du nitre bien filtré, bien évaporé,
,, bien criftalifé, bien remué, bien feché, s'eft
,, incorporé avec le fouphre purifié & d'un
,, beau jaune. Ces deux ingrédiens mêlés
,, avec le charbon pilé, ont formé de grof-
,, fes boules par le moyen d'une effence de
,, vinaigre, ou de fel ammoniac, ou d'urine.

„ Ces boules ont été réduites *in pulverem*
„ *pirium* dans un moulin. L'effet de ce mé-
„ lange est une dilatation qui est à-peu près
„ comme quatre mille est à l'unité, & le plomb
„ qui est dans ton tuyau fait un autre ef-
„ fet qui est le produit de sa masse multiplié
„ par la vitesse.

„ Le premier qui devina une grande partie
„ de ce secret de mathématique, fut un béné-
„ dictin nommé *Roger Bacon*. Celui qui l'in-
„ venta tout entier fut un autre bénédictin
„ Allemand nommé *Shwartz*, au quatorzié-
„ me siécle. Ainsi, c'est à deux moines que
„ tu dois l'art d'être un excellent meur-
„ trier, si tu tires juste & si ta poudre est
„ bonne.

„ C'est en vain que *Du Cange* a préten-
„ du qu'en 1338 les régistres de la chambre
„ des comptes de Paris font mention d'un
„ mémoire payé pour de la poudre à canon:
„ n'en crois rien, il s'agit là de l'artillerie,
„ nom affecté aux anciennes machines de
„ guerre & aux nouvelles.

„ La poudre à canon fit oublier entié-
„ rement le feu grégeois dont les Maures
„ fesaient encor quelque usage. Te voilà en-
„ fin dépositaire d'un art qui non-seulement
„ imite le tonnerre, mais qui est beaucoup
„ plus terrible. "

Ce discours qu'on tiendrait à un soldat,
serait de la plus grande vérité. Deux

moines ont en effet changé la face de la terre.

Avant que les canons fuffent connus, les nations hyperborées avaient fubjugué prefque tout l'hémifphère, & pouraient revenir encor, comme des loups affamés, dévorer les terres qui l'avaient été autrefois par leurs ancêtres.

Dans toutes les armées c'était la force du corps, l'agilité, une efpèce de fureur fanguinaire, un acharnement d'homme à homme qui décidaient de la victoire, & par conféquent du deftin des états. Des hommes intrépides prenaient des villes avec des échelles. Il n'y avait guères plus de difcipline dans les armées du Nord, au tems de la décadence de l'empire Romain, que dans les bêtes carnaffières qui fondent fur leur proie. Aujourd'hui une feule place frontière munie de canon, arrêterait les armées des *Attila* & des *Gengis*.

On a vu, il n'y a pas longtems, une armée de Ruffes victorieux, fe confumer inutilement devant Cuftrin, qui n'eft qu'une petite forterefle dans un marais.

Dans les batailles, les hommes les plus faibles de corps, peuvent l'emporter fur les plus robuftes, avec une artillerie bien dirigée. Quelques canons fuffirent à la bataille de Fontenoi pour faire retourner en arrière toute la colonne Anglaise déja maîtresse du champ de bataille.

Les combattans ne s'approchent plus : le soldat n'a plus cette ardeur, cet emportement qui redouble dans la chaleur de l'action lorsque l'on combat corps-à-corps. La force, l'adresse, la trempe des armes même, sont inutiles. A peine une seule fois dans une guerre se sert-on de la bayonnette au bout du fusil, quoiqu'elle soit la plus terrible des armes.

Dans une plaine souvent entourée de redoutes munies de gros canons, deux armées s'avancent en silence; chaque bataillon mène avec soi des canons de campagne; les premières lignes tirent l'une contre l'autre, & l'une après l'autre. Ce sont des victimes qu'on présente tour-à-tour aux coups de feu. On voit souvent, sur les aîles, des escadrons exposés continuellement aux coups de canon en attendant l'ordre du général. Les premiers qui se lassent de cette manœuvre, laquelle ne laisse aucun lieu à l'impétuosité du courage, se débandent & quittent le champ de bataille. On va les rallier, si l'on peut, à quelques milles au-delà. Les ennemis victorieux assiégent une ville qui leur coûte quelquefois plus de tems, plus d'hommes, plus d'argent, que plusieurs batailles ne leur auraient coûté. Les progrès sont très rarement rapides. Et au bout de cinq ou six ans, les deux parties également épuisées, sont obligées de faire la paix.

Ainsi, à tout prendre, l'invention de l'artillerie & la méthode nouvelle, ont établi entre les puissances une égalité qui met le genre-humain à l'abri des anciennes dévastations, & qui par-là rend les guerres moins funestes, quoi qu'elles le soient encor prodigieusement.

Les Grecs dans tous les tems, les Romains jusqu'au tems de *Sylla*, les autres peuples de l'occident & du septentrion, n'eurent jamais d'armée sur pied continuellement soudoiée ; tout bourgeois était soldat, & s'enrôlait en tems de guerre. C'était précisément comme aujourd'hui en Suisse. Parcourez-là toute entière, vous n'y trouverez pas un bataillon, excepté dans le tems des revues ; si elle a la guerre, vous y voyez tout d'un coup quatre-vingt mille soldats en armes.

Ceux qui usurpèrent la puissance suprême depuis *Sylla*, eurent toûjours des troupes permanentes soudoiées de l'argent des citoyens pour tenir les citoyens assujettis, encor plus que pour subjuguer les autres nations. Il n'y a pas jusqu'à l'évêque de Rome qui ne soudoie une petite armée. Qui l'eût dit du tems des apôtres, que le serviteur des serviteurs de DIEU aurait des régimens, & dans Rome !

Ce qu'on craint le plus en Angleterre

c'est à *great stranding army*, une grande armée sur pied.

Les janissaires ont fait la grandeur des sultans, mais aussi ils les ont étranglés. Les sultans auraient évité le cordon si, au-lieu de ces grands corps, ils en avaient établi de petits.

La loi de Pologne est qu'il y ait une armée; mais elle appartient à la république qui la paye, quand elle peut en avoir une.

AROT ET MAROT.

CEt article peut servir à faire voir combien les plus savans hommes peuvent se tromper, & à développer quelques vérités utiles. Voici ce qui est rapporté d'*Arot* & de *Marot* dans le Dictionnaire encyclopédique.

„ Ce sont les noms de deux anges, que
„ l'imposteur *Mahomet* disait avoir été en‑
„ voyés de Dieu pour enseigner les hom‑
„ mes & pour leur ordonner de s'abstenir
„ du meurtre, des faux jugemens & de tou‑
„ tes sortes d'excès. Ce faux prophète ajou‑
„ te, qu'une très belle femme ayant invité
„ ces deux anges à manger chez elle, elle

„ leur fit boire du vin, dont étant échauffés,
„ ils la follicitèrent à l'amour ; qu'elle fei-
„ gnit de confentir à leur paffion, à con-
„ dition qu'ils lui apprendraient auparavant
„ les paroles par le moyen defquelles ils
„ difaient que l'on pouvait aifément monter
„ au ciel ; qu'après avoir fu d'eux ce qu'elle
„ leur avait demandé, elle ne voulut plus
„ tenir fa promeffe, & qu'alors elle fut en-
„ levée au ciel, où ayant fait à Dieu le
„ récit de ce qui s'était paffé, elle fut chan-
„ gée en l'étoile du matin, qu'on appelle
„ *Lucifer* ou *Aurore*, & que les deux an-
„ ges furent févérement punis. C'eft de-
„ là, felon *Mahomet*, que Dieu prit occa-
„ fion de défendre l'ufage du vin aux hom-
„ mes. Voyez *Alcoran*. "

On aurait beau lire tout l'Alcoran, on n'y trouvera pas un feul mot de ce conte abfurde & de cette prétendue raifon de *Mahomet*, de défendre le vin à fes fectateurs. *Mahomet* ne profcrit l'ufage du vin qu'au fecond & au cinquiéme fura, ou chapitre : *Ils t'interrogeront fur le vin & fur les liqueurs fortes : & tu répondras que c'eft un grand péché.*

On ne doit point imputer aux juftes qui croyent & qui font de bonnes œuvres, d'avoir bû du vin & d'avoir joué aux jeux de hazard, avant que les jeux de hazard fuffent défendus.

Il est avéré chez tous les mahométans, que leur prophète ne défendit le vin & les liqueurs que pour conserver leur santé, & pour prévenir les querelles dans le climat brûlant de l'Arabie. L'usage de toute liqueur fermentée porte facilement à la tête, & peut détruire la santé & la raison.

La fable d'*Arot* & de *Marot* qui descendirent du ciel & qui voulurent coucher avec une femme Arabe, après avoir bû du vin avec elle, n'est dans aucun auteur mahométan. Elle ne se trouve que parmi les impostures que plusieurs auteurs chrétiens, plus indiscrets qu'éclairés, ont imprimées contre la religion musulmane, par un zèle qui n'est pas selon la science. Les noms d'*Arot* & de *Marot* ne sont dans aucun endroit de l'Alcoran. C'est un nommé *Silburgius*, qui dit dans un vieux livre que personne ne lit, qu'il anathématise les anges *Arot* & *Marot*, *Safa* & *Merwa*.

Remarquez, cher lecteur, que Safa & Merwa sont deux petites monticules auprès de la Mecque, & qu'ainsi notre docte *Silburgius* a pris deux collines pour deux anges. C'est ainsi qu'en ont usé presque sans exception tous ceux qui ont écrit parmi nous sur le mahométisme, jusqu'au tems où le sage *Réland* nous a donné des idées nettes de la croyance musulmane, & où le savant *Sale*, après avoir demeuré vingt-quatre ans vers l'Arabie, nous a enfin éclairés par une traduction fidelle de l'Alcoran, & par la préface la plus inftructive.

 Gagnier lui-même, tout profeffeur qu'il était en langue orientale à Oxford, s'eft plu à nous débiter quelques fauffetés fur *Mahomet*, comme fi on avait befoin du menfonge pour foutenir la vérité de notre religion contre ce faux prophète. Il nous donne tout au long le voyage de *Mahomet* dans les fept cieux fur la jument *Alborâc* : il ofe même citer le fura ou chapitre 53 ; mais ni dans ce fura 53, ni dans aucun autre, il n'eft queftion de ce prétendu voyage au ciel.

 C'eft *Aboulfeda*, qui plus de fept cent ans après *Mahomet* rapporte cette étrange hiftoire. Elle eft tirée, à ce qu'il dit, d'anciens manufcrits, qui eurent cours du tems de *Mahomet* même. Mais il eft vifible qu'ils ne font point de *Mahomet*, puifqu'après fa mort *Abubeker* recueillit tous les feuillets de l'Alcoran en préfence de tous les chefs des tribus, & qu'on n'inféra dans la collection que ce qui parut autentique.

 De plus, non-feulement le chapitre concernant le voyage au ciel n'eft point dans l'Alcoran ; mais il eft d'un ftile bien différent, & cinq fois plus long au moins qu'aucun des chapitres reconnus. Que l'on compare tous les chapitres de l'Alcoran avec celui-là, on y trouvera une prodigieuse différence. Voici comme il commence.

„ Une certaine nuit je m'étais endormi
„ entre les deux collines de Safa & de Merwa.
„ Cette nuit était très obscure & très noire;
„ mais si tranquille qu'on n'entendait ni
„ les chiens aboyer ni les coqs chanter. Tout
„ d'un coup l'ange *Gabriel* se présenta de-
„ vant moi dans la forme en laquelle le
„ DIEU très-haut l'a créé. Son teint était
„ blanc comme la neige, ses cheveux blonds
„ tressés d'une façon admirable, lui tom-
„ baient en boucles sur les épaules; il avait
„ un front majestueux, clair & serein, les
„ dents belles & luisantes & les jambes tein-
„ tes d'un jaune de saphir; ses vêtemens
„ étaient tout tissus de perles & de fil
„ d'or très pur. Il portait sur son front
„ une lame sur laquelle étaient écrites deux
„ lignes toutes brillantes & éclatantes de
„ lumière; sur la première il y avait ces
„ mots: *il n'y a point de* DIEU *que* DIEU;
„ & sur la seconde ceux-ci: *Mahomet est l'a-*
„ *pôtre de* DIEU. A cette vue je demeurai
„ le plus surpris & le plus confus de tous
„ les hommes. J'apperçus autour de lui soi-
„ xante & dix mille cassolettes ou petites
„ bourses pleines de musc & de safran. Il
„ avait cinq cent paires d'ailes, & d'une aile à
„ l'autre il y avait la distance de cinq cent
„ années de chemin.

„ C'est

„ C'eſt dans cet état que *Gabriel* ſe fit
„ voir à mes yeux. Il me pouſſa & me
„ dit : *lève-toi, ô homme endormi*. Je fus
„ ſaiſi de frayeur & de tremblement, & je
„ lui dis en m'éveillant en ſurſaut : *qui es-*
„ *tu ?* DIEU *veuille te faire miſéricorde*. *Je*
„ *ſuis ton frère Gabriel*, me répondit il ;
„ ô *mon cher bien-aimé Gabriel*, lui dis-je,
„ *je te demande pardon. Eſt-ce une révélation*
„ *de quelque choſe de nouveau, ou bien une*
„ *menace affligeante que tu viens m'annoncer ?*
„ *C'eſt quelque choſe de nouveau*, reprit-il ;
„ *lève-toi, mon cher & bien-aimé. Attache*
„ *ton manteau ſur tes épaules, tu en auras*
„ *beſoin : car il faut que tu rendes viſite à*
„ *ton ſeigneur cette nuit*. En même tems
„ *Gabriel* me prit par la main ; il me fit
„ lever, & m'ayant fait monter ſur la jument
„ Alborac, il la conduiſit lui-même par la
„ bride, &c. "

Enfin il eſt avéré chez les muſulmans que
ce chapitre, qui n'eſt d'aucune autenticité, fut
imaginé par *Abu-Horaïra*, qui était, dit-on,
contemporain du prophète. Que dirait-on
d'un Turc qui viendrait aujourd'hui inſulter
notre religion, & nous dire que nous comp-
tons parmi nos livres conſacrés les *lettres*
de St. Paul à Sénèque, & les *lettres de Sé-*
nèque à Paul, les *actes de Pilate*, la *vie de*
la femme de Pilate, les *lettres du prétendu*

Seconde partie.   M

roi Abgare à JESUS-CHRIST, *& la réponse de* JESUS-CHRIST *à ce roitelet*, l'*Histoire du défi de St. Pierre à Simon le magicien*, les *prédictions des sybilles*, le *Testament des douze patriarches*, & tant d'autres livres de cette espece ?

Nous répondrions à ce Turc qu'il est fort mal instruit, & qu'aucun de ces ouvrages n'est regardé par nous comme autentique. Le Turc nous fera la même réponse, quand pour le confondre nous lui reprocherons le voyage de *Mahomet* dans les sept cieux. Il nous dira que ce n'est qu'une fraude pieuse des derniers tems, & que ce voyage n'est point dans l'Alcoran. Je ne compare point sans doute ici la vérité avec l'erreur, le christianisme avec le mahométisme, l'Evangile avec l'Alcoran; mais je compare fausse tradition à fausse tradition, abus à abus, ridicule à ridicule.

Ce ridicule a été poussé si loin, que *Grotius* impute à *Mahomet* d'avoir dit que les mains de DIEU sont froides; qu'il le sait parce qu'il les a touchées, que DIEU se fait porter en chaise; que dans l'arche de Noé, le rat nâquit de la fiente de l'éléphant, & le chat de l'haleine du lion.

Grotius reproche à *Mahomet* d'avoir imaginé que JESUS avait été enlevé au ciel, au lieu de souffrir le supplice. Il ne songe pas que ce font des communions entières des premiers chrétiens *hérétiques*, qui répandirent cette opinion confervée dans la Syrie & dans l'Arabie jufqu'à *Mahomet*.

Combien de fois a-t-on répété que *Mahomet* avait accoutumé un pigeon à venir manger du grain dans fon oreille, & qu'il fefait accroire à fes fectateurs que ce pigeon venait lui parler de la part de Dieu ?

N'eft-ce pas affez que nous foyons perfuadés de la fauffeté de fa fecte, & que la foi nous ait invinciblement convaincus de la vérité de la nôtre, fans que nous perdions notre tems à calomnier les mahométans qui font établis du mont Caucafe au mont Atlas, & des confins de l'Epire aux extrémités de l'Inde. Nous écrivons fans ceffe de mauvais livres contre eux, & ils n'en favent rien. Nous crions que leur religion n'a été embraffée par tant de peuples, que parce qu'elle flatte les fens. Où eft donc la fenfualité qui ordonne l'abftinence du vin & des liqueurs dont nous fefons tant d'excès, qui prononce l'ordre indifpenfable de donner tous les ans aux pauvres deux & demi pour cent de fon revenu, de jeûner avec la plus grande rigueur, de fouffrir dans les premiers tems de la puberté une opération douloureufe, de faire au milieu des fables arides un pélérinage qui eft quelquefois de cinq cent lieues, & de prier Dieu cinq fois par jour, même en fefant la guerre?

Mais, dit-on, il leur eſt permis d'avoir quatre épouſes dans ce monde, & ils auront dans l'autre des femmes céleſtes. *Grotius* dit en propres mots: *il faut avoir reçu une grande meſure de l'eſprit d'étourdiſſement pour admettre des rêveries auſſi groſſières & auſſi ſales.*

Nous convenons avec *Grotius* que les mahométans ont prodigué des rêveries. Un homme qui recevait continuellement les chapitres de ſon Koran des mains de l'ange *Gabriel*, était pis qu'un rêveur; c'était un impoſteur qui ſoutenait ſes ſéductions par ſon courage. Mais certainement il n'y avait rien ni d'étourdi, ni de ſale à réduire au nombre de quatre le nombre indéterminé de femmes que les princes, les ſatrapes, les nababs, les omras de l'Orient nourriſſaient dans leurs ſerrails. Il eſt dit que *Salomon* avait trois cent femmes & ſept cent concubines. Les Arabes, les Juifs pouvaient épouſer les deux ſœurs; *Mahomet* fut le premier qui défendit ces mariages dans le ſura ou chapitre quatre. Où eſt donc la ſaleté?

A l'égard des femmes céleſtes, où eſt la ſaleté? Certes il n'y a rien de ſale dans le mariage que nous reconnaiſſons ordonné ſur la terre & béni par Dieu même. Le myſtère incompréhenſible de la génération eſt le sceau de l'Etre éternel. C'est la marque la plus chère de sa puissance d'avoir créé le plaisir, & d'avoir par ce plaisir même perpétué tous les êtres sensibles.

Si on ne consulte que la simple raison, elle nous dira qu'il est vraisemblable que l'Etre éternel, qui ne fait rien en vain, ne nous fera pas renaître en vain avec nos organes. Il ne sera pas indigne de la Majesté suprême, de nourrir nos estomacs avec des fruits délicieux, s'il nous fait renaître avec des estomacs. Nos saintes Ecritures nous apprennent que Dieu mit d'abord le premier homme & la première femme dans un paradis de délices. Il était alors dans un état d'innocence & de gloire, incapable d'éprouver les maladies & la mort. C'est à-peu-près l'état où seront les justes, lorsqu'après leur résurrection, ils seront pendant l'éternité ce qu'ont été nos premiers parens pendant quelques jours. Il faut donc pardonner à ceux qui ont cru qu'ayant un corps, ce corps sera continuellement satisfait. Nos pères de l'église n'ont point eu d'autre idée de la Jérusalem céleste. *St. Irénée* dit, que chaque sep de vigne y portera dix mille branches, chaque branche dix mille grapes, & chaque grape dix mille raisins, &c. *Liv. v; Chapitre xxxiii.*

Plusieurs pères de l'église en effet ont pensé que les bienheureux dans le ciel jouiraient de tous leurs sens. *St. Thomas* dit, que le sens de la vue sera infiniment perfectionné, que tous les élémens le seront aussi, que la superficie de la terre sera diaphane comme le verre, l'eau comme le crystal, l'air comme le ciel, le feu comme les astres.

St. Augustin dans sa *doctrine chrétienne* dit, que le sens de l'ouïe goûtera le plaisir des sens, du chant & du discours.

Un de nos grands théologiens Italiens nommé *Plazza*, dans sa *dissertation sur le paradis*, nous apprend que les élus ne cesseront jamais de jouer de la guitarre & de chanter: ils auront, dit-il, trois *nobilités*, trois *avantages*; des plaisirs sans chatouillement, des caresses sans mollesse, des voluptés sans excès : *tres nobilitates, illecebra sine titillatione, blanditia sine mollitudine & voluptas sine exuberantiâ*.

St. Thomas assure que l'odorat des corps glorieux sera parfait, & que l'humide ne l'affaiblira pas : *in corporibus gloriosis erit odor in suâ ultimâ perfectione, nullo modo per humidum repressus*. Un grand nombre d'autres docteurs traitent à fond cette question.

Suarez, dans sa *sagesse*, s'exprime ainsi sur le goût : Il n'est pas difficile de faire que quelque humeur sapide agisse dans l'organe du goût, & l'affecte intentionnellement:

non est Deo *difficile facere ut sapidus humor sit intra organum gustûs qui sensum illum possit intentionaliter afficere.* — Liv. xvi. ch. xx.

Enfin, *St. Prosper*, en résumant tout, prononce que les bienheureux seront rassasiés sans dégoût, & qu'ils jouïront de la santé sans maladie : *saturitas sine fastidio & tota sanitas sine morbo.* — N. 232.

Il ne faut donc pas tant s'étonner que les mahométans ayent admis l'usage des cinq sens dans leur paradis. Ils disent, que la première béatitude sera l'union avec Dieu ; elle n'exclut pas le reste.

Le paradis de *Mahomet* est une fable ; mais encor une fois, il n'y a ni contradiction ni saleté.

La philosophie demande des idées nettes & précises ; *Grotius* ne les avait pas. Il citait beaucoup, & il étalait des raisonnemens apparens, dont la fausseté ne peut soutenir un examen réfléchi.

On pourait faire un très gros livre de toutes les imputations injustes dont on a chargé les mahométans. Ils ont subjugué une des plus belles & des plus grandes parties de la terre. Il eût été plus beau de les chasser, que de leur dire des injures.

L'impératrice de Russie donne aujourd'hui un grand exemple, elle leur enlève Azoph & Taganrok, la Moldavie, la Valachie, la Géorgie ; elle pousse ses conquêtes jusqu'aux remparts d'Erzerum ; elle envoye contre eux, par une entreprise inouïe, des flottes qui partent du fond de la mer Baltique, & d'autres qui couvrent le Pont-Euxin ; mais elle ne dit point, dans ses manifestes, qu'un pigeon soit venu parler à l'oreille de *Mahomet*.

ARRÊTS NOTABLES,
SUR LA LIBERTÉ NATURELLE.

ON a fait en plusieurs pays, & surtout en France, des recueils de ces meurtres juridiques que la tyrannie, le fanatisme, ou même l'erreur & la faiblesse ont commis avec le glaive de la justice.

Il y a des arrêts de mort que des années entières de vengeance pouraient à peine expier, & qui feront frémir tous les siécles à venir. Tels sont les arrêts rendus contre le légitime roi de Naple & de Sicile, par le tribunal de *Charles d'Anjou* ; contre *Jean Hus* & *Jérôme* de Prague par des prêtres & des moines, contre le roi d'Angleterre *Charles I* par des bourgeois fanatiques.

Après ces attentats énormes, commis en cérémonie, viennent les meurtres juridiques commis par la lâcheté, la bêtise, la superstition; & ceux-là sont innombrables. Nous en rapporterons quelques-uns dans d'autres chapitres.

Dans cette classe, il faut ranger principalement les procès de sortilège; & ne jamais oublier qu'encor de nos jours en 1750, la justice sacerdotale de l'évêque de Vurtzbourg a condamné comme sorcière une religieuse fille de qualité, au supplice du feu. C'est afin qu'on ne l'oublie pas, que je répéte ici cette avanture, dont j'ai parlé ailleurs. On oublie trop & trop vite.

Je voudrais que chaque jour de l'année, un crieur public au lieu de brâiller, comme en Allemagne & en Hollande, quelle heure il est, (ce qu'on sait très-bien sans lui) criât, C'est aujourd'hui que dans les guerres de religion Magdebourg & tous ses habitans furent réduits en cendre. C'est ce 14 Mai, à quatre heures & demie du soir, que *Henri IV* fut assassiné pour cette seule raison qu'il n'était pas assez soumis au pape; c'est à tel jour qu'on a commis dans votre ville telle abominable cruauté sous le nom de *justice*.

Ces avertissemens continuels seraient fort utiles.

Mais il faudrait crier à plus haute voix les jugemens rendus en faveur de l'innocence contre les persécuteurs. Par exemple, je pro-

posé que chaque année les deux plus forts gosiers qu'on puisse trouver, à Paris & à Toulouse, prononcent dans tous les carrefours ces paroles: „ C'est à pareil jour que
„ cinquante maîtres des requêtes rétablirent
„ la mémoire de *Jean Calas* d'une voix
„ unanime, & obtinrent pour la famille des
„ libéralités du roi même, au nom duquel
„ *Jean Calas* avait été injustement condamné
„ au plus horrible supplice. "

Il ne serait pas mal qu'à la porte de tous les ministres il y eût un autre crieur, qui dît à tous ceux qui viennent demander des lettres de cachet pour s'emparer des biens de leurs parens, & alliés, ou dépendans :
„ Messieurs, craignez de séduire le minis-
„ tre par de faux exposés, & d'abuser du
„ nom du roi. Il est dangereux de le pren-
„ dre en vain. Il y a dans le monde un
„ maître *Gerbier* qui défend la cause de la
„ veuve & de l'orphelin opprimés sous le
„ poids d'un nom sacré. C'est celui-là même
„ qui a obtenu au barreau du parlement de
„ Paris l'abolissement de la société de JESUS.
„ Ecoutez attentivement la leçon qu'il a don-
„ née à la société de St. Bernard, conjointe-
„ ment avec maître *Loiseau* autre protecteur
„ des veuves. "

Il faut d'abord que vous sachiez que les révérends pères bernardins de Clervaux posfedent dix-fept mille arpens de bois, fept groffes forges, quatorze groffes métairies, quantité de fiefs, de bénéfices, & même des droits dans les pays étrangers. Le revenu du couvent va jufqu'à deux cent mille livres de rentes. Le tréfor eft immenfe ; le palais abbatial eft celui d'un prince ; rien n'eft plus jufte ; c'eft un faible prix des grands fervices que les bernardins rendent continuellement à l'état.

Il arriva qu'un jeune homme de dix-fept ans, nommé *Caftille*, dont le nom de batême était *Bernard*, crut par cette raifon qu'il devait fe faire bernardin ; c'eft ainfi qu'on raifonne à dix-fept ans, & quelquefois a trente : il alla faire fon noviciat en Lorraine dans l'abbaïe d'Orval. Quand il falut prononcer fes vœux, la grace lui manqua ; il ne les figna point, s'en alla & redevint homme. Il s'établit à Paris, & au bout de trente ans, ayant fait une petite fortune, il fe maria & eut des enfans.

Le révérend père procureur de Clervaux nommé *Mayeur*, digne procureur, frère de l'abbé, ayant appris à Paris d'une fille de joie que ce *Caftille* avait été autrefois bernardin, complote de le révendiquer en qualité de déferteur, quoi qu'il ne fût point réellement engagé ; de faire paffer fa femme pour une concubine, & de placer fes enfans à l'hôpital en qualité de bâtards. Il s'affocie avec un autre fripon pour partager les dépouilles. Tous deux vont au bureau des lettres de cachet, expofent leurs griefs au nom de *St. Bernard*, obtiennent la lettre, viennent faifir *Bernard Caſtille*, fa femme & leurs enfans, s'emparent de tout le bien, & vont le manger où vous favez.

Bernard Caſtille eſt enfermé à Orval dans un cachot, où il meurt au bout de fix mois, de peur qu'il ne demande juſtice. Sa femme eſt conduite dans un autre cachot à Ste. Pélagie, maifon de force des filles débordées. De trois enfans l'un meurt à l'hôpital.

Les chofes reſtent dans cet état pendant trois ans. Au bout de ce tems la dame *Caſtille* obtient fon élargiſſement. DIEU eſt juſte. Il donne un fecond mari à cette veuve. Ce mari nommé *Launai*, fe trouve un homme de tête qui développe toutes les fraudes, toutes les horreurs, toutes les fcéleratefles employées contre fa femme. Ils intentent tous deux un procès aux moines. Il eſt vrai que frère *Mayeur* qu'on appelle *Dom Mayeur*, n'a pas été pendu; mais le couvent de Clervaux en a été pour quarante mille écus. Et il n'y a point de couvent, qui n'aime mieux voir pendre fon procureur, que de perdre fon argent.

<small>L'arrêt eſt de 1764.</small>

Que cette hiſtoire vous apprenne, meſſieurs, à ufer de beaucoup de fobriété en fait de lettres de cachet. Sachez que maître

Elie de Beaumont, ce célèbre défenseur de la mémoire de *Calas*, & maître *Target* cet autre protecteur de l'innocence opprimée, ont fait payer vingt mille francs d'amende à celui qui avait arraché par ses intrigues une lettre de cachet pour faire enlever la comtesse de *Laucize* mourante, la traîner hors du sein de sa famille, & lui dérober tous ses titres. L'arrêt est de 1770. Il y a d'autres arrêts pareils prononcés par les parlemens des provinces.

Quand les tribunaux rendent de tels arrêts, on entend des battemens de mains du fond de la grand' chambre aux portes de Paris. Prenez garde à vous, messieurs, ne demandez pas légérement des lettres de cachet.

Un Anglais, en lisant cet article, a demandé, qu'est-ce qu'une lettre de cachet? on n'a jamais pu le lui faire comprendre.

ART DRAMATIQUE,
OUVRAGES DRAMATIQUES,
TRAGÉDIE, COMÉDIE, OPÉRA.

P Anem & circenses est la devise de tous les peuples. Au-lieu de tuer tous les Caraïbes, il falait peut-être les séduire par des spectacles, par des funambules, des tours de gibecière, & de la musique. On les eût aisément subjugués. Il y a des spectacles pour toutes les conditions humaines ; la populace veut qu'on parle à ses yeux ; & beaucoup d'hommes d'un rang supérieur sont peuple. Les ames cultivées & sensibles veulent des tragédies, & des comédies.

Cet art commença en tout pays par les charettes des *Thespis*, ensuite on eut ses *Eschyles*, & l'on se flatta bientôt d'avoir ses *Sophocles* & ses *Euripides* ; après quoi tout dégénéra : c'est la marche de l'esprit humain.

Je ne parlerai point ici du théâtre des Grecs. On a fait dans l'Europe moderne plus de commentaires sur ce théâtre, qu'*Euripide*, *Sophocle*, *Eschyle*, *Ménandre* & *Aristophane* n'ont fait d'œuvres dramatiques ; je viens d'abord à la tragédie moderne.

C'est aux Italiens qu'on la doit, comme on leur doit la renaissance de tous les autres arts. Il est vrai qu'ils commencèrent dès le treiziéme siécle, & peut-être auparavant, par des farces malheureusement tirées de l'ancien, & du nouveau Testament ; indigne abus qui passa bientôt en Espagne, & en France ; c'était une imitation vicieuse des essais, que *St. Grégoire* de Nazianze avait faits en ce genre, pour opposer un théâtre chrétien au théâtre payen de Sophocle & d'Euripide. *St. Grégoire* de Nazianze mit quelque éloquence, & quelque dignité dans ces piéces; les Italiens & leurs imitateurs n'y mirent que des platitudes, & des boufonneries.

Enfin, vers l'an 1514, le prélat *Triffino*, auteur du poeme épique intitulé l'*Italia liberata da gothi*, donna fa tragédie de *Sophonisbe*, la première qu'on eût vûe en Italie, & cependant régulière. Il y obferva les trois unités, de lieu, de tems, & d'action. Il y introduifit les chœurs des anciens. Rien n'y manquait que le génie. C'était une longue déclamation. Mais pour le tems où elle fut faite, on peut la regarder comme un prodige. Cette piéce fut repréfentée à Vicence, & la ville conftruifit exprès un théâtre magnifique. Tous les littérateurs de ce beau fiécle accoururent aux repréfentations, & prodiguèrent les applaudiffemens que méritait cette entreprife eftimable.

En 1516, le pape *Léon* X honora de fa préfence la *Rozemonde* du *Ruccellaï*: toutes les tragédies qu'on fit alors à l'envi, furent régulières, écrites avec pureté, & naturellement; mais, ce qui eft étrange, prefque toutes furent un peu froides: tant le dialogue en vers eft difficile, tant l'art de fe rendre maître du cœur eft donné à peu de génies; le *Torifmond* même du *Taffe* fut encor plus infipide que les autres.

On ne connut que dans le *Paftor fido* du

Guarini ces scènes attendrissantes, qui font verser des larmes, qu'on retient par cœur malgré soi; & voilà pourquoi nous disons, *retenir par cœur*; car ce qui touche le cœur, se grave dans la mémoire.

Le cardinal *Bibiena* avait longtems auparavant rétabli la vraie comédie; comme *Trissino* rendit la vraie tragédie aux Italiens.

Dès l'an 1480, quand toutes les autres nations de l'Europe croupissaient dans l'ignorance absolue de tous les arts aimables, quand tout était barbare, ce prélat avait fait jouer sa *Calendra*; piéce d'intrigue, & d'un vrai comique, à laquelle on ne reproche que des mœurs un peu trop licentieuses, ainsi qu'à la *Mandragore* de *Machiavel*.

NB. Non en 1520, comme dit le fils du grand *Racine* dans son *Traité de la poësie*.

Les Italiens seuls furent donc en possession du théâtre pendant près d'un siécle, comme ils le furent de l'éloquence, de l'histoire, des mathématiques, de tous les genres de poësie & de tous les arts où le génie dirige la main.

Les Français n'eurent que de misérables farces, comme on sait, pendant tout le quinziéme, & seiziéme siécles.

Les Espagnols, tout ingénieux qu'ils sont, quelque grandeur qu'ils ayent dans l'esprit, ont conservé jusqu'à nos jours cette détestable coutume d'introduire les plus basses bouffonneries dans les sujets les plus sérieux:
un

un seul mauvais exemple une fois donné est capable de corrompre toute une nation, & l'habitude devient une tyrannie.

DU THÉATRE ESPAGNOL.

Les *autos sacramentales* ont deshonoré l'Espagne beaucoup plus longtems que les *mystères de la passion*, les *actes des saints*, nos *moralités*, la *mère sotte* n'ont flétri la France. Ces *autos sacramentales* se représentaient encore à Madrid, il y a très peu d'années. Calderon en avait fait pour sa part plus de deux cent.

Une de ses plus fameuses piéces, imprimée à Valladolid sans date, & que j'ai sous mes yeux, est la *dévotion de la missa*. Les acteurs sont un roi de Cordoue mahométan, un ange chrétien, une fille de joie, deux soldats bouffons & le diable. L'un de ces deux bouffons, est un nommé *Pascal Vivas*, amoureux d'*Aminte*. Il a pour rival *Lélio* soldat mahométan.

Le diable & *Lélio* veulent tuer *Vivas* ; & croyent en avoir bon marché, parce qu'il est en péché mortel : mais *Pascal* prend le parti de faire dire une messe sur le théâtre, & de la servir. Le diable perd alors toute sa puissance sur lui.

Pendant la messe, la bataille se donne ; & le diable est tout étonné de voir *Pascal* au

Seconde partie. N

milieu du combat dans le même tems qu'il sert la messe. *Oh oh*, dit-il, *je sais bien qu'un corps ne peut se trouver en deux endroits à la fois, excepté dans le sacrement, auquel ce drôle a tant de dévotion.* Mais le diable ne savait pas que l'ange chrétien avait prix la figure du bon *Pascal Vivas*, & qu'il avait combattu pour lui pendant l'office divin.

Le roi de Cordouë est battu, comme on peut bien le croire ; *Pascal* épouse sa vivandière, & la piéce finit par l'éloge de la messe.

Partout ailleurs, un tel spectacle aurait été une prophanation que l'inquisition aurait cruellement punie, mais en Espagne c'était une édification.

Dans un autre acte sacramental JESUS-CHRIST en perruque quarrée, & le diable en bonnet à deux cornes, disputent sur la controverse, se battent à coups de poing, & finissent par danser ensemble une sarabande.

Plusieurs piéces de ce genre finissent par ces mots, *ite comedia est*.

D'autres piéces, en très grand nombre, ne sont point sacramentales, ce sont des tragicomédies, & même des tragédies ; l'une est *la création du monde*, l'autre *les cheveux d'Absalon*. On a joué *le soleil soumis à l'homme*, DIEU *bon payeur*, *le maître d'hôtel de* DIEU ;

la *dévotion aux trépassés*. Et toutes ces piéces font intitulées *la famosa comedia*.

Qui croirait que dans cet abime de grossiéretés insipides, il y ait de tems en tems des traits de génie, & je ne sais quel fracas de théâtre qui peut amuser & même intéresser ?

Peut-être quelques-unes de ces piéces barbares ne s'éloignent-elles pas beaucoup de celles d'*Eschyle*, dans lesquelles la religion des Grecs était jouée, comme la religion chrétienne le fut en France & en Espagne.

Qu'est-ce en effet que *Vulcain* enchaînant *Promethée* sur un rocher, par ordre de *Jupiter* ? qu'est-ce que la force & la vaillance qui servent de garçon-bourreaux à *Vulcain*, sinon un *auto sacramentale* grec ? Si *Calderon* a introduit tant de diables sur le théâtre de Madrid, *Eschyle* n'a-t-il pas mis des furies sur le théâtre d'Athènes ? Si *Pascal Vivas* sert la messe, ne voit-on pas une vieille pythonisse qui fait toutes ces cérémonies sacrées dans la tragédie des *Euménides ?* La ressemblance me parait assez grande.

Les sujets tragiques n'ont pas été traités autrement chez les Espagnols que leurs actes sacramentaux ; c'est la même irrégularité, la même indécence, la même extravagance. Il y a toûjours eu un ou deux bouffons dans les piéces dont le sujet est le plus tragique. On en voit jusques dans le *Cid*. Il n'est pas étonnant que *Corneille* les ait retranchés.

On connaît l'*Héraclius* de Calderon, intitulé *Toute la vie est un mensonge, & tout est une vérité*, antérieure de près de vingt années à l'*Héraclius* de Corneille. L'énorme démence de cette piéce n'empêche pas qu'elle ne soit semée de plusieurs morceaux éloquens, & de quelques traits de la plus grande beauté. Tels sont, par exemple, ces quatre vers admirables que *Corneille* a si heureusement traduits :

Mon trône est-il pour toi plus honteux qu'un supplice ?
O malheureux Phocas ! ô trop heureux Maurice !
Tu retrouves deux fils pour mourir après toi,
Et je n'en puis trouver pour régner après moi !

Non-seulement *Lopez de Vega* avait précédé *Calderon* dans toutes les extravagances d'un théâtre grossier & absurde, mais il les avait trouvées établies. *Lopez de Vega* était indigné de cette barbarie, & cependant il s'y soumettait. Son but était de plaire à un peuple ignorant, amateur du faux merveilleux, qui voulait qu'on parlât à ses yeux plus qu'à son ame. Voici comme *Vega* s'en explique lui-même dans son *nouvel art de faire des comédies* de son tems.

Les Vandales, les Goths, dans leurs écrits bizarres,
Dédaignèrent le goût des Grecs & des Romains :

Nos ayeux ont marché dans ces nouveaux chemins;
 Nos ayeux étaient des barbares. *a*)
L'abus règne, l'art tombe, & la raison s'enfuit.
 Qui veut écrire avec décence,
Avec art, avec goût, n'en recueille aucun fruit.
Il vit dans le mépris & meurt dans l'indigence. *b*)
Je me vois obligé de servir l'ignorance,
 D'enfermer sous quatre verroux. *c*.)
 Sophocle, Euripide, & Térence.
J'écris en insensé, mais j'écris pour des foux.
. . . .
Le public est mon maître, il faut bien le servir;
Il faut, pour son argent, lui donner ce qu'il aime.
 J'écris pour lui, non pour moi-même,
Et cherche des succès dont je n'ai qu'à rougir.

La dépravation du goût espagnol ne pénétra point à la vérité en France; mais il y avait un vice radical beaucoup plus grand, c'était l'ennui; & cet ennui était l'effet des longues déclamations sans suite, sans liaison, sans intrigue, sans intérêt, dans une langue non encor formée. *Hardi* & *Garnier* n'écri-

---

a) *Mas come le servieron muchos barbaros,*
 Che enseñaron el bulgo a sus rudezas ?
b) *Muere sin fama e galardon.*
c) *Encierro los preceptos con seis llaves. &c.*

virent que des platitudes d'un ftile infuppor-
table ; & ces platitudes furent jouées fur des
tréteaux au-lieu de théâtre.

DU THÉATRE ANGLAIS.

Le théâtre anglais au contraire, fut très
animé, mais le fut dans le goût efpagnol ; la
bouffonnerie fut jointe à l'horreur. Toute la
vie d'un homme fut le fujet d'une tragédie:
les acteurs paffaient de Rome, de Venife,
en Chypre ; la plus vile canaille paraiffait fur
le théâtre avec des princes ; & ces princes
parlaient fouvent comme la canaille.

J'ai jetté les yeux fur une édition de *Shakefpear*, donnée par le fieur *Samuel Jonhfon*.
J'y ai vu qu'on y traite de *petits efprits* les
étrangers qui font étonnés, que dans les
piéces de ce grand Shakefpear, *un fénateur
Romain faffe le bouffon, & qu'un roi paraiffe
fur le théâtre comme un yvrogne*.

Je ne veux point foupçonner le fieur
Jonhfon d'être un mauvais plaifant, & d'aimer trop le vin ; mais je trouve un peu extraordinaire qu'il compte la bouffonnerie &
l'yvrognerie parmi les beautés du théâtre tragique ; la raifon qu'il en donne n'eft pas
moins fingulière. *Le poëte*, dit-il, *dédaigne
ces diftinctions accidentelles de conditions & de
pays, comme un peintre qui, content d'avoir
peint la figure, néglige la draperie*. La compa-

raison serait plus juste s'il parlait d'un peintre qui, dans un sujet noble, introduirait des grotesques ridicules ; peindrait dans la bataille d'Arbelles *Alexandre le grand* monté sur un âne ; & la femme de *Darius* buvant avec des gougeats dans un cabaret.

Il n'y a point de tels peintres aujourd'hui en Europe ; & s'il y en avait chez les Anglais, c'est alors qu'on pourait leur appliquer ce vers de *Virgile*.

Et penitus toto divisos orbe Britannos.

On peut consulter la traduction exacte des trois premiers actes du *Jules César* de Shakespear, dans le deuxiéme tome des œuvres de *Corneille*.

C'est là que *Cassius* dit que *César* demandait à boire quand il avait la fiévre, c'est là qu'un savetier dit à un tribun, *qu'il veut le ressemeler* ; c'est là qu'on entend César s'écrier ; *qu'il ne fait jamais de tort que justement* ; c'est là qu'il dit que le danger & lui sont nés de la même ventrée, qu'il est l'aîné, que le danger sait bien que *César* est plus dangereux que lui ; & que tout ce qui le menace ne marche jamais que derrière son dos.

Lisez la belle tragédie du *Maure de Venise*. Vous trouverez à la première scène que la fille d'un sénateur *fait la bête à deux dos avec le Maure, & qu'il naîtra de cet accouplement des chevaux de Barbarie*. C'est ainsi qu'on parlait alors fur le théâtre tragique de Londre. Le génie de *Shakespear* ne pouvait être que le difciple des mœurs & de l'efprit du tems.

Scène traduite de la Cléopatre de Shakespear.

Cléopatre ayant refolu de fe donner la mort, fait venir un payfan qui apporte un panier fous fon bras, dans lequel eft l'afpic dont elle veut fe faire piquer.

Cléopatre.

As-tu le petit ver du Nil qui tue & qui ne fait point du mal ?

Le paysan.

En vérité, je l'ai, mais je ne voudrais pas que vous y touchaffiez, car fa bleffure eft immortelle ; ceux qui en meurent n'en reviennent jamais.

Cléopatre.

Te fouviens-tu que quelqu'un en foit mort ?

Le paysan.

Oh plufieurs, hommes & femmes. J'ai entendu parler d'une, pas plus tard qu'hier ; c'était une bien honnête femme, fi ce n'eft qu'elle était un peu fujette à mentir, ce que les femmes ne devraient faire que par une voie d'honnêteté. Oh ! comme elle mourut vite de la morfure de la bête ! quels tourmens elle reffentit ! elle a dit de très bonnes nouvelles de ce ver ; mais qui croit tout ce que les gens difent ne fera jamais fauvé par la moitié de ce qu'ils font ; cela eft fujet à caution. Ce ver eft un étrange ver.

CLÉOPATRE.

Va-t-en, adieu.

LE PAYSAN.

Je fouhaite que ce ver-là vous donne beaucoup de plaifir.

CLÉOPATRE.

Adieu.

LE PAYSAN.

Voyez-vous, madame ? vous devez penfer que ce ver vous traitera de fon mieux.

CLÉOPATRE.

Bon, bon, va-t-en.

LE PAYSAN.

Voyez-vous ? il ne faut fe fier à mon ver que quand il eft entre les mains des gens fages ; car, en vérité, ce ver-là eft dangereux.

CLÉOPATRE.

Ne t'en mets pas en peine, j'y prendrai garde.

LE PAYSAN.

C'est fort bien fait : ne lui donnez rien à manger, je vous en prie ; il ne vaut ma foi pas la peine qu'on le nourrisse.

CLÉOPATRE.

Ne mangerait-il rien ?

LE PAYSAN.

Ne croyez pas que je sois si simple ; je sais que le diable même ne voudrait pas manger une femme ; je sais bien qu'une femme est un plat à présenter aux Dieux, pourvu que le diable n'en fasse pas la sauce : mais, par ma foi, les diables sont des fils de putain qui font bien du mal au ciel quand il s'agit des femmes ; si le ciel en fait dix, le diable en corrompt cinq.

CLÉOPATRE.

Fort bien ; va-t-en, adieu.

LE PAYSAN.

Je m'en vais, vous dis-je ; bon soir, je vous souhaite bien du plaisir avec votre ver.

SCÈNE TRADUITE DE LA TRAGÉDIE DE HENRI V.

HENRI.

En vers anglais. Belle Catherine, très belle, Vous plairait-il d'enseigner à un soldat les paroles

Qui peuvent entrer dans le cœur d'une damoiselle,
Et plaider son procès d'amour devant son gentil cœur?

LA PRINCESSE CATHERINE.

Votre majesté se moque de moi, je ne peux parler votre anglais. *En prose anglaise.*

HENRI.

Oh belle Catherine! ma foi vous m'aimerez fort & ferme avec votre cœur français. Je serai fort aise de vous l'entendre avouer dans votre baragouin, avec votre langue française, *Me goûtes-tu, Catau?* *En prose.*

CATHERINE.

Pardonnez-moi, je n'entends pas ce que veut dire vous goûter. *a*) *En prose anglaise.*

HENRI.

Goûter, c'est ressembler; un ange vous ressemble, Catau; vous ressemblez à un ange.

CATHERINE (*à une espece de dame d'honneur qui est auprès d'elle.*)

Que dit-il? que je suis semblable à des anges? *En français.*

LA DAME D'HONNEUR.

Oui vraiment, sauf votre honneur; ainsi dit-il. *En français.*

a) *Goûter*, *like*, signifie aussi en anglais *ressembler*.

HENRI.

En anglais. C'eſt ce que j'ai dit, chère Catherine; & je ne dois pas rougir de le confirmer.

CATHERINE.

Ah bon-dieu ! les langues des hommes ſont pleines de tromperies ?

HENRI.

En anglais. Que dit-elle, ma belle; que les langues des hommes ſont pleines de fraudes ?

LA DAME D'HONNEUR.

En mauvais anglais. Oui, que les langues des hommes eſt plein de fraudes, c'eſt-à-dire, des princes.

HENRI.

En anglais. Eh bien, la princeſſe en eſt-elle meilleure Angloiſe ? Ma foi, Catau, mes ſoupirs ſont pour votre entendement, je ſuis bien aiſe que tu ne puiſſe pas parler mieux anglais ; car ſi tu le pouvais, tu me trouverais ſi franc roi, que tu penſerais que j'ai vendu ma ferme pour acheter une couronne. Je n'ai pas la façon de hacher menu en amour. Je te dis tout franchement, je t'aime. Si tu en demandes davantage, adieu mon procès d'amour. Veux-tu ? réponds. Réponds, tapons d'une main, & voilà le marché fait. Qu'en dis-tu, lady ?

CATHERINE.

Sauf votre honneur, moi entendre bien. *Me understand well.*

HENRI.

Croi-moi, si tu voulais me faire rimer, ou me faire danser pour te plaire, Catau, tu m'embarrasserais beaucoup ; car pour les vers, vois-tu, je n'ai ni paroles, ni mesure ; & pour ce qui est de danser, ma force n'est pas dans la mesure ; mais j'ai une bonne mesure en force ; je pourais gagner une femme au jeu du cheval fondu, ou à saute grenouille.

On croirait que c'est-là une des plus étranges scènes des tragédies de *Shakespear* ; mais dans la même piéce, il y a une conversation entre la princesse de France *Catherine*, & une de ses filles d'honneur Anglaises, qui l'emporte de beaucoup sur tout ce qu'on vient d'exposer.

Catherine apprend l'anglais ; elle demande, comment on dit le pied & la robe ? la fille d'honneur lui répond, que le pied c'est *foot*, & la robe c'est *coun* : car alors on prononçait *coun* : & non pas *gown*. Catherine entend ces mots d'une manière un peu singulière ; elle les répète à la française ; elle en rougit. *Ah !* dit-elle en français, *ce sont des mots impudiques, & non pour les dames d'honneur d'user. Je ne voudrais répéter ces mots devant les seigneurs de France pour tout le monde.* Et elle les répète encor avec la prononciation la plus énergique.

Tout cela a été joué très longtems sur le théâtre de Londres, en préfence de la cour.

Du mérite de Shakespear.

Il y a une chofe plus extraordinire que tout ce qu'on vient de lire, c'eft que *Shakefpear* eft un génie. Les Italiens, les Français, les gens de lettres de tous les autres pays, qui n'ont pas demeuré quelque tems en Angleterre, ne le prennent que pour un gille de la foire, pour un farceur très au-deffous d'arlequin, pour le plus méprifable bouffon qui ait jamais amufé la populace. C'eft pourtant dans ce même homme qu'on trouve des morceaux qui élèvent l'imagination & qui pénètrent le cœur. C'eft la vérité, c'eft la nature elle-même qui parle fon propre langage fans aucun mélange de l'art. C'eft du fublime, & l'auteur ne l'a point cherché.

Quand, dans la tragédie de la *Mort de Céfar*, Brutus reproche à Caffius les rapines qu'il a laiffé exercer par les fiens en Afie, il lui dit: *Souvien-toi des ides de Mars, Souvien-toi du fang de Céfar. Nous l'avons verfé parce qu'il était injufte. Quoi! celui qui porta les premiers coups, celui qui le premier punit Céfar d'avoir favorifé les brigands de la république, fouillerait fes mains lui-même par la corruption?*

César, en prenant enfin la résolution d'aller au sénat où il doit être assassiné, parle ainsi : *Les hommes timides meurent mille fois avant leur mort ; l'homme courageux n'éprouve la mort qu'une fois. De tout ce qui m'a jamais surpris, rien ne m'étonne plus que la crainte. Puisque la mort est inévitable, qu'elle vienne.*

Brutus, dans la même piéce, après avoir formé la conspiration, dit, *Depuis que j'en parlai à Cassius pour la première fois, le sommeil m'a fui, entre un dessein terrible & le moment de l'exécution ; l'intervalle est un songe épouvantable. La mort & le génie tiennent conseil dans l'ame. Elle est bouleversée, son intérieur est le champ d'une guerre civile.*

Il ne faut pas omettre ici ce beau monologue de *Hamlet*, qui est dans la bouche de tout le monde, & qu'on a imité en français avec les ménagemens qu'exige la langue d'une nation scrupuleuse à l'excès sur les bienséances.

Demeure, il faut choisir de l'être & du néant.
Ou souffrir, ou périr ; c'est-là ce qui m'attend.
Ciel qui voyez mon trouble, éclairez mon courage.
Faut-il vieillir courbé sous la main qui m'outrage,
Supporter, ou finir mon malheur & mon sort ?
Qui suis-je ? qui m'arrête ? & qu'est-ce que la mort ?
C'est la fin de nos maux, c'est mon unique azile ;

Après des longs transports c'est un sommeil tranquile.
On s'endort, & tout meurt : mais un affreux réveil
Doit succéder peut-être aux douceurs du sommeil.
On nous menace, on dit que cette courte vie,
De tourmens éternels est auffi-tôt suivie.
O mort ! moment fatal ! affreuse éternité,
Tout cœur à ton seul nom se glace épouvanté.
Eh ! qui pourait sans toi supporter cette vie,
De nos prêtres menteurs bénir l'hypocrisie,
D'une indigne maîtresse encenser les erreurs,
Ramper sous un ministre, adorer ses hauteurs,
Et montrer les langueurs de son ame abattue
A des amis ingrats qui détournent la vue ?
La mort serait trop douce en ces extrêmités,
Mais le scrupule parle & nous crie ; arrêtez.
Il défend à nos mains cet heureux homicide,
Et d'un héros guerrier fait un chrétien timide.

Que peut-on conclure de ce contraste de grandeur & de bassesse, de raison sublime & de folies grossières, enfin de tous les contrastes que nous venons de voir dans *Shakespear* ? Qu'il aurait été un poëte parfait, s'il avait vécu du tems d'*Adisson*.

D'ADISSON.

Cet homme célèbre qui fleurissait sous la reine *Anne*, est peut-être celui de tous les écrivains Anglais qui sut le mieux conduire
le

le génie par le goût. Il avait de la correction
dans le ſtile, une imagination ſage dans l'expreſſion, de l'élégance, de la force & du
naturel dans ſes vers & dans ſa proſe. Ami
des bienſéances & des règles, il voulait que
la tragédie fût écrite avec dignité, & c'eſt
ainſi que ſon *Caton* eſt compoſé.

Ce ſont, dès le premier acte, des vers dignes de *Virgile*, & des ſentimens dignes de *Caton*. Il n'y a point de théâtre en Europe où
la ſcène de *Juba* & de *Syphax* ne fût applau-
die, comme un chef-d'œuvre d'adreſſe, de
caractères bien développés, de beaux con-
traſtes, & d'une diction pure & noble. L'Europe littéraire qui connait les traductions de
cette piéce, applaudit aux traits philoſophi-
ques dont le rôle de *Caton* eſt rempli.

Les vers que ce héros de la philoſophie
& de Rome prononce au cinquiéme acte,
lorſqu'il parait ayant ſur ſa table une épée
nue & liſant le *Traité de Platon ſur l'immortalité de l'ame*, ont été traduits dès longtems
en français; nous devons les placer ici.

Oui, Platon, tu dis vrai; notre ame eſt immortelle;
C'eſt un Dieu qui lui parle, un Dieu qui vit en elle.
Eh! d'où viendrait ſans lui ce grand preſſentiment,
Ce dégoût des faux biens, cette horreur du néant?
Vers des ſiécles ſans fin, je ſens que tu m'entraînes;
Du monde & de mes ſens je vais briſer les chaînes;

Seconde partie.   O

Et m'ouvrir loin d'un corps, dans la fange arrêté,
Les portes de la vie & de l'éternité.
L'éternité ! quel mot consolant & terrible !
O lumière ! ô nuage ! ô profondeur horrible,
Que suis-je ? où suis-je ? où vais-je ? & d'où suis-je tiré ?
Dans quels climats nouveaux, dans quel monde ignoré,
Le moment du trépas va-t-il plonger mon être ?
Où sera cet esprit qui ne peut se connaître ?
Que me préparez-vous, abimes ténébreux ?
Allons ; s'il est un Dieu, Caton doit être heureux.
Il en est un sans doute, & je suis son ouvrage.
Lui-même au cœur du juste il empreint son image.
Il doit venger sa cause & punir les pervers.
Mais comment ? dans quel tems ? & dans quel univers !
Ici la vertu pleure, & l'audace l'opprime ;
L'innocence à genoux y tend la gorge au crime ;
La fortune y domine, & tout y suit son char.
Ce globe infortuné fut formé pour César.
Hâtons-nous de sortir d'une prison funeste.
Je te verrai sans ombre, ô vérité céleste !
Tu te caches de nous dans nos jours de sommeil :
Cette vie est un songe, & la mort un réveil.

La piéce eut le grand succès que méritaient ses beautés de détail, & que lui assuraient les discordes de l'Angleterre, auxquelles cette tragédie était en plus d'un endroit une allusion très frappante. Mais la conjoncture de ces allusions étant passée, les vers n'étant que beaux, les maximes n'étant que nobles & justes, & la piéce étant froide, on n'en fentit plus guères que la froideur. Rien n'eft plus beau que le fecond chant de *Virgile* ; récitez-le fur le théâtre, il ennuiera : il faut des paffions, un dialogue vif, de l'action. On revint bientôt aux irrégularités groffières, mais attachantes de *Shakefpear*.

DE LA BONNE TRAGÉDIE FRANÇAISE.

Je laiffe là tout ce qui eft médiocre, la foule de nos faibles tragédies effraie ; il y en a près de cent volumes : c'eft un magazin énorme d'ennui.

Nos bonnes piéces, ou du moins, celles qui fans être bonnes, ont des fcènes excellentes, fe réduifent à une vingtaine tout au plus ; mais auffi, j'ofe dire, que ce petit nombre d'ouvrages admirables eft au-deffus de tout ce qu'on a jamais fait en ce genre, fans en excepter *Sophocle* & *Euripide*.

C'eft une entreprife fi difficile d'affembler dans un même lieu des héros de l'antiquité ; de les faire parler en vers français, de ne leur faire jamais dire que ce qu'ils ont dû dire ; de ne les faire entrer & fortir qu'à propos ; de faire verfer des larmes pour eux, de leur prêter un langage enchanteur qui ne foit ni ampoulé ni familier ; d'être toûjours décent & toûjours intereffant ; qu'un

O ij

tèl ouvrage eſt un prodige, & qu'il faut s'étonner qu'il y ait en France vingt prodiges de cette eſpèce.

Parmi ces chefs - d'œuvre ne faut - il pas donner, fans difficulté, la préférence à ceux qui parlent au cœur fur ceux qui ne parlent qu'à l'eſprit ? quiconque ne veut qu'exciter l'admiration, peut faire dire, Voilà qui eſt beau ; mais il ne fera point verſer des larmes. Quatre ou cinq ſcènes bien raiſonnées, fortement penſées, majeſtueuſement écrites, s'attirent une eſpèce de vénération; mais c'eſt un ſentiment qui paſſe vite, & qui laiſſe l'ame tranquille. Ces morceaux font de la plus grande beauté, & d'un genre même que les anciens ne connurent jamais : ce n'eſt pas aſſez, il faut plus que de la beauté. Il faut ſe rendre maître du cœur par degrés, l'émouvoir, le déchirer, & joindre à cette magie les régles de la poëſie, & toutes celles du théâtre, qui font preſque ſans nombre.

Voyons quelles piéces nous pourions propoſer à l'Europe, qui réunît tous ces avantages.

Les critiques ne nous permettront pas de donner *Phèdre* comme le modèle le plus parfait, quoique le rôle de Phèdre ſoit d'un bout à l'autre ce qui a jamais été écrit de plus touchant, & de mieux travaillé. Ils me répéteront que le rôle de *Théfée* eſt trop faible, qu'*Hippolite* eſt trop français, qu'*Aricie* eſt trop peu tragique, que *Teramène* eſt trop condamnable de débiter des maximes d'amour à ſon pupille; tous ces défauts ſont, à la vérité, ornés d'une diction ſi pure & ſi touchante, que je ne les trouve plus des défauts quand je lis la pièce; mais tâchons d'en trouver une à laquelle on ne puiſſe faire aucun juſte reproche.

Ne ſera-ce point l'*Iphigénie* en Aulide? dès le premier vers je me ſens intéreſſé & attendri; ma curioſité eſt excitée par les ſeuls vers que prononce un ſimple officier d'*Agamemnon*, vers harmonieux, vers charmans, vers tels qu'aucun poëte n'en feſait alors.

A peine un faible jour vous éclaire & vous guide.
Vos yeux ſeuls; & les miens ſont ouverts en Aulide.
Auriez-vous dans les airs entendu quelque bruit?
Les vents vous auraient-ils exaucé cette nuit?
Mais tout dort, & l'armée, & les vents, & Neptune.

Agamemnon plongé dans la douleur, ne répond point à *Arcas*, ne l'entend point; il ſe dit à lui-même en ſoupirant,

Heureux qui ſatisfait de ſon humble fortune,
Libre du joug ſuperbe où je ſuis attaché,
Vit dans l'état obſcur où les Dieux l'ont caché!

Quels sentimens! quels vers heureux! quelle voix de la nature!

Je ne puis m'empêcher de m'interrompre un moment, pour apprendre aux nations qu'un juge d'Ecosse qui a bien vu donner des règles de poésie & de goût à son pays, déclare dans son chapitre vingt-un, *des narrations & des descriptions*, qu'il n'aime point ce vers,

Mais tout dort, & l'armée, & les vents, & Neptune.

S'il avait su que ce vers était imité d'*Euripide*, il lui aurait peut-être fait grace : mais il aime mieux la réponse du soldat dans la première scène de *Hamlet*,

Je n'ai pas entendu une souris trotter.

Voilà qui est naturel, dit-il ; *c'est ainsi qu'un soldat doit répondre.* Oui, monsieur le juge, dans un corps-de-garde, mais non pas dans une tragédie: sachez que les Français, contre lesquels vous vous déchaînez, admettent le simple, & non le bas & le grossier. Il faut être bien sûr de la bonté de son goût avant de le donner pour loi; je plains les plaideurs, si vous les jugez comme vous jugez les vers. Quittons vite son audiance pour revenir à *Iphigénie*.

Est-il un homme de bon sens & d'un cœur sensible, qui n'écoute le récit d'*Agamemnon* avec un transport mêlé de pitié & de crainte, & qui ne sente les vers de *Ra-*

cine pénétrer jusqu'au fond de son ame? l'intérèt, l'inquiétude, l'embarras augmentent dès la troisiéme scène, quand *Agamemnon* se trouve entre *Achille* & *Ulysse*.

La crainte, cette ame de la tragédie, redouble encor à la scène qui suit. C'est *Ulysse* qui veut persuader *Agamemnon*, & immoler *Iphigénie* à l'intérèt de la Grèce. Ce personnage d'*Ulysse* est odieux ; mais, par un art admirable, *Racine* sait le rendre intéressant.

Je suis pére, seigneur, & faible comme un autre;
Mon cœur se met sans peine à la place du vôtre;
Et frémissant du coup qui vous fait soupirer,
Loin de blâmer vos pleurs, je suis prêt de pleurer.

Dès ce premier acte, *Iphigénie* est condamnée à la mort. *Iphigénie* qui se flatte avec tant de raison d'épouser *Achille* : elle va être sacrifiée sur le même autel où elle doit donner la main à son amant.

Nubendi tempore in ipso,
Tantum religio potuit suadere malorum.

SECOND ACTE D'IPHIGÉNIE.

C'est avec une adresse bien digne de lui que *Racine*, au second acte, fait paraître *Eriphile*, avant qu'on ait vu *Iphigénie*. Si l'amante aimée d'*Achille* s'était montrée la première, on ne pourait souffrir *Eriphile* sa rivale. Ce personnage est absolument nécessaire à la piéce, puis qu'il en fait le dénouement; il en fait même le nœud ; c'est elle qui, sans le savoir, inspire des soupçons cruels à *Clitemnestre*, & une juste jalousie à *Iphigénie*; & par un art encor plus admirable, l'auteur sait intéresser pour cette *Eriphile* elle-même. Elle a toûjours été malheureuse, elle ignore ses parens, elle a été prise dans sa patrie mise en cendre : un oracle funeste la trouble ; & pour comble de maux, elle a une passion involontaire pour ce même *Achille* dont elle est captive.

Dans les cruelles mains, par qui je fus ravie,
Je demeurai longtems sans lumière & sans vie.
Enfin mes faibles yeux cherchèrent la clarté ;
Et me voyant presser d'un bras ensanglanté ;
Je frémissais, Doris, & d'un vainqueur sauvage
Craignais *e*) de rencontrer l'effroyable visage.
J'entrai dans son vaisseau, détestant sa fureur,
Et toûjours détournant ma vue avec horreur.
Je le vis ; son aspect n'avait rien de farouche :
Je sentis le reproche expirer dans ma bouche.
Je sentis contre moi mon cœur se déclarer—
J'oubliai ma colère, & ne fus que pleurer.

e) Des puristes ont prétendu qu'il falait *je craignais* ; ils ignorent les heureuses libertés de la poësie ; ce qui est une negligence en prose, est très sou-

Il le faut avouer, on ne fesait point de tels vers avant *Racine* ; non-seulement personne ne savait la route du cœur, mais presque personne ne savait les finesses de la versification, cet art de rompre la mesure.

Je le vis : son aspect n'avait rien de farouche : personne ne connaissait cet heureux mélange de sillabes longues & brèves & de consonnes suivies de voyelles qui font couler un vers avec tant de mollesse, & qui le font entrer dans une œille sensible & juste avec tant de plaisir.

Quel tendre & prodigieux effet cause ensuite l'arrivée d'*Iphigénie !* Elle vole après son père aux yeux d'*Eriphile* même ; de son père qui a pris enfin la résolution de la sacrifier ; chaque mot de cette scène tourne le poignard dans le cœur. *Iphigénie* ne dit pas des choses outrées, comme dans Euripide, *je voudrais être folle* (ou faire la *folle*) *pour vous égayer, pour vous plaire.* Tout est noble dans la piéce française, mais d'une simplicité attendrissante ; & la scène finit par ces mots terribles : *Vous y serez, ma fille.* Sentence de mort après laquelle il ne faut plus rien dire.

On prétend que ce mot déchirant est dans

vent une beauté en vers. *Racine* s'exprime avec une élégance exacte, qu'il ne sacrifie jamais à la chaleur du stile.

Euripide, on le répète sans cesse. Non, il n'y est pas. Il faut se défaire enfin, dans un siécle tel que le nôtre, de cette maligne opiniâtreté à faire valoir toûjours le théâtre ancien des Grecs aux dépends du théâtre français. Voici ce qui est dans *Euripide*.

IPHIGÉNIE.

Mon père, me ferez-vous habiter dans un autre séjour (ce qui veut dire, me marierez-vous ailleurs ?)

AGAMEMNON.

Laissez cela ; il ne convient pas à une fille de savoir ces choses.

IPHIGÉNIE.

Mon père, revenez au plutôt après avoir achevé votre entreprise.

AGAMEMNON.

Il faut auparavant que je fasse un sacrifice.

IPHIGÉNIE.

Mais c'est un soin dont les prêtres doivent se charger.

AGAMEMNON.

Vous le saurez, puis que vous serez tout auprès, au lavoir.

IPHIGÉNIE.

Ferons-nous, mon père, un chœur autour de l'autel ?

AGAMEMNON.

Je te crois plus heureuse que moi ; mais à préfent cela ne t'importe pas ; donne-moi un baifer trifte & ta main, puis que tu dois être fi longtems abfente de ton père. O quelle gorge ! quelles joues ! quels blonds cheveux ! que de douleur la ville des Phrygiens, & *Hélène* me caufent ! je ne veux plus parler, car je pleure trop en t'embraffant. Et vous, fille de *Léda*, excufez-moi fi l'amour paternel m'attendrit trop, quand je dois donner ma fille à *Achille*.

Enfuite *Agamemnon* inftruit *Clitemneftre* de la généalogie d'Achille, & Clitemneftre lui demande fi les noces de *Pelée* & de *Thétis* fe firent au fond de la mer ?

Brumoy a déguifé autant qu'il l'a pu ce dialogue, comme il a falfifié prefque toutes les piéces qu'il a traduites ; mais rendons juftice à la vérité, & jugeons fi ce morceau d'*Euripide* approche de celui de *Racine*.

Verra-t-on à l'autel votre heureufe famille ?

AGAMEMNON.

Hélas !

IPHIGÉNIE.

Vous vous taifez.

AGAMEMNON.

Vous y ferez, ma fille.

Comment se peut-il faire qu'après cet arrêt de mort qu'*Iphigénie* ne comprend point, mais que le spectateur entend avec tant d'émotion, il y ait encor des scènes touchantes dans le même acte, & même des coups de théâtre frappans ? C'est-là, selon moi, qu'est le comble de la perfection.

ACTE TROISIÉME.

Après des incidens naturels bien préparés, & qui tous concourent à redoubler le nœud de la piéce, *Clitemnestre*, *Iphigénie*, *Achille*, attendent dans la joie le moment du mariage ; *Eriphile* est présente, & le contraste de sa douleur, avec l'allégresse de la mère & des deux amans, ajoute à la beauté de la situation. *Arcas* paraît de la part d'*Agamemnon*, il vient dire que tout est prêt pour célébrer ce mariage fortuné. Mais, mais, quel coup ! quel moment épouvantable !

Il l'attend à l'autel.... pour la sacrifier....

Achille, Clitemnestre, Iphigénie, Eriphile, expriment alors en un seul vers tous leurs sentimens différens, & Clitemnestre tombe aux genoux d'Achille.

Oubliez une gloire importune,
Ce triste abaissement convient à ma fortune.

. . . .

C'est vous que nous cherchions fur ce funeste bord ;
Et votre nom, seigneur, l'a conduit à la mort.
Ira-t-elle des Dieux, implorant la justice,
Embrasser les autels parés pour son supplice ?
Elle n'a que vous seul, vous êtes en ces lieux
Son père, son époux, son azile, ses dieux.

O véritable tragédie ! beauté de tous les tems & de toutes les nations ! malheur aux barbares qui ne sentiraient pas jusqu'au fond du cœur ce prodigieux mérite !

Je sais que l'idée de cette situation est dans *Euripide*, mais elle y est comme le marbre dans la carrière, & c'est *Racine* qui a construit le palais.

Une chose assez extraordinaire, mais bien digne des commentateurs toûjours un peu ennemis de leur patrie, c'est que le jésuite *Brumoy*, dans son *discours sur le théâtre des Grecs*, fait cette critique ; ,, Suppofons qu'*Euripide* vînt de l'autre monde & qu'il assistât à la représentation de l'*Iphigénie* de Mr. Racine.... ne serait-il point révolté de voir *Clitemnestre* aux pieds d'*Achille* qui la relève, & de mille autres choses, soit par rapport à nos ufages qui nous paraissent plus polis que ceux de l'antiquité, soit par rapport aux bienséances ? &c. [Page 11. de l'édition in 4°.]

Remarquez, lecteurs, avec attention, que Clitemnestre se jette aux genoux d'Achille dans

Euripide, & que même il n'est point dit qu'A-chille la relève.

A l'égard de *mille autres choses par rapport à nos usages*, Euripide se serait conformé aux usages de la France, & Racine à ceux de la Grèce.

Après cela, fiez-vous à l'intelligence & à la justice des commentateurs.

ACTE QUATRIÉME.

Comme dans cette tragédie, l'intérêt s'échauffe toûjours de scène en scène, que tout y marche de perfections en perfections, la grande scène entre *Agamemnon*, *Achille*, *Clitemnestre*, & *Iphigénie*, est encor supérieure à tout ce que nous avons vu. Rien ne fait jamais au théâtre un plus grand effet que des personnages qui renferment d'abord leur douleur dans le fond de leur ame, & qui laissent ensuite éclater tous les sentimens qui les déchirent : on est partagé entre la pitié & l'horreur : c'est d'un côté *Agamemnon* accablé lui-même de tristesse, qui vient demander sa fille pour la mener à l'autel, sous prétexte de la remettre au héros à qui elle est promise. C'est *Clitemnestre* qui lui répond d'une voix entrecoupée,

S'il faut partir, ma fille est toute prête ;
Mais vous, n'avez vous rien, seigneur, qui vous arrête

AGAMEMNON.

Moi, madame ?

CLITEMNESTRE.

Vos soins ont-ils tout préparé ?

AGAMEMNON.

Calchas est prêt, madame, & l'autel est paré ;
J'ai fait ce que m'ordonne un devoir légitime.

CLITEMNESTRE.

Vous ne me parlez point, seigneur, de la victime.

Ces mots ; *vous ne me parlez point de la victime*, ne sont pas assurément dans *Euripide*. On sait de quel sublime est le reste de la scène, non pas de ce sublime de déclamation ; non pas de ce sublime de pensées recherchées, ou d'expressions gigantesques, mais de ce qu'une mère au désespoir a de plus pénétrant & de plus terrible, de ce qu'une jeune princesse qui sent tout son malheur, a de plus touchant & de plus noble : après quoi, *Achille* déploye la fierté, l'indignation, les menaces d'un héros irrité, sans qu'*Agamemnon* perde rien de sa dignité ; & c'était-là le plus difficile.

Jamais *Achille* n'a été plus *Achille* que dans cette tragédie. Les étrangers ne pourront pas dire de lui ce qu'ils disent d'Hippolite, de Xiphares, d'Antiochus roi de Comagène, de Bajazet même ; ils les appellent, *monsieur Ba-*

jazet, *monsieur Antiochus*, *monsieur Xipha res*, *monsieur Hippolite* ; & , je l'avoue, ils n'on pas tort. Cette faiblesse de *Racine* est un tri but qu'il a payé aux mœurs de son tems à la galanterie de la cour de *Louis XIV*, au goût des romans qui avaient infecté la na tion ; aux exemples même de *Corneille* qui ne composa jamais aucune tragédie sans y mettre de l'amour , & qui fit de cette passion le principal ressort de la tragédie de *Polyeucte* confesseur & martyr , & de celle d'*Attila* roi des Huns , & de *Ste. Théodore* qu'on prostitue.

Ce n'est que depuis peu d'années qu'on a osé en France produire des tragédies pro phanes sans galanterie. La nation était si accoutumée à cette fadeur, qu'au commence ment du siécle où nous sommes, on reçut avec applaudissement une *Electre* amoureuse & une partie quarrée de deux amans & de deux maîtresses dans le sujet le plus terrible de l'antiquité , tandis qu'on sifflait l'*Electre* de *Longepierre* , non-seulement parce qu'il y avait des déclamations à l'antique , mais parce qu'on n'y parlait point d'amour.

Du tems de *Racine*, & jusqu'à nos der niers tems, les personnages essentiels au théâ tre étaient l'*amoureux* & l'*amoureuse* , com me à la foire *Arlequin* & *Colombine*. Un acteur était reçu pour jouer tous les amoureux.

Achille aime *Iphigénie* , & il le doit ; il la
re-

regarde comme fa femme, mais il est beaucoup plus fier, plus violent qu'il n'est tendre; il aime comme *Achille* doit aimer, & il parle comme *Homère* l'aurait fait parler s'il avait été Français.

ACTE CINQUIÉME.

Mr. *Luneau de Boisjermain*, qui a fait une édition de *Racine* avec des commentaires, voudrait que la catastrophe d'*Iphigénie* fût en action sur le théâtre. ,, Nous n'a-
,, vons, dit-il, qu'un regret à former, c'est
,, que *Racine* n'ait point composé sa piéce
,, dans un tems où le théâtre fût comme
,, aujourd'hui, dégagé de la foule des spec-
,, tateurs, qui inondaient autrefois le lieu de
,, la scène ; ce poëte n'aurait pas manqué de
,, mettre en action la catastrophe, qu'il n'a
,, mise qu'en récit. On eût vu d'un côté un
,, père consterné, une mère éperdue, vingt
,, rois en suspends ; l'autel, le bucher, le
,, prêtre, le couteau la victime : eh ! quelle
,, victime ! de l'autre, *Achille* menaçant,
,, l'armée *en émeute*, le sang de toutes parts
,, prêt à couler ; *Eriphile* alors serait surve-
,, nue ; *Calchas* l'aurait désignée pour l'uni-
,, que objet de la colère céleste ; & cette prin-
,, cesse s'emparant du couteau sacré, aurait
,, expiré bientôt sous les coups qu'elle se
,, ferait *portés*. "

Cette idée paraît plausible au premier coup

Seconde partie. P

d'œil. C'est en effet le sujet d'un très beau tableau, parce que dans un tableau on ne peint qu'un instant ; mais il serait bien difficile que sur le théâtre, cette action qui doit durer quelques momens, ne devînt froide & ridicule. Il m'a toûjours paru évident que le violent *Achille* l'épée nue, & ne se battant point, vingt héros dans la même attitude comme des personnages de tapisserie, *Agamemnon* roi des rois n'imposant à personne, immobile dans le tumulte, formeraient un spectacle assez semblable au cercle de la reine en cire colorée par *Benoit*.

Il est des objets que l'art judicieux
Doit offrir à l'oreille & reculer des yeux.

Il y a bien plus ; la mort d'*Eriphile* glacerait les spectateurs au lieu de les émouvoir. S'il est permis de répandre du sang sur le théâtre, (ce que j'ai quelque peine à croire) il ne faut tuer que les personnages auxquels on s'intéresse. C'est alors que le cœur du spectateur est véritablement ému, il vole au-devant du coup qu'on va porter, il saigne de la blessure, on se plait avec douleur à voir tomber *Zaïre* sous le poignard d'*Orosmane* dont elle est idolâtrée. Tuez si vous voulez ce que vous aimez, mais ne tuez jamais une personne indifférente ; le public sera très indifférent à cette mort ; on n'aime point du tout *Eriphile*. *Racine* l'a rendue supportable jusqu'au quatriéme acte ; mais dès qu'*Iphigé-nie* est en péril de mort, *Eriphile* est oubliée & bientôt haïe : elle ne ferait pas plus d'effet que la biche de *Diane*.

On m'a mandé depuis peu, qu'on avait essayé à Paris le spectacle que Mr. *Luneau de Boisjermain* avait proposé, & qu'il n'a point réussi. Il faut savoir qu'un récit écrit par *Racine* est supérieur à toutes les actions théâtrales.

D'ATHALIE.

Je commencerai par dire d'*Athalie* que c'est-là que la catastrophe est admirablement en action. C'est-là que se fait la reconnaissance la plus intéressante ; chaque acteur y joue un grand rôle. On ne tue point *Athalie* sur le théâtre ; le fils des rois est sauvé, & est reconnu roi : tout ce spectacle transporte les spectateurs.

Je ferais ici l'éloge de cette piéce, le chef-d'œuvre de l'esprit humain, si tous les gens de goût de l'Europe ne s'accordaient pas à lui donner la préférence sur presque toutes les autres piéces. On peut condamner le caractere & l'action du grand-prêtre *Joad* ; sa conspiration, son fanatisme peuvent être d'un très mauvaise exemple ; aucun souverain, depuis le Japon jusqu'à Naples, ne voudrait d'un tel pontife ; il est factieux, insolent, entousiaste, inflexible, sanguinaire ; il trompe indignement sa reine, il fait égorger par

P ij

des prêtres, cette femme âgée de quatre-vingt ans, qui n'en voulait certainement pas à la vie du jeune Joad, *qu'elle voulait élever comme son propre fils.*

J'avoue qu'en réfléchissant sur cet événement, on peut détester la personne du pontife ; mais on admire l'auteur, on s'assujettit sans peine à toutes les idées qu'il présente, on ne pense, on ne sent que d'après lui. Son sujet d'ailleurs respectable ne permet pas les critiques qu'on pourait faire, si c'était un sujet d'invention. Le spectateur suppose avec *Racine*, que *Joad* est en droit de faire tout ce qu'il fait ; & ce principe une fois posé, on convient que la piéce est ce que nous avons de plus parfaitement conduit, de plus simple & de plus sublime. Ce qui ajoute encor au mérite de cet ouvrage, c'est que de tous les sujets, c'était le plus difficile à traiter.

On a imprimé avec quelque fondement que *Racine* avait imité dans cette piéce plusieurs endroits de la tragédie de la *Ligue*, faite par le conseiller d'état *Mathieu*, historiographe de France sous *Henri IV*, écrivain qui ne fesait pas mal des vers pour son tems. *Constance* dit dans la tragédie de *Mathieu*,

Je redoute mon Dieu ; c'est lui seul que je crains.
. . . .
On n'est point délaissé quand on a Dieu pour père.

Il ouvre à tous la main, il nourit les corbeaux ;
Il donne la pâture aux jeunes paſſereaux,
Aux bêtes des forêts, des prés & des montagnes :
Tout vit de ſa bonté.

Racine dit,

Je crains Dieu, cher Abner, & n'ai point d'autre crainte.
. . . .
Dieu laiſſa-t-il jamais ſes enfans au beſoin ?
Aux petits des oiſeaux il donne ſa pâture,
Et ſa bonté s'étend ſur toute la nature.

Le plagiat paraît ſenſible, & cependant ce n'en eſt point un ; rien n'eſt plus naturel que d'avoir les mêmes idées ſur le même ſujet. D'ailleurs, *Racine* & *Mathieu* ne ſont pas les premiers qui ayent exprimé des penſées dont on trouve le fond dans pluſieurs endroits de l'Ecriture.

DES CHEFS-D'OEUVRE TRAGIQUES FRANÇAIS.

Qu'oſerait-on placer parmi ces chefs-d'œuvre, reconnus pour tels en France & dans les autres pays, après *Iphigénie* & *Athalie* ? nous mettrions une grande partie de *Cinna*, les ſcènes ſupérieures des *Horaces*, du *Cid*, de *Pompée*, de *Polyeucte* ; la fin de *Rodogune* ; le rôle parfait & inimitable de *Phèdre* qui l'emporte ſur tous les rôles, celui d'*Acomat*, aussi beau en son genre, les quatre premiers actes de *Britannicus*, *Andromaque* toute entière; à une scène près de pure coquetterie. Les rôles tout entiers de *Roxane* & de *Monime*, admirables l'un & l'autre dans des genres tout opposés; des morceaux vraiment tragiques dans quelques autres piéces; mais après vingt bonnes tragédies, sur plus de quatre mille, qu'avons-nous? Rien. Tant mieux. Nous avons dit ailleurs, Il faut que le beau soit rare, sans quoi il cesserait d'être beau.

COMÉDIE.

En parlant de la tragédie, je n'ai point osé donner de règles; il y a plus de bonnes dissertations que de bonnes piéces; & si un jeune homme qui a du génie veut connaitre les règles importantes de cet art, il lui suffira de lire ce que *Boileau* en dit dans son *art poétique*, & d'en être bien pénétré: j'en dis autant de la comédie.

J'écarte la théorie, & je n'irai guères au-delà de l'historique. Je demanderai seulement pourquoi les Grecs & les Romains firent toutes leurs comédies en vers, & pourquoi les modernes ne les font souvent qu'en prose? N'est-ce point que l'un est beaucoup plus aisé que l'autre, & que les hommes en tout genre veulent réussir sans beaucoup de travail? *Fenelon* fit son *Télémaque* en prose, parce qu'il ne pouvait le faire en vers.

L'abbé d'*Aubignac*, qui comme prédicateur du roi se croyait l'homme le plus éloquent du royaume, & qui pour avoir lu la poétique d'*Aristote*, pensait être le maître de *Corneille*, fit une tragédie en prose, dont la représentation ne put être achevée, & que jamais personne n'a lue.

La Mothe s'étant laissé persuader que son esprit était infiniment au-dessus de son talent pour la poésie, demanda pardon au public de s'être abaissé jusqu'à faire des vers. Il donna une ode en prose, & une tragédie en prose, & on se moqua de lui. Il n'en a pas été de même de la comédie. *Molière* avait écrit son *Avare* en prose, pour le mettre ensuite en vers; mais il parut si bon que les comédiens voulurent le jouer tel qu'il était, & que personne n'osa depuis y toucher.

Au contraire, le *Convive de Pierre*, qu'on a si mal-à-propos appelé le *Festin de Pierre*, fut versifié après la mort de *Molière* par *Thomas Corneille*, & est toûjours joué de cette façon.

Je pense que personne ne s'avisera de versifier le *George Dandin*. La diction en est si naive, si plaisante, tant de traits de cette piéce, sont devenus proverbes, qu'il semble qu'on les gâterait si on voulait les mettre en vers.

P iiij

Ce n'est pas peut-être une idée fausse de penser qu'il y a des plaisanteries de prose & des plaisanteries de vers. Tel bon conte, dans la conversation, deviendrait insipide s'il était rimé ; & tel autre ne réussira bien qu'en rimes. Je pense que monsieur & madame de *Sottenville*, & madame la comtesse d'*Escarbagnas*, ne seraient point si plaisans s'ils rimaient. Mais dans les grandes piéces remplies de portraits, de maximes, de récits, & dont les personnages ont des caractères fortement dessinés, tel que le *Misantrope*, le *Tartuffe*, l'*Ecole des femmes*, celle *des maris*, les *Femmes savantes*, le *Joueur*, les vers me paraissent absolument nécessaires ; & j'ai toûjours été de l'avis de Michel Montagne, qui dit, *que la sentence, pressée aux pieds nombreux de la poésie, s'enlève son ame d'une plus rapide secousse*.

Ne répétons point ici ce qu'on a tant dit de *Moliére* ; on sait assez que dans ses bonnes piéces, il est au-dessus des comiques de toutes les nations anciennes & modernes. *Despréaux* a dit,

Aussi-tôt que d'un trait de ses fatales mains,
La parque l'eut rayé du nombre des humains,
On reconnut le prix de sa muse éclipsée.
L'aimable comédie, avec lui terrassée,
En vain d'un coup si rude, espéra revenir,
Et sur ses brodequins ne put plus se tenir.

ART DRAMATIQUE. 233

Put plus, est un peu rude à l'oreille, mais *Boileau* avait raison.

Depuis 1673, année dans laquelle la France perdit *Molière*, on ne vit pas une seule pièce supportable jusqu'au *Joueur* du trésorier de France *Regnard*, qui fut joué en 1697; & il faut avouer qu'il n'y a eu que lui seul, après *Molière*, qui ait fait de bonnes comédies en vers. La seule pièce de caractère qu'on ait eue depuis lui, a été le *Glorieux* de *Destouches*, dans laquelle tous les personnages ont été généralement applaudis, excepté malheureusement celui du *glorieux*, qui est le sujet de la pièce.

Rien n'étant si difficile que de faire rire les honnêtes gens, on se réduisit enfin à donner des comédies romanesques, qui étaient moins la peinture fidelle des ridicules que des essais de tragédie bourgeoise; ce fut une espèce bâtarde qui n'étant ni comique ni tragique, manifestait l'impuissance de faire des tragédies & des comédies. Cette espèce cependant avait un mérite, celui d'intéresser; & dès qu'on intéresse on est sûr du succès. Quelques auteurs joignirent aux talens que ce genre exige, celui de semer leurs pièces de vers heureux. Voici comme ce genre s'introduisit.

Quelques personnes s'amusaient à jouer dans un château de petites comédies, qui tenaient de ces farces qu'on appelle *para-*

des : on en fit une en l'année 1732, dont le principal personnage était le fils d'un négociant de Bordeaux, très bon homme & marin fort grossier, lequel croyant avoir perdu sa femme & son fils, venait se remarier à Paris, après un long voyage dans l'Inde.

Sa femme était une impertinente qui était venue faire la grande dame dans la capitale, manger une grande partie du bien acquis par son mari, & marier son fils à une demoiselle de condition. Le fils, beaucoup plus impertinent que la mère, se donnait des airs de seigneur ; & son plus grand air était de mépriser beaucoup sa femme, laquelle était un modèle de vertu & de raison. Cette jeune femme l'accablait de bons procédés sans se plaindre, payait ses dettes secrétement quand il avait joué & perdu sur sa parole ; & lui fesait tenir des petits présens très galans sous des noms supposés. Cette conduite rendait notre jeune homme encor plus fat ; le marin revenait à la fin de la piéce, & mettait ordre à tout.

Une actrice de Paris, fille de beaucoup d'esprit, nommée Mlle. *Quinault*, ayant vu cette farce, conçut qu'on en pourrait faire une comédie très intéressante, & d'un genre tout nouveau pour les Français, en exposant sur le théâtre le contraste d'un jeune homme qui croirait en effet que c'est un

ART DRAMATIQUE. 235

ridicule d'aimer sa femme ; & une épouse respectable, qui forcerait enfin son mari à l'aimer publiquement. Elle pressa l'auteur d'en faire une piéce régulière, noblement écrite ; mais ayant été refusée, elle demanda permission de donner ce sujet à Mr. de *la Chauffée*, jeune homme qui fesait fort bien des vers, & qui avait de la correction dans le stile. Ce fut ce qui valut au public le *Préjugé à la mode*.

Cette piéce était bien froide après celles de *Molière* & de *Regnard*; elle ressemblait à un homme un peu pesant qui danse avec plus de justesse que de grace. L'auteur voulut mêler la plaisanterie aux beaux sentimens; il introduisit deux marquis qu'il crut comiques, & qui ne furent que forcés & insipides. L'un dit à l'autre :

Si la même maîtresse est l'objet de nos vœux,
L'embarras de choisir la rendra plus perplexe.
Ma foi, marquis, il faut prendre pitié du sexe.

Ce n'est pas ainsi que *Molière* fait parler ses personnages. Dès lors le comique fut banni de la comédie. On y substitua le patétique ; on disait que c'était par bon goût, mais c'était par stérilité.

Ce n'est pas que deux ou trois scènes patétiques ne puissent faire un très bon effet. Il y en a des exemples dans *Térence*; il y en a dans *Molière*; mais il faut après cela revenir à la peinture naïve & plaisante des mœurs.

On ne travaille dans le goût de la comédie larmoyante que parce que ce genre est plus aisé, mais cette facilité même le dégrade ; en un mot les Français ne surent plus rire.

Quand la comédie fut ainsi défigurée, la tragédie le fut aussi : on donna des piéces barbares, & le théâtre tomba ; mais il peut se relever.

DE L'OPÉRA.

C'est à deux cardinaux que la tragédie & l'opéra doivent leur établissement en France ; car ce fut sous *Richelieu* que *Corneille* fit son apprentissage, parmi les cinq auteurs que ce ministre fesait travailler comme des commis aux drames, dont il formait le plan, & où il glissait souvent nombre de très mauvais vers de sa façon : & ce fut lui encor qui ayant persécuté le *Cid*, eut le bonheur d'inspirer à *Corneille* ce noble dépit & cette généreuse opiniâtreté qui lui fit composer les admirables scènes des *Horaces* & de *Cinna*.

Le cardinal *Mazarin* fit connaitre aux Français l'opéra, qui ne fut d'abord que ridicule, quoique le ministre n'y travaillât point.

Ce fut en 1647 qu'il fit venir pour la première fois une troupe entière de musiciens

Italiens, des décorateurs & un orcheftre ; on repréfenta au Louvre la tragi-comédie d'*Orphée* en vers italiens & en mufique : ce fpectacle ennuia tout Paris. Très peu de gens entendaient l'italien, prefque perfonne ne fàvait la mufique, & tout le monde haïffait le cardinal : cette fête, qui coûta beaucoup d'argent, fut fiflée : & bientôt après, les plaifans de ce tems-là, firent *le grand ballet & le branle de la fuite de Mazarin, danfé fur le théâtre de la France par lui-même & par fes adhérens.* Voilà toute la récompenfe qu'il eut d'avoir voulu plaire à la nation.

Avant lui on avait eu des ballets en France dès le commencement du feiziéme fiécle ; & dans ces ballets il y avait toûjours eu quelque mufique d'une ou deux voix, quelquefois accompagnées de chœurs qui n'étaient guères autre chofe qu'un plein chant grégorien. Les filles d'*Acheloïs*, les fyrènes, avaient chanté en 1582 aux noces du duc de *Joyeufe* ; mais c'étaient d'étranges fyrènes.

Le cardinal *Mazarin* ne fe rebuta pas du mauvais fuccès de fon opéra italien ; & lorfqu'il fut tout puiffant, il fit revenir fes muficiens Italiens, qui chantèrent *le Nozze di Peleo & di Thetide* en trois actes en 1654. *Louïs XIV* y danfa ; la nation fut charmée de voir fon roi, jeune, d'une taille majeftueufe & d'une figure auffi aimable que noble, danfer dans fa capitale après en avoir été chaffé :

mais l'opéra du cardinal n'ennuia pas moins Paris pour la feconde fois.

Mazarin perfifta, il fit venir en 1660 le *fignor Cavalli* qui donna dans la grande galerie du Louvre l'opéra de *Xerxès* en cinq actes; les Français bâillèrent plus que jamais & fe crurent délivrés de l'opéra italien par la mort du *Mazarin*, qui donna lieu en 1661 à mille épitaphes ridicules, & à prefque autant de chanfons qu'on en avait fait contre lui pendant fa vie.

Cependant les Français voulaient auffi dès ce tems-là même avoir un opéra dans leur langue, quoiqu'il n'y eût pas un feul homme dans le pays qui fût faire un trio, ou jouer paffablement du violon; & dès l'année 1659 un abbé *Perrin* qui croyait faire des vers, & un *Cambert* intendant de douze violons de la reine-mère, qu'on appellait *la mufique de France*, firent chanter dans le village d'Iffi une paftorale qui, en fait d'ennui, l'emportait fur les *Hercole amante*, & fur le *Nozze di Peleo*.

En 1669, le même abbé *Perrin*, & le même *Cambert*, s'affocièrent avec un marquis de *Sourdiac* grand machinifte, qui n'était pas abfolument fou, mais dont la raifon était très particulière, & qui fe ruina dans cette entreprife. Les commencemens en parurent heureux; on joua d'abord *Pomone*, dans laquelle il était beaucoup parlé de pommes & d'artichaux.

On représenta ensuite *les peines & les plaisirs de l'amour*, & enfin *Lulli* violon de Mademoiselle, devenu surintendant de la musique du roi, s'empara du jeu-de-paume qui avait ruiné le marquis de *Sourdiac*. L'abbé *Perrin* inruinable, se consola dans Paris à faire des élégies & des sonnets, & même à traduire l'*Enéide* de *Virgile* en vers qu'il disait héroïques. Voici comme il traduit, par exemple, ces deux vers du cinquiéme livre de l'Enéide.

Arduus effractoque illisit in ossa cerebro
Sternitur exanimisque tremens procumbit humi bos.

Dans ses os fracassés enfonce son éteuf,
Et tout tremblant & mort, en bas tombe le bœuf.

On trouve son nom souvent dans les satyres de *Boileau*, qui avait grand tort de l'accabler : car il ne faut se moquer ni de ceux qui font du bon, ni de ceux qui font du très mauvais, mais de ceux qui étant médiocres se croyent des génies & font les importans.

Pour *Cambert* il quitta la France de dépit, & alla faire exécuter sa détestable musique chez les Anglais, qui la trouvèrent excellente.

Lulli qu'on appella bientôt *monsieur de Lulli*, s'associa très habilement avec *Quinault* dont il sentait tout le mérite, & qu'on n'appella jamais *monsieur de Quinault*. Il donna dans son jeu-de-paume de Belair en 1672, les *fêtes de l'amour & de Bacchus*, composées par ce poete aimable ; mais ni les vers, ni la musique ne furent dignes de la réputation qu'ils acquirent depuis ; les connaisseurs seulement estimèrent beaucoup une traduction de l'ode charmante d'Horace :

Donec gratus eram tibi
Nec quisquam potior brachia candide
Cervici juvenis dabat,
Persarum vigui rege beatior.

. . . .

Cette ode en effet est très gracieusement rendue en français ; mais la musique en est un peu languissante.

Il y eut des bouffonneries dans cet opéra, ainsi que dans *Cadmus* & dans *Alceste*. Ce mauvais goût régnait alors à la cour ; dans les ballets, & les opéra italiens étaient remplis d'arlequinades. *Quinault* ne dédaigna pas de s'abaisser jusqu'à ces platitudes.

Tu fais la grimace en pleurant,
Et tu me fais crever de rire.

. . . .

Ah ! vraiment, petite mignonne,
Je vous trouve bonne
De reprendre ce que je dis.

. . . .

ART DRAMATIQUE. 241

Mes pauvres compagnons, hélas !
Le dragon n'en a fait qu'un fort léger repas.
. . . .
Le dragon ne fait-il point le mort ?

Mais dans ces deux opéra d'*Alceste* & de *Cadmus*, Quinault sut inférer des morceaux admirables de poésie. *Lulli* sut un peu les rendre en accommodant son génie à celui de la langue française; & comme il était d'ailleurs très plaisant, très débauché, adroit, intéressé, bon courtisan, & par conséquent aimé des grands, & que *Quinault* n'était que doux & modeste, il tira toute la gloire à lui. Il fit accroire que *Quinault* était son garçon poëte, qu'il dirigeait, & qui sans lui ne serait connu que par les satyres de *Boileau*. *Quinault* avec tout son mérite resta donc en proie aux injures de *Boileau*, & à la protection de *Lulli*.

Cependant rien n'est plus beau, ni même plus sublime que ce chœur des suivans de *Pluton* dans *Alceste*.

Tout mortel doit ici paraître.
On ne peut naître
Que pour mourir.
De cent maux le trépas délivre ;
Qui cherche à vivre,
Cherche à souffrir.
Plaintes, cris, larmes,

Seconde partie. Q

> Tout est sans armes
> Contre la mort.
>
> . . . .
>
> Est-on sage
> De fuir ce passage ?
> C'est un orage
> Qui mène au port.

Le discours que tient *Hercule* à *Pluton* paraît digne de la grandeur du sujet.

> Si c'est te faire outrage
> D'entrer par force dans ta cour,
> Pardonne à mon courage,
> Et fais grace à l'amour.

La charmante tragédie d'*Atis*, les beautés ou nobles ou délicates ou naïves répandues dans les piéces suivantes, auraient dû mettre le comble à la gloire de *Quinault*, & ne firent qu'augmenter celle de *Lulli* qui fut regardé comme le Dieu de la musique. Il avait en effet le rare talent de la déclamation : il sentit de bonne heure que la langue française étant la seule qui eût l'avantage des rimes féminines & masculines, il falait la déclamer en musique différemment de l'italien. *Lulli* inventa le seul récitatif qui convînt à la nation ; & ce récitatif ne pouvait avoir d'autre mérite que celui de rendre fidélement les paroles, il falait encor des acteurs ; il s'en forma; c'était *Quinault* qui souvent les exerçait & leur donnait l'esprit du rôle & l'ame du chant. *Boileau* dit que les vers de *Quinault*

Etaient des lieux communs de morale lubrique,
Que Lulli réchauffa des sons de sa musique.

C'était au contraire, *Quinault*, qui réchauffait *Lulli*. Le récitatif ne peut être bon qu'autant que les vers le sont : cela est si vrai, qu'à peine depuis le tems de ces deux hommes faits l'un pour l'autre, à peine y eut-il à l'opéra cinq ou six scènes de récitatif tolérables. *Rameau* même n'en a pas fait trois, tant il est vrai que presque tous les arts sont nés & morts dans le beau siécle de *Louïs XIV.*

Les ariettes de *Lulli* furent très faibles, c'était des *barcaroles* de Venise. Il falait, pour ces petits airs, des chansonnettes d'amour aussi molles que les notes. *Lulli* composait d'abord les airs de tous ces divertissemens. Le poëte y assujettissait les paroles ; *Lulli* forçait *Quinault* d'être insipide. Mais les morceaux vraiment poëtiques de *Quinault*, n'étaient certainement pas des lieux communs de morale lubrique. Y a-t-il beaucoup d'odes de *Pindare*, plus fières & plus harmonieuses que ce couplet de l'opéra de *Proserpine ?*

Les superbes géans, armés contre les dieux,
    Ne nous donnent plus d'épouvante ;

Q ij

Ils sont ensevelis sous la masse pesante
Des monts qu'ils entassaient pour attaquer les cieux :
Nous avons vu tomber leur chef audacieux
Sous une montagne brûlante.
Jupiter l'a contraint de vomir à nos yeux
Les restes enflammés de sa rage expirante,
Jupiter est victorieux ;
Et tout céde à l'effort de sa main triomphante.
Chantons, dans ces aimables lieux,
Les douceurs d'une paix charmante.

L'avocat *Brossette* a beau dire. L'ode sur la prise de Namur, *avec ses monceaux de piques, de corps morts, de rocs, de briques*, est aussi mauvaise que ces vers de *Quinault* sont bien faits. Le sévère auteur de *l'art poëtique*, si supérieur dans son seul genre, devait être plus juste envers un homme supérieur aussi dans le sien ; homme d'ailleurs aimable dans la société, homme qui n'offensa jamais personne, & qui humilia *Boileau* en ne lui répondant point.

Enfin, le quatriéme acte de *Roland*, & toute la tragédie d'*Armide* furent des chefs-d'œuvre de la part du poete ; & le récitatif du musicien sembla même en approcher. Ce fut pour l'*Arioste* & pour le *Tasse*, dont ces deux opéra sont tirés, le plus bel hommage qu'on leur ait jamais rendu.

DU RÉCITATIF DE LULLI.

Il faut savoir que cette mélodie était alors à-peu-près celle de l'Italie. Les amateurs ont encor quelques motets de *Cariſſimi* qui sont précisément dans ce goût. Telle est cette espèce de cantate latine qui fut, si je ne me trompe, composée par le cardinal *Delphini*.

  Sunt breves mundi roſæ
  Sunt fugitivæ flores
  Frondes veluti annoſæ
  Sunt labiles honores.

  Velociſſimo curſu
  Fluunt anni
  Sicut celeres venti,
  Sicut ſagittæ rapidæ,
  Fugiunt, evolant evaneſcunt.
  Nil durat æternum ſub cælo,
  Rapit omnia rigida ſors,
  Implacabili, funeſto telo
  Ferit omnia livida mors;
Eſt ſola in cælo quies.
  Jucunditas ſincera,
  Voluptas pura;
  Et ſine nube dies &c.

Beaumaviel chantait souvent ce motet, & je l'ai entendu plus d'une fois dans la bouche de *Thevenard*; rien ne me semblait plus conforme à certains morceaux de *Lulli*. Cette mélodie demande de l'ame, il faut des acteurs, & aujourd'hui il ne faut que des chanteurs; le vrai récitatif est une déclamation notée, mais on ne note pas l'action & le sentiment.

Si une actrice en grasséïant un peu, en adoucissant sa voix, en minaudant, chantait:

Ah ! je le tiens, je tiens son cœur perfide.

Ah ! je l'immole à ma fureur,

elle ne rendrait ni *Quinault* ni *Lulli*; & elle pourait, en fesant rallentir un peu la mesure, chanter sur les mêmes notes.

Ah ! je les vois, je vois vos yeux aimables.

Ah ! je me rends à leurs attraits.

Pergolese a exprimé dans une musique imitatrice ces beaux vers de l'*Artaserse* de Metastasio :

Vo solcando un mar crudele

Senza vele

Senza sarte.

Freme l'onda, il ciel s'imbruna,

Cresce il vento, e manca l'arte.

E il voler della fortuna

Son costretto a seguitar. &c.

Je priai une des plus célèbres virtuoses de me chanter ce fameux air de *Pergolese*. Je m'attendais à frémir au *mar crudele*, au *freme l'onda*, au *crefce il vento*. Je me préparais à toute l'horreur d'une tempête. J'entendis une voix tendre qui fredonnait avec grace l'haleine imperceptible des doux zéphirs.

Dans l'Encyclopédie, à l'article *Expreſſion*, on lit ces paroles d'un amateur de tous les arts, qui en a cultivé pluſieurs avec ſuccès.
„ En général la muſique vocale de *Lulli*,
„ n'eſt autre, on le repète, que le pur récita-
„ tif, & n'a pas elle-même aucune expreſſion
„ du ſentiment que les paroles de *Quinault*
„ ont peint. Ce fait eſt ſi certain, que ſur
„ le même chant qu'on a ſi longtems cru
„ plein de la plus forte expreſſion, on n'a
„ qu'à mettre des paroles qui forment un
„ ſens tout-à-fait contraire; & ce chant pou-
„ ra être appliqué à ces nouvelles paroles
„ auſſi bien pour le moins qu'aux ancien-
„ nes. Sans parler ici du premier chœur
„ du prologue d'*Amadis*, où Lulli a exprimé
„ *éveillons-nous* comme il aurait falu expri-
„ mer *endormons-nous*, on va prendre pour
„ exemple, & pour preuve, un de ſes mor-
„ ceaux de la plus grande réputation.

„ Qu'on liſe d'abord les vers admirables
„ que *Quinault* met dans la bouche de la
„ cruelle, de la barbare *Méduſe*.

Je porte l'épouvante & la mort en tous lieux,
Tout ſe change en rocher à mon aſpect horrible;

Les traits que Jupiter lance du haut des cieux,
N'ont rien de si terrible
Qu'un regard de mes yeux.

„ Il n'est personne qui ne sente qu'un
„ chant qui serait l'expression véritable de
„ ces paroles, ne saurait servir pour d'au-
„ tres qui présenteraient un sens absolument
„ contraire ; or le chant que *Lulli* met dans
„ la bouche de l'horrible *Méduse*, dans ce
„ morceau & dans tout cet acte, est si agréa-
„ ble, par conséquent si peu convenable au
„ sujet, si fort en contre-sens, qu'il irait
„ très bien pour exprimer le portrait que
„ l'amour triomphant ferait de lui-même.
„ On ne représente ici, pour abréger, que
„ la parodie de ces cinq vers, avec les ac-
„ compagnemens, leur chant & la basse. On
„ peut-être sûr que la parodie très aisée à
„ faire du reste de la scène, offrirait partout
„ une démonstration aussi frappante.

ART DRAMATIQUE. 249

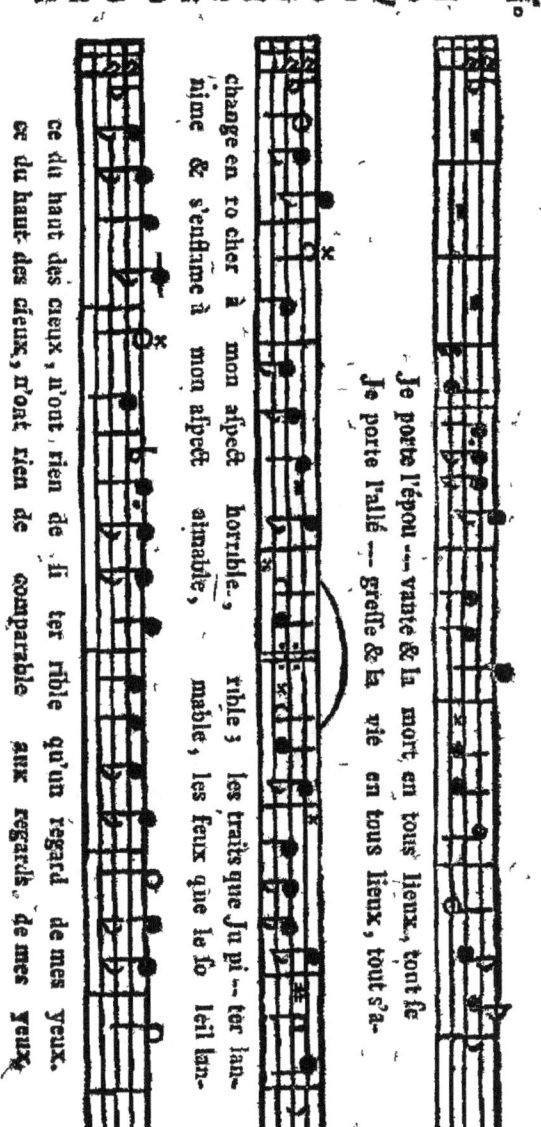

Pour moi, je suis sûr du contraire de ce qu'on avance; j'ai consulté des oreilles très exercées, & je ne vois point du tout qu'on puisse mettre *l'allégresse & la vie*, au lieu de *je porte l'épouvante & la mort*, à moins qu'on ne rallentisse la mesure, qu'on n'affaiblisse & qu'on ne corrompe cette musique par une expression doucereuse; & qu'une mauvaise actrice ne gâte le chant du musicien.

J'en dis autant des mots *éveillons-nous*, auxquels on ne saurait substituer *endormons-nous* que par un dessein formé de tourner tout en ridicule; je ne puis adopter la sensation d'un autre contre ma propre sensation.

J'ajoute qu'on avait le sens commun du tems de *Louis XIV* comme aujourd'hui; qu'il aurait été impossible que toute la nation n'eût pas senti que Lulli avait exprimé, *l'épouvante & la mort*, comme *l'allégresse & la vie*, & le réveil comme l'assoupissement.

On n'a qu'à voir comment Lulli a rendu *dormons, dormons tous*, on sera bientôt convaincu de l'injustice qu'on lui fait. C'est bien ici qu'on peut dire,

Il meglio e l'inimico del bene.

ART POETIQUE.

LE savant presque universel, l'homme même de génie, qui joint la philosophie l'imagination, dit, dans son excellent article *Encyclopédie*, ces paroles remarquables... ,, *Si on en excepte ce* Perrault *& quelques au-*,, *tres, dont le versificateur* Boileau *n'était pas* ,, *en état d'apprécier le mérite,* " &c. (feuillet 636.)

Ce philosophe rend avec raison justice à *Claude Perrault* savant traducteur de *Vitruve*, homme utile en plus d'un genre, à qui l'on doit la belle façade du Louvre, & d'autres grands monumens : mais il faut aussi rendre justice à *Boileau*. S'il n'avait été qu'un versificateur, il serait à peine connu ; il ne serait pas de ce petit nombre de grands-hommes qui feront passer le siécle de *Louïs XIV* à la postérité. Ses dernières satyres, ses belles épîtres, & surtout son *Art poëtique*, sont des chefs-d'œuvre de raison autant que de poésie, *sapere est principium & fons.* L'art du versificateur est, à la vérité, d'une difficulté prodigieuse, surtout en notre langue, où les vers alexandrins marchent deux-à-deux, où il est rare d'éviter la monotonie, où il faut absolument rimer, & où les rimes agréables & nobles sont en trop petit nombre; où un mot hors de sa place, une sillabe dure gâte une pensée heureuse. C'est danser sur la corde avec des entraves : mais le plus grand succès dans cette partie de l'art n'est rien, s'il est seul.

L'*Art poétique* de *Boileau* est admirable, parce qu'il dit toûjours agréablement des choses vraies & utiles, parce qu'il donne toûjours le précepte & l'exemple, parce qu'il est varié, parce que l'auteur en ne manquant jamais à la pureté de la langue..... *fait d'une voix légère passer du grave au doux, du plaisant au sévère.*

Ce qui prouve son mérite chez tous les gens de goût, c'est qu'on sait ses vers par cœur; & ce qui doit plaire aux philosophes, c'est qu'il a presque toûjours raison.

Puisque nous avons parlé de la préférence qu'on peut donner quelquefois aux modernes sur les anciens, on oserait présumer ici que l'*Art poétique* de *Boileau* est supérieur à celui d'*Horace*. La méthode est certainement une beauté dans un poëme didactique; *Horace* n'en a point. Nous ne lui en fesons pas un reproche; puisque son poëme est une épitre familière aux *Pisons*, & non pas un ouvrage régulier comme les *Géorgiques* : mais c'est un mérite de plus dans *Boileau*, mérite dont les philosophes doivent lui tenir compte,

ART POETIQUE.

L'*Art poëtique* latin ne paraît pas à beaucoup près si travaillé que le français. *Horace* y parle presque toûjours sur le ton libre & familier de ses autres épitres. C'est une extrême justesse dans l'esprit, c'est un goût fin, ce sont des vers heureux & pleins de sel, mais souvent sans liaison, quelquefois destitués d'harmonie; ce n'est pas l'élégance & la correction de *Virgile*. L'ouvrage est très bon; celui de *Boileau* paraît encor meilleur. Et, si vous en exceptez les tragédies de *Racine* qui ont le mérite supérieur de traiter les passions, & de surmonter toutes les difficultés du théâtre, l'*Art poëtique* de *Despréaux* est sans contredit le poëme qui fait le plus d'honneur à la langue française.

Il serait triste que les philosophes fussent les ennemis de la poésie. Il faut que la littérature soit comme la maison de Mécène, … *est locus unicuique suus*.

L'auteur des *Lettres Persanes* si aisées à faire, & parmi lesquelles il y en a de très jolies, d'autres très hardies, d'autres médiocres, d'autres frivoles; cet auteur, dis-je, très recommandable d'ailleurs, n'ayant jamais pu faire de vers, quoiqu'il eût de l'imagination & souvent du stile, s'en dédommage en disant que *l'on verse le mépris sur la poésie à pleines mains, & que la poésie lyrique est une harmonieuse extravagance,* &c. Et c'est ainsi qu'on cherche souvent à rabaisser les talens auxquels on ne saurait atteindre : nous ne pouvons y parvenir, dit *Montagne*, vengeons-nous-en par en médire. Mais *Montagne*, le devancier & le maître de *Montesquieu* en imagination & en philosophie, pensait sur la poésie bien différemment.

Si *Montesquieu* avait eu autant de justice que d'esprit, il aurait senti malgré lui que plusieurs de nos belles odes & de nos bons opéra valent infiniment mieux que les plaisanteries de *Riga* à *Usbeck*, imitées du *Siamois* de *Dufréni*, & que les détails de ce qui se passe dans le serrail d'*Usbeck* à Ispahan.

Nous parlerons plus amplement de ces injustices trop fréquentes, à l'article *Critique*.

ASMODÉE.

Aucun homme versé dans l'antiquité n'ignore que les Juifs ne connurent les anges, que par les Perses & les Caldéens, pendant la captivité. C'est-là qu'ils apprirent, selon *Dom Calmet*, qu'il y a sept anges principaux devant le trône du Seigneur. Ils y apprirent aussi les noms des diables. Celui que nous nommons *Asmodée* s'appellait *Hasbmodai*, ou *Chammadaï*. ,, On sait, dit Cal-
,, met, qu'il y a des diables de plusieurs

,, fortes; les uns sont princes & maîtres *Dom Cal-*
,, démons, les autres subalternes & sujets." *met dissertation sur
Tobie,
pag. 205.*

Comment cet *Hashmodai* était-il assez puissant pour tordre le cou à sept jeunes gens qui épousèrent successivement la belle *Sara* native de Ragès, à quinze lieuës d'Ecbatane? Il falait que les Mèdes fussent sept fois plus manichéens que les Perses. Le bon principe donne un mari à cette fille, & voilà le mauvais principe, cet *Hashmodai* roi des démons, qui détruit sept fois de suite l'ouvrage du principe bienfaisant.

Mais *Sara* était juive, fille de *Raguel* le juif, captive dans le pays d'Ecbatane. Comment un démon Mède avait-il tant de pouvoir sur des corps juifs? C'est ce qui a fait penser qu'*Asmodée*, *Chammadaï*, était juif aussi; que c'était l'ancien serpent qui avait séduit *Eve*; qu'il aimait passionnément les femmes; que tantôt il les trompait, & tantôt il tuait leurs maris par un excès d'amour & de jalousie.

En effet, le livre de *Tobie* nous fait entendre, dans la version grecque, qu'Asmodée était amoureux de Sara: *oti daimonion philei autein*. C'est l'opinion de toute la savante antiquité que les génies, bons ou mauvais, avaient beaucoup de penchant pour nos filles, & les fées pour nos garçons. L'Ecriture même se proportionnant à notre faiblesse, & daignant adopter le langage vulgaire, dit en figure *que les enfans de* Dieu, *voyant que les filles des hommes étaient belles, prirent pour femmes celles qu'ils choisirent.*

<small>Genèse chap. vi.</small>

Mais l'ange *Raphaël*, qui conduit le jeune *Tobie*, lui donne une raison plus digne de son ministère, & plus capable d'éclairer celui dont il est le guide. Il lui dit que les sept maris de *Sara* n'ont été livrés à la cruauté d'*Asmodée* que parce qu'ils l'avaient épousée uniquement pour leur plaisir, comme des chevaux & des mulets. *Il faut*, dit‑il, *garder la continence avec elle pendant trois jours, & prier* Dieu *tous deux ensemble.*

<small>Ch. vi. ⁊. 16. 17. & 18.</small>

Il semble qu'avec une telle instruction on n'ait plus besoin d'aucun autre secours pour chasser *Asmodée*; mais *Raphaël* ajoute, qu'il y faut le cœur d'un poisson grillé sur des charbons ardens. Pourquoi donc n'a‑t‑on pas employé depuis ce secret infaillible pour chasser le d'able du corps des filles? Pourquoi les apôtres, envoyés exprès pour chasser les démons, n'ont‑ils jamais mis le cœur d'un poisson sur le gril? Pourquoi ne se servit‑on pas de cet expédient dans l'affaire de *Marthe Brossier*, des religieuses de Loudun, des maîtresses d'*Urbain Grandier*, de *la Cadière* & du frère *Girard*, & de mille autres possedées dans le tems qu'il y avait des possedées?

Les

ASMODÉE.

Les Grecs & les Romains, qui connaissaient tant de philtres pour se faire aimer, en avaient aussi pour guérir l'amour ; ils employaient des herbes, des racines. L'*agnus-castus* a été fort renommé ; les modernes en ont fait prendre à de jeunes religieuses, sur lesquelles il a eu peu d'effet. Il y a longtems qu'*Apollon* se plaignait à *Daphné* que tout médecin qu'il était, il n'avait point encor éprouvé de simple qui guérît de l'amour.

Hei mihi ! quod nullis amor est medicabilis herbis.
D'un incurable amour remèdes impuissans.

Ov. Met. liv. 1.

On se servait de fumée de souphre ; mais *Ovide*, qui était un grand maître, déclare que cette recette est inutile.

Nec fugiat vivo sulphure victus amor.

Le souphre, croyez-moi, ne chasse point l'amour.

De Rem. Amor. liv. 1.

La fumée du cœur ou du foie d'un poisson fut plus efficace contre *Asmodée*. Le R. P. Dom *Calmet* en est fort en peine, & ne peut comprendre comment cette fumigation pouvait agir sur un pur esprit. Mais il pouvait se rassurer, en se souvenant que tous les anciens donnaient des corps aux anges & aux démons. C'étaient des corps très déliés ; des corps aussi légers que les petites particules qui s'élèvent d'un poisson rôti.

Seconde partie. R

Ces corps reſſemblaient à une fumée ; & la fumée d'un poiſſon grillé agiſſait ſur eux par ſympatie.

Non-ſeulement *Aſmodée* s'enfuit ; mais *Gabriel* alla l'enchaîner dans la haute Egypte, où il eſt encore. Il demeure dans une grotte auprès de la ville de Saata ou Taata. *Paul Lucas* l'a vu & lui a parlé. On coupe ce ſerpent par morceaux, & ſur le champ tous les tronçons ſe rejoignent ; il n'y paraît pas. *Dom Calmet* cite le témoignage de *Paul Lucas* ; il faut bien que je le cite auſſi. On croit qu'on poura joindre la théorie de *Paul Lucas* avec celle des vampires, dans la première compilation que l'abbé *Guion* imprimera.

ASPHALTE,

Lac Asphaltide, Sodome.

Mot caldéen qui ſignifié une eſpèce de *bitume*. Il y en a beaucoup dans le pays qu'arroſe l'Euphrate ; nos climats en produiſent, mais de fort mauvais. Il y en a en Suiſſe ; on en voulut couvrir le comble de deux pavillons élevés aux côtés d'une porte de Genève ; cette couverture ne dura pas un an ; la mine a été abandonnée ; mais on peut garnir de ce bitume le fond des baſſins d'eau, en le mèlant avec de la poix réſine : peut-être un jour en fera-t-on un uſage plus utile.

Le véritable aſphalte eſt celui qu'on tiroit des environs de Babilone ; & avec lequel on prétend que le feu grégeois fut compoſé.

Pluſieurs lacs ſont remplis d'aſphalte ou d'un bitume qui lui reſſemble, de même qu'il y en a d'autres tout imprégnés de nitre. Il y a un grand lac de nitre dans le déſert d'Egypte, qui s'étend depuis le lac Mœris juſqu'à l'entrée du Delta ; & il n'a point d'autre nom que le lac de Nitre.

Le lac Aſphaltide connu par le nom de *Sodome*, fut longtems renommé pour ſon bitume ; mais aujourd'hui les Turcs n'en font plus d'uſage ; ſoit que la mine qui eſt ſous les eaux, ait diminué, ſoit que la qualité s'en ſoit altérée, ou bien qu'il ſoit trop difficile de la tirer du fond de l'eau. Il s'en détache quelquefois des parties huileuſes, & même de groſſes maſſes qui ſurnagent ; on les ramaſſe, on les mêle, & on les vend pour du baume de la Mecque. Il eſt peut-être auſſi bon ; car tous les baumes qu'on employe pour les coupures ſont auſſi efficaces les uns que les autres, c'eſt-à-dire, ne ſont bons à rien par eux-mêmes. La nature n'attend pas l'application d'un baume pour fournir du sang & de la lymphe, & pour former une nouvelle chair qui répare celle qu'on a perdue par une playe. Les baumes de la Mecque, de Judée & du Pérou, ne servent qu'à empêcher l'action de l'air, à couvrir la blessure & non pas à la guérir ; de l'huile ne produit pas de la peau.

Flavien Joseph qui était du pays, dit que de son tems le lac de Sodome n'avait aucun poisson, & que l'eau en était si légère, que les corps les plus lourds ne pouvaient aller au fond. Il voulait dire apparemment *si pesante* au-lieu de *si légère*. Il paraît qu'il n'en avait pas fait l'expérience. Il se peut après tout, qu'une eau dormante imprégnée de sels & de matières compactes, étant alors plus pesante qu'un corps de pareil volume, comme celui d'une bête ou d'un homme, les ait forcés de surnager. L'erreur de *Joseph* consiste à donner une cause très fausse d'un phénomène qui peut être très vrai.

Liv. IV. c. XXVII.

Quant à la disette de poissons, elle est croyable. L'asphalte ne paraît pas propre à les nourrir ; cependant il est vraisemblable que tout n'est pas asphalte dans ce lac qui a vingt-trois ou vingt-quatre de nos lieues de long, & qui, en recevant à sa source les eaux du Jourdain, doit recevoir aussi les poissons de cette rivière : mais peut-être aussi le Jourdain n'en fournit pas; & peut-être ne s'en trouve-t-il que dans le lac supérieur de Tibériade.

Joseph ajoute que les arbres qui croissent sur les bords de la mer Morte, portent des fruits de la plus belle apparence; mais qui s'en vont en poussière dès qu'on veut y porter la dent. Ceci n'est pas si probable, & pourait faire croire que *Joseph* n'a pas été sur le lieu même, ou qu'il a exagéré suivant sa coutume & celle de ses compatriotes. Rien ne semble devoir produire de plus beaux & de meilleurs fruits qu'un terrain sulphureux & salé, tel que celui de Naples, de Catane, & de Sodome.

La sainte Ecriture parle de cinq villes englouties par le feu du ciel. La physique en cette occasion rend témoignage à l'ancien Testament, quoiqu'il n'ait pas besoin d'elle, & qu'ils ne soient pas toûjours d'accord. On a des exemples de tremblemens de terre, accompagnés de coups de tonnerre, qui ont détruit des villes plus considérables que Sodome & Gomore.

Mais la rivière du Jourdain ayant nécessairement son embouchure dans ce lac sans issue, cette mer Morte semblable à la mer Caspienne, doit avoir existé tant qu'il y a eû un Jourdain; donc ces cinq villes ne peuvent jamais avoir été à la place où est ce lac de Sodome. Auſſi l'Ecriture ne dit point du tout que ce terrain fut changé en un lac; elle dit tout le contraire : DIEU *fit pleuvoir du ſouphre & du feu venant du ciel*; *Et Abraham ſe levant matin regarda Sodome & Gomore & toute la terre d'alentour; & il ne vit que des cendres montant comme une fumée de fournaiſe.*

Genèſe ch. XIX.

Il faut donc que les cinq villes, Sodome, Gomore, Zéboin, Adama, & Segor fuſſent ſituées ſur le bord de la mer Morte. On demandera comment dans un déſert auſſi inhabitable qu'il l'eſt aujourd'hui, & où l'on ne trouve que quelques hordes de voleurs Arabes, il pouvait y avoir cinq villes aſſez opulentes pour être plongées dans les délices, & même dans des plaiſirs infames qui ſont le dernier effet du raffinement de la débauche attachée à la richeſſe; on peut répondre que le pays alors était bien meilleur.

D'autres critiques diront : Comment cinq villes pouvaient-elles ſubſiſter à l'extrémité d'un lac dont l'eau n'était pas potable avant leur ruine ? L'Ecriture elle-même nous apprend que tout le terrain était aſphalte avant l'embraſement de Sodome. *Il y avait*, dit-elle, *beaucoup de puits de bitume dans la vallée des bois; & les rois de Sodome & de Gomore prirent la fuite & tombèrent en cet endroit-là.*

Genèſe ch. XIV. ⅴ. 10.

ASPHALTE.

On fait encor une autre objection. *Isaïe* & *Jérémie* disent que Sodome & Gomore ne seront jamais rebâties. Mais *Etienne* le géographe parle de Sodome & de Gomore sur le rivage de la mer Morte. On trouve dans l'*Histoire des conciles* les évêques de Sodome & de Segor. *Isaïe ch. XIII. Jérémie ch. II.*

On peut répondre à cette critique, que Dieu mit dans ces villes rebâties des habitans moins coupables ; car il n'y avait point alors d'évêque *in partibus*.

Mais quelle eau, dira-t-on, put abreuver ces nouveaux habitans ? tous les puits sont saumâtres ; on trouve l'asphalte & un sel corrosif, dès qu'on creuse la terre.

On répondra que quelques Arabes y habitent encor, & qu'ils peuvent être habitués à boire de très mauvaise eau ; qu'ils peuvent en corriger l'acreté en la filtrant ; que Sodome & Gomore dans le bas empire étaient de méchans hameaux, & qu'il y eut dans ce tems là beaucoup d'évêques, dont tout le diocèse consistait en un pauvre village. On peut dire encor que les colons de ces villages préparaient l'asphalte, & en fesaient un commerce utile.

Ce désert aride & brûlant qui s'étend de Segor jusqu'au territoire de Jérusalem, produit du baume & des aromates par la même raison qu'il fournit du naphte, du sel corrosif & du souphre.

On prétend que les pétrifications se font dans ce défert avec une rapidité furprenante. C'eft ce qui rend très plaufible, felon quelques phyficiens, la pétrification d'*Edith* femme de *Loth*.

Mais il eft dit que cette femme *ayant regardé derrière elle fut changée en ftatue de fel*; ce n'eft donc pas une pétrification naturelle opérée par l'afphalte & le fel ; c'eft un miracle évident. *Flavien Jofeph* dit qu'il a vu cette ftatue. *St. Juftin* & *St. Irénée* en parlent comme d'un prodige qui fubfiftait encor de leur tems.

<small>Antiq. liv. I. ch. II.</small>

On a regardé ces témoignages comme des fables ridicules. Cependant il eft très naturel que quelques Juifs fe fuffent amufés à tailler un monceau d'afphalte en une figure groffière ; & on aura dit ; c'eft la femme de *Loth*. J'ai vu des cuvettes d'afphalte très bien faites qui pourront longtems fubfifter. Mais il faut avouer que *St. Irénée* va un peu loin quand il dit : La femme de *Loth* refta dans le pays de Sodome non plus en chair corruptible, mais en ftatue de fel permanente, & montrant par fes parties naturelles les effets ordinaires : *Uxor remanfit in Sodomis, jam non caro corruptibilis, fed ftatua falis femper manens, & per naturalia ea quæ funt confuetudinis hominis oftendens*.

<small>Liv. IV. ch. II.</small>

St. Irénée ne femble pas s'exprimer avec toute la juftefte d'un bon naturalifte, en difant : La femme de *Loth* n'eſt plus de la chair corruptible, mais elle a ſes règles.

Dans le *poëme de Sodome*, dont on dit *Tertullien* auteur, on s'exprime encor plus énergiquement :

Dicitur & vivens alio ſub corpore ſexus
Mirifice ſolito diſpungere ſanguine menſes.

C'eſt ce qu'un poëte du tems de *Henri II*. a traduit ainſi dans ſon ſtile gaulois.

La femme à Loth, quoique ſel devenue,
Eſt femme encor; car elle a ſa menſtrue.

Les pays des aromates furent auſſi le pays des fables. C'eſt vers les cantons de l'Arabie pétrée, c'eſt dans ces déſerts que les anciens mythologiſtes prétendent que *Myrrha*, petite-fille d'une ſtatue, s'enfuit après avoir couché avec ſon père, comme les filles de *Loth* avec le leur, & qu'elle fut métamorphoſée en l'arbre qui porte la myrrhe. D'autres profonds mythologiſtes aſſurent qu'elle s'enfuit dans l'Arabie heureuſe ; & cette opinion eſt auſſi ſoutenable que l'autre.

Quoi qu'il en ſoit, aucun de nos voyageurs ne s'eſt encor aviſé d'examiner le terrain de Sodome, ſon aſphalte, ſon ſel, ſes arbres & leurs fruits, de peſer l'eau du lac, de l'analyſer, de voir ſi les matières ſpécifiquement plus pesantes que l'eau ordinaire y surnagent ; & de nous rendre un compte fidèle de l'histoire naturelle du pays. Nos pélerins de Jérusalem n'ont garde d'aller faire ces recherches : ce désert est devenu infesté par des Arabes vagabonds, qui courent jusqu'à Damas, qui se retirent dans les cavernes des montagnes, & que l'autorité du pacha de Damas n'a pu encor réprimer. Ainsi les curieux sont fort peu instruits de tout ce qui concerne le lac Asphaltide.

ASSASSIN.

Nom corrompu du mot *Ebisseſſin*. Rien n'est plus ordinaire à ceux qui vont en pays lointain, que de mal entendre, mal répéter, mal écrire dans leur propre langue ce qu'ils ont mal compris dans une langue absolument étrangère, & de tromper ensuite leurs compatriotes en se trompant eux-mêmes. L'erreur s'établit de bouche en bouche & de plume en plume : il faut des siécles pour la détruire.

Il y avait du tems des croisades un malheureux petit peuple de montagnards, habitant dans des cavernes vers le chemin de Damas. Ces brigands élisaient un chef qu'ils nommaient *Chik Elchaffiffin*. On prétend que ce mot honorifique *chik* ou *chek*, fignifie *vieux* originairement, de même que parmi nous le titre de *feigneur* vient de *fenior*, *vieillard*, & que le mot *graf*, *comte*, veut dire *vieux* chez les Allemands. Car anciennement le commandement civil fut toûjours déféré aux vieillards chez prefque tous les peuples. Enfuite le commandement étant devenu héréditaire, le titre de *chik*, de *graf*, de *feigneur*, de *comte*, a été donné à des enfans ; & nous appellons un bambin de quatre ans, *Monfieur le comte*, c'eft-à-dire, *Monfieur le vieux*.

Les croifés nommèrent le vieux des montagnards Arabes, *le vieil de la montagne*, & s'imaginèrent que c'était un très grand prince, parce qu'il avait fait tuer & voler fur le grand chemin un comte de Montferrat, & quelques autres feigneurs croifés. On nomma ces peuples *les affaffins*, & leur chik, *le roi du vafte pays des affaffins*. Ce vafte pays contient cinq à fix lieues de long fur deux à trois de large dans l'anti-Liban, pays horrible femé de rochers, comme l'eft prefque toute la Paleftine, mais entrecoupé de prairies affez agréables, & qui nourriffent de nombreux troupeaux, comme l'atteftent tous ceux qui ont fait le voyage d'Alep à Damas.

Le chik ou le vieil de ces assassins ne pouvait être qu'un petit chef de bandits, puisqu'il y avait alors un soudan de Damas qui était très puissant.

Nos romanciers de ces tems-là, aussi chimériques que les croisés, imaginèrent d'écrire que le grand prince des assassins en 1236 craignant que le roi de France *Louis IX* dont il n'avait jamais entendu parler, ne se mît à la tête d'une croisade & ne vînt lui ravir ses états, envoya deux grands seigneurs de sa cour des cavernes de l'anti-Liban à Paris pour assassiner ce roi ; mais que le lendemain ayant appris combien ce prince était généreux & aimable, il envoya en pleine mer deux autres seigneurs pour contremander l'assassinat : je dis en pleine mer ; car ces deux émirs envoyés pour tuer *Louis*, & les deux autres pour lui sauver la vie, ne pouvaient faire leur voyage qu'en s'embarquant à Joppé qui était alors au pouvoir des croisés, ce qui redouble encor le merveilleux de l'entreprise. Il falait que les deux premiers eussent trouvé un vaisseau de croisés tout prêt pour les transporter amicalement, & les deux autres encor un autre vaisseau.

Cent auteurs pourtant ont rapporté au long cette avanture, les uns après les autres, quoique *Joinville* contemporain, qui alla sur les lieux, n'en dise mot.

ASSASSIN.

Et voilà justement comme on écrit l'histoire.

Le jésuite *Maimbourg*, le jésuite *Daniel*, vingt autres jésuites, *Mézerai*, quoiqu'il ne soit pas jésuite, répètent cette absurdité. L'abbé *Velly*, dans son *Histoire de France*, la redit avec complaisance, le tout sans aucune discussion, sans aucun examen, & sur la foi d'un *Guillaume de Nangis* qui écrivait environ soixante ans après cette belle avanture, dans un tems où l'on ne compilait l'histoire que sur des bruits de ville.

Si l'on n'écrivait que les choses vraies & utiles, l'immensité de nos livres d'histoire se réduirait à bien peu de chose ; mais on saurait plus & mieux.

On a pendant six cent ans rebattu le conte du vieux de la montagne, qui enyvrait de voluptés ses jeunes élus dans ses jardins délicieux, leur fesait accroire qu'ils étaient en paradis, & les envoyait ensuite assassiner des rois au bout du monde pour mériter un paradis éternel.

Vers le levant, le vieil de la montagne,
Se rendit craint par un moyen nouveau,
Craint n'était-il pour l'immense campagne
Qu'il possédât, ni pour aucun monceau
D'or & d'argent ; mais parce qu'au cerveau
De ses sujets il imprimait des choses,

Qui de maints faits courageux étaient causes.
Il choisissait entre eux les plus hardis,
Et leur fesait donner du paradis,
Un avant goût à leurs sens perceptible.
(Du paradis de son législateur)
Rien n'en a dit ce prophète menteur,
Qui ne devînt très croyable & sensible
A ces gens-là. Comment s'y prenait-on ?
On les fesait boire tous de façon
Qu'ils s'enyvraient, perdaient sens & raison.
En cet état privés de connaissance,
On les portait en d'agréables lieux,
Ombrages frais, jardins délicieux.
Là se trouvaient tendrons en abondance,
Plus que maillés & beaux par excellence,
Chaque réduit en avait à couper.
Si se venaient joliment attrouper
Près de ces gens qui leur boisson cuvée,
Et se croyaient habitans devenus
Des champs heureux qu'assigne à ses élus
Le faux Mahom. Lors de faire accointance,
Turcs d'approcher, tendrons d'entrer en danse ;
Au gazouillis des ruisseaux de ces bois,
Au son des luths accompagnant les voix
Des rossignols : il n'est plaisir au monde
Qu'on ne goûtât dedans ce paradis :
Les gens trouvaient en son charmant pourpris
Les meilleurs vins de la machine ronde,

Dont ne manquaient encor de s'enyvrer,
Et de leurs sens perdre l'entier usage.
On les fesait aussi-tôt reporter
Au premier lieu de tout ce tripotage.
Qu'arrivait-il ? ils croyaient fermement
Que quelques jours de semblables délices
Les attendaient, pourvu que hardiment,
Sans redouter la mort ni les suplices,
Ils fissent chose agréable à Mahom,
Servant leur prince en toute occasion.
Par ce moyen leur prince pouvait dire
Qu'il avait gens à sa dévotion,
Déterminés ; & qu'il n'était empire
Plus redouté que le sien ici-bas.

Tout cela est fort bon dans un conte de *La Fontaine*, aux vers faibles près ; & il y a cent anecdotes historiques qui n'auraient été bonnes que là.

ASSASSINAT.

SECTION SECONDE.

L'Assassinat étant, après l'empoisonnement, le crime le plus lâche & le plus punissable, il n'est pas étonnant qu'il ait trouvé de nos jours un approbateur dans un homme, dont la raison singulière n'a pas toujours été d'accord avec la raison des autres hommes.

Il feint dans un roman intitulé *Emile*, d'élever un jeune gentilhomme, auquel il se donne bien de garde de donner une éducation telle qu'on la reçoit dans l'école militaire, comme d'apprendre les langues, la géométrie, la tactique, les fortifications, l'histoire de son pays; il est bien éloigné de lui inspirer l'amour de son roi & de sa patrie, il se borne à en faire un garçon menuisier. Il veut que ce gentilhomme menuisier, quand il a reçu un démenti ou un soufflet, au-lieu de les rendre & de se battre, *assassine prudemment son homme*. Il est vrai que Molière en plaisantant dans l'*Amour peintre*, dit, qu'*assassiner est le plus sûr*; mais l'auteur du roman prétend, que c'est le plus raisonnable & le plus honnête. Il le dit très sérieusement; & dans l'immensité de ses paradoxes, c'est une des trois ou quatre choses qu'il ait dites le premier. Le même esprit de sagesse & de décence qui lui fait prononcer qu'un précepteur doit souvent accompagner son disciple dans un lieu de prostitution, le fait décider que ce disciple doit être un assassin. Ainsi l'éducation que donne *Jean-Jacques* à un gentilhomme, consiste à manier le rabot, & à mériter le grand remède & la corde.

Emile tom. III. pag. 261.

Nous doutons que les pères de famille s'empressent à donner de tels précepteurs à

leurs

leurs enfans. Il nous semble que le roman d'*Emile* s'écarte un peu trop des maximes de *Mentor* dans *Télémaque* : mais aussi il faut avouer que notre siécle s'est fort écarté en tout du grand siécle de *Louïs XIV.*

Heureusement vous ne trouverez point dans le Dictionnaire encyclopédique de ces horreurs insensées. On y voit souvent une philosophie qui semble hardie ; mais non pas cette bavarderie atroce & extravagante, que deux ou trois fous ont appellé *philosophie*, & que deux ou trois dames appellaient *éloquence*.

ASSEMBLÉE,

Terme général qui convient également au prophane, au sacré, à la politique, à la guerre, à la société, au jeu, à des hommes unis par les loix ; enfin à toutes les occasions où il se trouve plusieurs personnes ensemble.

Cette expression prévient toutes les disputes de mots, & toutes les significations injurieuses par lesquelles les hommes sont dans l'habitude de désigner les sociétés dont ils ne sont pas.

L'assemblée légale des Athéniens s'appellait *Eglige*. (Voyez *Eglise*.)

Seconde partie. S

Ce mot ayant été consacré parmi nous à la convocation des catholiques dans un même lieu, nous ne donnions pas d'abord le nom d'*église* à l'assemblée des protestans ; on disait *une troupe de huguenots* ; mais la politesse bannissant tout terme odieux, on se servit du mot *assemblée* qui ne choque personne.

En Angleterre l'église dominante donne le nom d'assemblée, *Meeting*, aux églises de tous les non-conformistes.

Le mot d'*assemblée* est celui qui convient le mieux, quand plusieurs personnes en assez grand nombre sont priées de venir perdre leur tems dans une maison dont on leur fait les honneurs, & dans laquelle on joue, on cause, on soupe, on danse, &c. S'il n'y a qu'un petit nombre de priés, cela ne s'appelle point *assemblée* ; c'est un rendez-vous d'amis, & les amis ne sont jamais nombreux.

Les assemblées s'appellent en italien *conversatione*, *ridotto*. Ce mot *ridotto* est proprement ce que nous entendions par *réduit* ; mais réduit étant devenu parmi nous un terme de mépris, les gazettiers ont traduit *ridotto* par *redoute*. On lisait parmi les nouvelles importantes de l'Europe, que plusieurs seigneurs de la plus grande considération étaient venus prendre du chocolat chez la princesse *Borghese*, & qu'il y avait eu *redoute*. On avertissait l'Europe qu'il y aurait *redoute* le mardi suivant chez son excellence la marquise de *Santa-fior.*

Mais on s'apperçut qu'en rapportant des nouvelles de guerre on était obligé de parler des véritables redoutes, qui signifient en effet *redoutables*, & dont on tire des coups de canon. Ce terme ne convenait pas aux *ridotti pacifici* ; on est revenu au mot *assemblée* qui est le seul convenable.

On s'est quelquefois servi de celui de *rendez-vous* : mais il est plus fait pour une petite compagnie, & surtout pour deux personnes.

ASTRONOMIE,

ET QUELQUES RÉFLEXIONS SUR L'ASTROLOGIE.

MR. *Du Val* qui a été, si je ne me trompe, bibliothécaire de l'empereur *François I*, a rendu compte de la manière dont un pur instinct dans son enfance lui donna les premières idées d'astronomie. Il contemplait la lune qui en s'abaissant vers le couchant semblait toucher aux derniers arbres d'un bois ; il ne douta pas qu'il ne la trouvât derrière ces arbres ; il y courut,

& fut étonné de la voir au bout de l'horizon.

Les jours suivans la curiosité le força de suivre le cours de cet astre, & il fut encor plus surpris de le voir se lever & se coucher à des heures différentes.

Les formes diverses qu'il prenait de semaine en semaine, sa disparution totale durant quelques nuits, augmentèrent son attention. Tout ce que pouvait faire un enfant était d'observer & d'admirer ; c'était beaucoup ; il n'y en a pas un sur dix mille qui ait cette curiosité & cette persévérance.

Il étudia comme il put pendant une année entière, sans autre livre que le ciel & sans autre maître que ses yeux. Il s'apperçut que les étoiles ne changeaient point entre elles de position. Mais le brillant de l'étoile de *Vénus* fixant ses regards, elle lui parut avoir un cours particulier à-peu-près comme la lune ; il l'observa toutes les nuits, elle disparut longtems à ses yeux, & il la revit enfin devenue l'étoile du matin au-lieu de l'étoile du soir.

La route du soleil qui de mois en mois se levait & se couchait dans des endroits du ciel différens, ne lui échapa pas ; il marqua les solstices avec deux piquets, sans savoir ce que c'était que les solstices.

Il me semble qu'on pourait profiter de cet exemple pour enseigner l'astronomie à un enfant de dix à douze ans, beaucoup plus facilement que cet enfant extraordinaire dont je parle n'en apprit par lui-même les premiers élémens.

C'est d'abord un spectacle très attachant pour un esprit bien disposé par la nature, de voir que les différentes phases de la lune ne sont autre chose que celles d'une boule autour de laquelle on fait tourner un flambeau qui tantôt en laisse voir un quart, tantôt une moitié, & qui la laisse invisible quand on met un corps opaque entre elle & le flambeau. C'est ainsi qu'en usa *Galilée* lorsqu'il expliqua les véritables principes de l'astronomie devant le doge & les sénateurs de *Venise* sur la tour de St. Marc; il démontra tout aux yeux.

En effet, non-seulement un enfant, mais un homme mûr qui n'a vu les constellations que sur des cartes, a beaucoup de peine à les reconnaître quand il les cherche dans le ciel. L'enfant concevra très bien en peu de tems les routes de la course apparente du soleil & de la révolution journalière des étoiles fixes.

Il reconnaîtra surtout les constellations à l'aide de ces quatre vers latins faits par un astronome il y a environ cinquante ans, & qui ne sont pas assez connus.

*Delta aries , perseum taurus, geminique capellam ,
Nil cancer , plaustrum leo , virgo comam, atque bootem
Libra anguem, anguiferum fert scorpius, Antinoum arcus,
Delphinum Caper , amphora equos , Cepheida pisces.*

Les systèmes de *Ptolomée* & de *Ticho-Brahé*, ne méritent pas qu'on lui en parle, puisqu'ils sont faux ; ils ne peuvent jamais servir qu'à expliquer quelques passages des anciens auteurs qui ont rapport aux erreurs de l'antiquité ; par exemple, dans le second livre des *Métamorphoses d'Ovide*, le soleil dit à Phaëton :

*Adde quod assidua rapitur vertigine cælum,
Nitor in adversum nec me qui cætera, vincit
Impetus, & rapido contrarius evehor orbi.*

Un mouvement rapide emporte l'empirée,
Je résiste moi seul ; moi seul je suis vainqueur,
Je marche contre lui dans ma course assurée.

Cette idée d'un premier mobile qui fesait tourner un prétendu firmament en vingt-quatre heures, d'un mouvement impossible, & du soleil qui entrainé par ce premier mobile s'avançait pourtant insensiblement d'occident en orient par un mouvement propre qui n'a aucune cause, ne ferait qu'embarrasser un jeune commençant.

Il suffit qu'il sache que soit que la terre tourne sur elle-même & autour du soleil, soit que le soleil achève sa révolution en une année, les apparences font à-peu-près les mêmes, & qu'en aftronomie on eft obligé de juger par fes yeux avant que d'examiner les chofes en phyficien.

Il connaîtra bien vite la caufe des éclipfes de lune & de foleil, & pourquoi il n'y en a point tous les mois. Il lui femblera d'abord que le foleil fe trouvant chaque mois en oppofition ou en conjonction avec la lune, nous devrions avoir chaque mois une éclipfe de lune & une de foleil. Mais dès qu'il faura que ces deux aftres font rarement fur la même ligne avec la terre, il ne fera plus furpris.

On lui fera aifément comprendre comment on a pu prédire les éclipfes en connaiffant la ligne circulaire, dans laquelle s'accompliffent le mouvement apparent du foleil & le mouvement réel de la lune. On lui dira que les obfervateurs ont fu, par l'expérience & par le calcul, combien de fois ces deux aftres fe font rencontrés précifément dans la même ligne avec la terre en dix-neuf années & quelques heures. Après quoi ces aftres paraiffent recommencer le même cours; de forte qu'en fefant les corrections néceffaires aux petites inégalités qui arrivaient dans ces dix-neuf années, on prédifait au jufte quel jour, quelle heure & quelle minute il y aurait une éclipfe de lune ou de foleil. Ces premiers élémens entrent aifément dans la tête d'un enfant qui a quelque conception.

La précession des équinoxes même ne l'effrayera pas. On se contentera de lui dire que le soleil a paru avancer continuellement dans sa course annuelle d'un degré en soixante & douze ans vers l'orient, & que c'est ce que voulait dire *Ovide* par ce vers que nous avons cités.

Contrarius evehor orbi.
Ma carrière est contraire au mouvement des cieux.

Ainsi le soleil qui entrait autrefois dans le bélier au commencement du printems, est actuellement dans le taureau ; & tous les almanachs ont tort de continuer, par un respect ridicule pour l'antiquité, à placer l'entrée du soleil dans le bélier au premier jour du printems.

Quand on commence à posséder quelques principes d'astronomie, on ne peut mieux faire que de lire les institutions de Mr. *le Monnier* & tous les articles de Mr. *d'Alembert* dans l'Encyclopédie concernant cette science. Si on les rassemblait, ils feraient le traité le plus complet & le plus clair que nous ayons.

Ce que nous venons de dire du changement arrivé dans le ciel, & de l'entrée du soleil dans les autres constellations que celles qu'il occupait autrefois, était le plus fort argument contre les prétendues règles de l'aftrologie judiciaire. Il ne paraît pas cependant qu'on ait fait valoir cette preuve avant notre fiécle pour détruire cette extravagance univerfelle, qui a fi longtems infecté le genre-humain, & qui eft encor fort en vogue dans la Perfe.

Un homme né, felon l'almanach, quand le foleil était dans le figne du lion, devait être néceffairement courageux; mais malheureufement il était né en effet fous le figne de la vierge; ainfi il aurait falu que *Gauric* & *Michel Morin* euffent changé toutes les règles de leur art.

Une chofe affez plaifante, c'eft que toutes les loix de l'aftrologie étaient contraires à celles de l'aftronomie. Les miférables charlatans de l'antiquité & leurs fots difciples, qui ont été fi bien reçus & fi bien payés chez tous les princes de l'Europe, ne parlaient que de *Mars* & de *Vénus* ftationnaires & rétrogrades. Ceux qui avaient *Mars* ftationnaire, devaient être toûjours vainqueurs. *Vénus* ftationnaire rendait tous les amans heureux. Si on était né quand *Vénus* était rétrograde, c'était ce qui pouvait arriver de pis. Mais le fait eft que les aftres n'ont jamais été ni rétrogrades, ni ftationnaires: & il fuffirait d'une légère connaiffance de l'optique pour le démontrer.

Comment donc s'eſt-il pu faire que malgré la phyſique & la géométrie, cette ridicule chimère de l'aſtrologie ait dominé juſqu'à nos jours au point que nous avons vu des hommes diſtingués par leurs connaiſſances, & ſurtout très profonds dans l'hiſtoire, entêtés toute leur vie d'une erreur ſi mépriſable? Mais cette erreur était ancienne, & cela ſuffit.

Les Egyptiens, les Caldéens, les Juifs avaient prédit l'avenir ; donc on peut aujourd'hui le prédire. On enchantait les ſerpens, on évoquait des ombres ; donc on peut aujourd'hui évoquer des ombres & enchanter des ſerpens. Il n'y a qu'à ſavoir bien préciſément la formule dont on ſe ſervait. Si on ne fait plus de prédictions, ce n'eſt pas la faute de l'art, c'eſt la faute des artiſtes. *Michel Morin* eſt mort avec ſon ſecret. C'eſt ainſi que les alchimiſtes parlent de la pierre philoſophale. Si nous ne la trouvons pas aujourd'hui, diſent-ils, c'eſt que nous ne ſommes pas encor aſſez au fait ; mais il eſt certain qu'elle eſt dans la clavicule de *Salomon* ; & avec cette belle certitude, plus de deux cent familles ſe ſont ruinées en Allemagne & en France.

ATHÉISME.

SECTION PREMIÈRE.

De la comparaison si souvent faite entre l'athéisme & l'idolâtrie.

IL me semble que dans le Dictionnaire encyclopédique on ne réfute pas aussi fortement qu'on l'aurait pu le sentiment du jésuite *Richeome*, sur les athées & sur les idolâtres ; sentiment soutenu autrefois par *St. Thomas*, *St. Grégoire* de Nazianze, *St. Cyprien* & *Tertullien* ; sentiment qu'*Arnobe* étalait avec beaucoup de force quand il disait aux payens, *ne rougissez-vous pas de nous reprocher notre mépris pour vos Dieux, & n'est-il pas beaucoup plus juste de ne croire aucun Dieu, que de leur imputer des actions infames ?* sentiment établi longtems auparavant par Plutarque qui dit, *qu'il aime beaucoup mieux qu'on dise qu'il n'y a point de* Plutarque *que si on disait, il y a un* Plutarque *inconstant, colère & vindicatif* ; sentiment enfin fortifié par tous les efforts de la dialectique de *Bayle*.

Voici le fond de la dispute, mis dans un jour assez éblouissant par le jésuite *Richeome* ;

& rendu encor plus spécieux par la manière dont Bayle le fait valoir.

„ Il y a deux portiers à la porte d'une
„ maison; on leur demande, peut-on parler
„ à votre maître ? il n'y est pas, répond l'un ;
„ il y est, répond l'autre ; mais il est occupé
„ à faire de la fausse monnoie, de faux
„ contracts, des poignards & des poisons,
„ pour perdre ceux qui n'ont fait qu'accom-
„ plir ses desseins. L'athée ressemble au pre-
„ mier de ces portiers, le payen à l'autre.
„ Il est donc visible que le payen offense
„ plus griévement la Divinité que ne fait
„ l'athée.

Avec la permission du père *Richeome* & même de *Bayle*, ce n'est point là du tout l'état de la question. Pour que le premier portier ressemble aux athées, il ne faut pas qu'il dise, mon maître n'est point ici ; il faudrait qu'il dît, Je n'ai point de maître ; celui que vous prétendez mon maître n'existe point ; mon camarade est un sot, qui vous dit que monsieur est occupé à composer des poisons & à éguiser des poignards pour assassiner ceux qui ont exécuté ses volontés. Un tel être n'existe point dans le monde.

Richeome a donc fort mal raisonné, & *Bayle* dans ses discours un peu diffus, s'est oublié jusqu'à faire à *Richeome* l'honneur de le commenter fort mal-à-propos.

ATHÉISME. Sect. I. 285

Plutarque semble s'exprimer bien mieux en préférant les gens qui assurent qu'il n'y a point de *Plutarque* à ceux qui prétendent que *Plutarque* est un homme insociable. Que lui importe en effet qu'on dise qu'il n'est pas au monde ? mais il lui importe beaucoup qu'on ne flétrisse pas sa réputation. Il n'en est pas ainsi de l'Etre-suprême.

Plutarque n'entame pas encor le véritable objet qu'il faut traiter. Il ne s'agit pas de savoir qui offense le plus l'Etre-suprême de celui qui le nie, ou de celui qui le défigure. Il est impossible de savoir autrement que par la révélation, si DIEU est offensé des vains discours que les hommes tiennent de lui.

Les philosophes, sans y penser, tombent presque toûjours dans les idées du vulgaire, en supposant que DIEU est jaloux de sa gloire, qu'il est colère, qu'il aime la vengeance, & en prenant des figures de rhétorique pour des idées réelles. L'objet intéressant pour l'univers entier, est de savoir s'il ne vaut pas mieux pour le bien de tous les hommes admettre un DIEU rémunérateur & vengeur, qui récompense les bonnes actions cachées, & qui punit les crimes secrets, que de n'en admettre aucun.

Bayle s'épuise à rapporter toutes les infamies que la fable impute aux Dieux de l'antiquité. Ses adversaires lui répondent par des lieux communs qui ne signifient rien. Les partisans de *Bayle* & ses ennemis, ont presque toûjours combattu sans se rencontrer. Ils conviennent tous que *Jupiter* était un adultère; *Vénus* une impudique, *Mercure* un fripon. Mais ce n'est pas, à ce qu'il me semble, ce qu'il falait considérer. On devait distinguer les métamorphoses d'Ovide de la religion des anciens Romains. Il est très certain qu'il n'y a jamais eu de temple ni chez eux, ni même chez les Grecs dédié à *Mercure* le fripon, à *Vénus* l'impudique, à *Jupiter* l'adultère.

Le Dieu que les Romains appellaient, *Deus optimus maximus*, très bon, très grand, n'était pas censé encourager *Clodius* à coucher avec la femme de *César*; ni *César* à être le giton du roi *Nicomède*.

Cicéron ne dit point que *Mercure* excita *Verres* à voler la Sicile, quoique *Mercure* dans la fable eût volé les vaches d'*Apollon*. La véritable religion des anciens était que Jupiter *très bon & très juste*, & les Dieux secondaires, punissaient le parjure dans les enfers. Aussi les Romains furent très longtems les plus religieux observateurs des fermens. La religion fut donc très utile aux Romains. Il n'était point du tout ordonné de croire aux deux œufs de *Léda*, au changement de la fille d'*Inachus* en vache, à l'amour d'*Apollon* pour *Hyacinte*.

Il ne faut donc pas dire que la religion de *Numa* deshonorait la Divinité. On a donc longtems disputé sur une chimère ; & c'est ce qui n'arrive que trop souvent.

On demande ensuite si un peuple d'athées peut subsister ; il me semble qu'il faut distinguer entre le peuple proprement dit, & une société de philosophes au dessus du peuple. Il est très vrai que par tout pays la populace a besoin du plus grand frein ; & que si *Bayle* avait eu seulement cinq ou six cent paysans à gouverner, il n'aurait pas manqué de leur annoncer un DIEU rémunérateur & vengeur. Mais *Bayle* n'en aurait pas parlé aux épicuriens qui étaient des gens riches, amoureux du repos, cultivant toutes les vertus sociales & surtout l'amitié, fuyant l'embarras & le danger des affaires publiques, menant enfin une vie commode & innocente. Il me parait qu'ainsi la dispute est finie quant à ce qui regarde la société & la politique.

Pour les peuples entiérement sauvages, on a déja dit qu'on ne peut les compter ni parmi les athées, ni parmi les théïstes. Leur demander leur croyance, ce serait autant que leur demander s'ils sont pour *Aristote* ou pour *Démocrite* ; ils ne connaissent rien ; ils ne sont pas plus athées que péripatéticiens.

Mais on peut insister, on peut dire, ils vivent en société ; & ils sont sans DIEU ;

donc on peut vivre en société sans religion.

En ce cas je répondrai que les loups vivent ainsi, & que ce n'est pas une société qu'un assemblage de barbares antropophages tels que vous les supposez. Et je vous demanderai toûjours si, quand vous avez prêté votre argent à quelqu'un de votre société, vous voudriez que ni votre débiteur, ni votre procureur, ni votre notaire, ni votre juge ne crussent pas en Dieu.

SECTION SECONDE.

Des athées modernes. Raisons des adorateurs de Dieu.

Nous sommes des êtres intelligens ; or des êtres intelligens ne peuvent avoir été formés par un être brut, aveugle, insensible : il y a certainement quelque différence entre les idées de *Newton* & des crottes de mulet. L'intelligence de *Newton* venait donc d'une autre intelligence.

Quand nous voyons une belle machine, nous disons qu'il y a un bon machiniste, & que ce machiniste a un excellent entendement. Le monde est assurément une machine admirable ; donc il y a dans le monde une admirable intelligence quelque part où elle soit. Cet argument est vieux, & n'en est pas plus mauvais.

Tous

Tous les corps vivans font compofés de leviers, de poulies qui agiffent fuivant les loix de la méchanique, de liqueurs que les loix de l'hydroftatique font perpétuellement circuler; & quand on fonge que tous ces êtres ont du fentiment qui n'a aucun rapport à leur organifation, on eft accablé de furprife.

Le mouvement des aftres, celui de notre petite terre autour du foleil, tout s'opère en vertu des loix de la mathématique la plus profonde. Comment *Platon* qui ne connaiffait pas une de ces loix, l'éloquent, mais le chimérique *Platon* qui difait que la terre était fondée fur un triangle équilatère, & l'eau fur un triangle rectangle, l'étrange *Platon* qui dit qu'il ne peut y avoir que cinq mondes, parce qu'il n'y a que cinq corps réguliers; comment, dis-je, *Platon* qui ne favait pas feulement la trigonométrie fphérique, a t-il eu cependant un génie affez beau, un inftinct affez heureux pour appeler DIEU *l'éternel géomètre*; pour fentir qu'il exifte une intelligence formatrice? *Spinofa* lui-même l'avoue. Il eft impoffible de fe débattre contre cette vérité qui nous environne & qui nous preffe de tous côtés.

RAISONS DES ATHÉES.

J'ai cependant connu des mutins qui difent qu'il n'y a point d'intelligence formatrice, & que le mouvement feul a formé par

Seconde partie. T

lui-même tout ce que nous voyons & tout ce que nous sommes. Ils vous disent hardiment, la combinaison de cet univers était possible puisqu'elle existe ; donc il était possible que le mouvement seul l'arrangeât. Prenez quatre astres seulement, *Mars*, *Vénus*, *Mercure* & *la terre*, ne songeons d'abord qu'à la place où ils sont, en fesant abstraction de tout le reste, & voyons combien nous avons de probabilités pour que le seul mouvement les mette à ces places respectives. Nous n'avons que vingt-quatre chances dans cette combinaison; c'est-à-dire, il n'y a que vingt-quatre contre un à parier, que ces astres se trouveront où ils sont, les uns par rapport aux autres. Ajoutons à ces quatre globes celui de *Jupiter* ; il n'y aura que cent vingt contre un à parier, que *Jupiter*, *Mars*, *Vénus*, *Mercure* & notre globe, seront placés où nous les voyons.

Ajoutez-y enfin *Saturne*, il n'y aura que sept cent vingt hazards contre un, pour mettre ces six grosses planètes dans l'arrangement qu'elles gardent entre elles, selon leurs distances données. Il est donc démontré qu'en sept cent vingt jets, le seul mouvement a pu mettre ces six planètes principales dans leur ordre.

Prenez ensuite tous les astres secondaires, toutes leurs combinaisons, tous leurs mouvemens, tous les êtres qui végétent, qui vivent, qui fentent, qui penfent, qui agif-fent dans tous les globes, vous n'aurez qu'à augmenter le nombre des chances; multipliez ce nombre dans toute l'éternité, jufqu'au nombre que notre faibleffe appelle *infini*, il y aura toûjours une unité en faveur de la formation du monde, (tel qu'il eft) par le feul mouvement; donc, il eft poffible que dans toute l'éternité le feul mouvement de la matière ait produit l'univers entier tel qu'il exifte. Il eft mème néceffaire que dans l'éternité cette combinaifon arrive. Ainfi, difent-ils, non-feulement il eft poffible que le monde foit tel qu'il eft par le feul mouvement; mais il était impoffible qu'il ne fût pas de cette façon après des combinaifons infinies.

Réponfe.

Toute cette fuppofition me parait prodigieufement chimérique pour deux raifons; la première, c'eft que dans cet univers il y a des êtres intelligens, & que vous ne fauriez prouver qu'il foit poffible que le feul mouvement produife l'entendement. La feconde, c'eft que de votre propre aveu il y a l'infini contre un à parier, qu'une caufe intelligente formatrice anime l'univers. Quand on eft tout feul vis-à-vis l'infini, on eft bien pauvre.

Encore une fois, *Spinofa* lui-mème, admet cette intelligence; c'eft la bafe de fon fyftème. Vous ne l'avez pas lu, & il faut le lire. Pourquoi voulez-vous aller plus loin que lui, & plonger par un sot orgueil votre faible raison dans un abîme où *Spinofa* n'a pas ofé defcendre ? fentez-vous bien l'extrême folie de dire que c'eft une caufe aveugle qui fait que le quarré d'une révolution d'une planète eft toûjours au quarré des révolutions des autres planètes, comme le cube de fa diftance eft au cube des diftances des autres au centre commun ? Ou les aftres font de grands géomètres, ou l'éternel géomètre a arrangé les aftres.

Mais, où eft l'éternel géomètre ? eft-il en un lieu ou en tout lieu fans occuper d'efpace ? je n'en fais rien. Eft-ce de fa propre fubftance qu'il a arrangé toutes chofes ? je n'en fais rien. Eft-il immenfe fans quantité & fans qualité ? je n'en fais rien. Tout ce que je fais, c'eft qu'il faut l'adorer & être jufte.

Nouvelle objection d'un athée moderne.

„ Peut-on dire que les parties des ani-
„ maux foient conformées felon leurs be-
„ foins : quels font ces befoins ? la confer-
„ vation & la propagation. Or faut-il s'é-
„ tonner que des combinaifons infinies que
„ le hazard a produites, il n'ait pu fubfifter
„ que celles qui avaient des organes propres

„ à la nourriture & à la continuation de leur
„ espèce ? toutes les autres n'ont-elles pas
„ dû nécessairement périr ?

Réponse.

Ce discours rebattu d'après *Lucrèce*, est assez réfuté par la sensation donnée aux animaux & par l'intelligence donnée à l'homme. Comment des combinaisons *que le hazard a produites*, produiraient-elles cette sensation & cette intelligence ? (ainsi qu'on vient de le dire au paragraphe précédent.) Oui, sans doute, les membres des animaux sont faits pour tous leurs besoins avec un art incompréhensible, & vous n'avez pas même la hardiesse de le nier. Vous n'en parlez plus. Vous sentez que vous n'avez rien à répondre à ce grand argument que la nature fait contre vous. La disposition d'une aile de mouche, les organes d'un limaçon suffisent pour vous atterrer.

Objection.

„ Les physiciens modernes n'ont fait qu'é-
„ tendre ces prétendus argumens, ils les ont
„ souvent poussés jusqu'à la minutie & à
„ l'indécence. On a trouvé D<small>IEU</small> dans les
„ plis de la peau du rhinoceros : on pou-
„ vait, avec le même droit, nier son exis-
„ tence à cause de l'écaille de la tortue.

Réponse.

Quel raisonnement ! La tortue & le rhinoceros, & toutes les différentes espèces, prouvent également dans leurs variétés infinies, la même cause, le même dessein, le même but qui sont la conservation, la génération & la mort. L'unité se trouve dans cette infinie variété ; l'écaille & la peau rendent également témoignage. Quoi ! nier DIEU parce que l'écaille ne ressemble pas à du cuir ! Et des journalistes ont prodigué à ces inepties des éloges qu'ils n'ont pas donnés à des *Newton* & à *Locke*, tous deux adorateurs de la Divinité en connaissance de cause !

Objection.

„ A quoi sert la beauté & la convenance
„ dans la construction du serpent ? Il peut,
„ dit-on, avoir des usages que nous igno-
„ rons. Taisons-nous donc au moins ; &
„ n'admirons pas un animal que nous ne
„ connaissons que par le mal qu'il fait.

Réponse.

Taisez-vous donc aussi, puisque vous ne concevez pas son utilité plus que moi ; ou avouez que tout est admirablement proportionné dans les reptiles. Il y en a de venimeux, vous l'avez été vous-même. Il ne s'agit ici que de l'art prodigieux qui a formé les serpens, les quadrupèdes, les oiseaux, les poissons & les bipèdes. Cet art est assez manifeste. Vous demandez pourquoi le serpent nuit? Et vous, pourquoi avez-vous nui tant de fois? Pourquoi avez-vous été persécuteur, ce qui est le plus grand des crimes pour un philosophe? C'est une autre question, c'est celle du mal moral & du mal physique. Il y a longtems qu'on demande pourquoi il y a tant de serpens & tant de méchans hommes pires que les serpens? Si les mouches pouvaient raisonner, elles se plaindraient à Dieu de l'existence des araignées; mais elles avoueraient ce que *Minerve* avoua d'*Aracné* dans la fable, qu'elle arrange merveilleusement sa toile.

Il faut donc absolument reconnaître une intelligence ineffable que *Spinosa* même admettait. Il faut convenir qu'elle éclate dans le plus vil insecte comme dans les astres. Et à l'égard du mal moral & physique, que dire & que faire? Se consoler par la jouissance du bien physique & moral, en adorant l'Etre éternel qui a fait l'un & permis l'autre.

Encor un mot sur cet article. L'athéïsme est le vice de quelques gens d'esprit; & la superstition le vice des sots. Mais les fripons! que font-ils? des fripons.

Nous croyons ne pouvoir mieux faire que de transcrire ici une piéce de vers chrétiens, faits à l'occasion d'un livre d'athéïsme sous le nom des *trois imposteurs*, qu'un Mr. de *Trawſ-mandorf* prétendit avoir retrouvé.

ÉPITRE A L'AUTEUR DU LIVRE DES TROIS IMPOSTEURS,

Inſipide écrivain qui crois à tes lecteurs
Crayonner les portraits de tes trois impoſteurs,
D'où vient que ſans eſprit tu fais le quatriéme ?
Pourquoi pauvre ennemi de l'eſſence ſuprême,
Confonds-tu Mahomet avec le créateur ;
Et les œuvres de l'homme avec Dieu ſon auteur ?...
Corrige le valet, mais reſpecte le maître :
Dieu ne doit point pâtir des ſotiſes du prêtre ;
Reconnaiſſons ce Dieu quoique très mal ſervi.

De lézards & de rats mon logis eſt rempli,
Mais l'architecte exiſte, & quiconque le nie,
Sous le manteau du ſage eſt atteint de manie.
Conſulte Zoroaſtre, & Minos, & Solon,
Et le martyr Socrate, & le grand Cicéron;
Ils ont adoré tous un maitre, un juge, un père;
Ce ſyſtême ſublime à l'homme eſt néceſſaire.
C'eſt le ſacré lien de la ſociété,
Le premier fondement de la ſainte équité,
Le frein du ſcelerat, l'eſpérance du juſte.

Si les cieux dépouillés de ſon empreinte auguſte
Pouvaient ceſſer jamais de le manifeſter,
Si Dieu n'exiſtait pas, il faudrait l'inventer.
Que le ſage l'annonce, & que les rois le craignent;

Rois, si vous m'opprimez, si vos grandeurs dédaignent
Les pleurs de l'innocent que vous faites couler,
Mon vengeur est au ciel ; apprenez à trembler.
Tel est au moins le fruit d'une utile croyance.

   Mais toi, raisonneur faux, dont la triste imprudence
Dans le chemin du crime ose les rassurer,
De tes beaux argumens quel fruit peux-tu tirer ?
Tes enfans à ta voix seront-ils plus dociles ?
Tes amis au besoin plus sûrs & plus utiles ?
Ta femme plus honnête ? & ton nouveau fermier,
Pour ne pas croire en Dieu, va-t-il mieux te payer ?…
Ah ! laissons aux humains la crainte & l'espérance.

   Tu m'objectes en vain l'hypocrite insolence
De ces fiers charlatans aux honneurs élevés,
Nourris de nos travaux, de nos pleurs abreuvés ;
Des Césars avilis la grandeur usurpée,
Un prêtre au capitole où triompha Pompée ;
Des faquins en sandale, excrément des humains,
Trempant dans notre sang leurs détestables mains ;
Cent villes à leur voix couvertes de ruines ;
Et de Paris sanglant les horribles matines.
Je connais mieux que toi ces affreux monumens.
Je les ai sous ma plume exposés cinquante ans.
Mais de ce fanatisme ennemi formidable,
J'ai fait adorer Dieu, quand j'ai vaincu le diable.
Je distinguai toûjours de la religion
Les malheurs qu'apporta la superstition.
L'Europe m'en sut gré ; vingt têtes couronnées

Daignèrent applaudir mes veilles fortunées,
Tandis que Patouillet m'injuriait en vain.

J'ai fait plus en mon tems que Luther & Calvin;
On les vit oppofer par une erreur fatale
Les abus aux abus, le scandale au scandale;
Parmi les factions, ardens à se jetter,
Ils condamnaient le pape, & voulaient l'imiter.
L'Europe par eux tous fut longtems défolée.
Ils ont troublé la terre & je l'ai consolée.
J'ai dit aux disputans l'un sur l'autre acharnés,
Ceffez impertinens, ceffez infortunés;
Très fots enfans de Dieu, chériffez-vous en frères:
Et ne vous mordez plus pour d'abfurdes chimères.
Les gens de bien m'ont cru : les fripons écrafés,
En ont pouffé des cris du fage méprifés;
Et dans l'Europe enfin l'heureux tolérantifme,
De tout efprit bien fait devient le catéchifme.

Je vois venir de loin ces tems, ces jours fereins,
Où la philofophie éclairant les humains,
Doit les conduire en paix aux pieds du commun maître.
Le fanatifme affreux tremblera d'y paraître;
On aura moins de dogme avec plus de vertu.

Si quelqu'un d'un emploi veut être revêtu,
Il n'amènera plus deux témoins à fa fuite, *a*)
Jurer quelle eft fa foi, mais quelle eft fa conduite.

---

a) En France, pour être reçu procureur, notaire, greffier, il faut deux témoins, qui dépofent de la catholicité du récipiendaire.

A l'attrayante sœur d'un gros bénéficier,
Un amant huguenot poura se marier :
Des tréfors de Lorette amaffés pour Marie,
On verra l'indigence habillée & nourie :
Les enfans de Sara, que nous traitons de chiens,
Mangeront du jambon fumé par des chrétiens.
Le Turc fans s'informer fi l'iman lui pardonne,
Chez l'abbé Tamponet ira boire en Sorbonne.
Entre les beaux efprits on verra l'union;
Mais qui poura jamais fouper avec Fréron ?

SECTION TROISIÉME.

Des injuftes accufations, & de la juftification de Vanini.

Autrefois quiconque avait un fecret dans un art, courait rifque de paffer pour un forcier ; toute nouvelle fecte était accufée d'égorger des enfans dans fes myftères ; & tout philofophe qui s'écartait du jargon de l'école, était accufé d'athéïfme par les fanatiques & par les fripons, & condamné par les fots.

Anaxagore ofe-t-il prétendre que le foleil n'eft point conduit par *Apollon*, monté fur un quadrige ? on l'appelle *athée*, & il eft contraint de fuïr.

Ariftote eft accufé d'athéïfme par un prêtre ; & ne pouvant faire punir fon accufateur, il fe retire à Calcis. Mais la mort de *Socrate* est ce que l'histoire de la Grèce a de plus odieux.

Aristophane, (cet homme que les commentateurs admirent, parce qu'il était Grec, ne songeant pas que *Socrate* était Grec aussi) *Aristophane* fut le premier qui accoutuma les Athéniens à regarder *Socrate* comme un athée.

Ce poëte comique, qui n'est ni comique ni poëte, n'aurait pas été admis parmi nous à donner ses farces à la foire St. Laurent; il me paraît beaucoup plus bas & plus méprisable que *Plutarque* ne le dépeint. Voici ce que le sage Plutarque dit de ce farceur : „Le langage
„ d'*Aristophane* sent son misérable charlatan;
„ ce sont les pointes les plus basses & les plus
„ dégoûtantes ; il n'est pas même plaisant
„ pour le peuple, & il est insupportable aux
„ gens de jugement & d'honneur ; on ne
„ peut souffrir son arrogance, & les gens de
„ bien détestent sa malignité. "

C'est donc là, pour le dire en passant, le *Tabarin* que madame *Dacier* admiratrice de *Socrate*, ose admirer : Voilà l'homme qui prépara de loin le poison, dont des juges infames firent périr l'homme le plus vertueux de la Grèce.

Les tanneurs, les cordonniers & les couturières d'Athènes applaudirent à une farce dans laquelle on représentait *Socrate* élevé en l'air dans un panier, annonçant qu'il n'y avait point de DIEU, & se vantant d'avoir volé un manteau en enseignant la philosophie. Un peuple entier, dont le mauvais gouvernement autorisait de si infames licences, méritait bien ce qui lui est arrivé, de devenir l'esclave des Romains, & de l'être aujourd'hui des Turcs. Les Russes que la Grece aurait autrefois appellés *barbares*, & qui la protègent aujourd'hui, n'auraient ni empoisonné *Socrate* ni condamné à mort *Alcibiade*.

Franchissons tout l'espace des tems entre la république Romaine & nous. Les Romains bien plus sages que les Grecs, n'ont jamais persécuté aucun philosophe pour ses opinions. Il n'en est pas ainsi chez les peuples barbares qui ont succédé à l'empire Romain. Dès que l'empereur *Frédéric II* a des querelles avec les papes, on l'accuse d'être athée, & d'être l'auteur du livre des *trois imposteurs*, conjointement avec son chancelier de Vineis.

Notre grand chancelier de *l'Hôpital* se déclare-t-il contre les persécutions; on l'accuse aussi-tôt d'athéisme. b) *Homo doctus, sed verus atheos.* Un jésuite, autant au-dessous d'*Aristophane*, qu'*Aristophane* est au-dessous d'*Homère*; un malheureux dont le nom est devenu ridicule parmi les fanatiques mêmes, le jésuite *Garasse*, en un mot, trouve partout des *athéistes*; c'est ainsi qu'il nomme

---

b) *Commentarium rerum Gallicarum*, L. 28.

tous ceux contre lesquels il se déchaîne. Il appelle *Théodore de Bèze* athéïste ; c'est lui qui a induit le public en erreur sur *Vanini*.

La fin malheureuse de *Vanini* ne nous émeut point d'indignation & de pitié comme celle de *Socrate* ; parce que *Vanini* n'était qu'un pédant étranger sans mérite ; mais enfin, *Vanini* n'était point athée, comme on l'a prétendu ; il était précisément tout le contraire.

C'était un pauvre prêtre Napolitain, prédicateur & théologien de son métier ; disputeur à outrance sur les quiddités, & sur les universaux ; *& utrum chimera bombinans in vacuo possit comedere secundas intentiones*. Mais d'ailleurs, il n'y avait en lui veine qui tendît à l'athéïsme. Sa notion de DIEU est de la théologie la plus saine, & la plus approuvée ; „ DIEU est son principe & sa fin, père
„ de l'une & de l'autre, & n'ayant besoin ni
„ de l'une, ni de l'autre ; Eternel sans être dans
„ le tems ; présent partout sans être en au-
„ cun lieu. Il n'y a pour lui ni passé, ni
„ futur ; il est partout, & hors de tout ;
„ gouvernant tout, & ayant tout créé ; im-
„ muable, infini sans parties ; son pouvoir
„ est sa volonté, &c. "

Vanini se piquait de renouveller ce beau sentiment de *Platon*, embrassé par *Averroës*, que DIEU avait créé une chaîne d'êtres depuis le plus petit jusqu'au plus grand, dont le dernier chaînon est attaché à son trône éternel ; idée, à la vérité, plus sublime que vraie, mais qui est aussi éloignée de l'athéisme que l'être du néant.

Il voyagea pour faire fortune & pour disputer ; mais malheureusement la dispute est le chemin opposé à la fortune ; on se fait autant d'ennemis irréconciliables qu'on trouve de savans ou de pédans, contre lesquels on argumente. Il n'y eut point d'autre source du malheur de *Vanini* ; sa chaleur & sa grossiéreté dans la dispute lui valut la haine de quelques théologiens ; & ayant eu une querelle avec un nommé *Francon* ou *Franconi*, ce *Francon* ami de ses ennemis, ne manqua pas de l'accuser d'être athée enseignant l'athéisme.

Ce *Francon*, ou *Franconi*, aidé de quelques témoins, eut la barbarie de soutenir à la confrontation ce qu'il avait avancé. *Vanini*, sur la sellette, interrogé sur ce qu'il pensait de l'existence de Dieu, répondit qu'il adorait avec l'église un Dieu en trois personnes. Ayant pris à terre une paille, Il suffit de ce fetu, dit-il, pour prouver qu'il y a un créateur. Alors il prononça un très beau discours sur la végétation & le mouvement, & sur la nécessité d'un Etre suprême, sans lequel il n'y aurait ni mouvement ni végétation.

Le président *Grammont* qui était alors à Toulouse, rapporte ce discours dans son *Histoire de France*, aujourd'hui si oubliée ;

& ce même *Grammont*, par un préjugé inconcevable, prétend que *Vanini* difait tout cela *par vanité, ou par crainte, plutôt que par une perfuafion intérieure*.

Sur quoi peut être fondé ce jugement téméraire & atroce du préfident *Grammont* ? Il eft évident que fur la réponfe de *Vanini*, on devait l'abfoudre de l'accufation d'athéifme. Mais qu'arriva-t-il ? Ce malheureux prêtre étranger fe mêlait auffi de médecine; on trouva un gros crapaud vivant, qu'il confervait chez lui dans un vafe plein d'eau; on ne manqua pas de l'accufer d'être forcier. On foutint que ce crapaud était le Dieu qu'il adorait, on donna un fens impie à plufieurs paffages de fes livres, ce qui eft très aifé & très commun, en prenant les objections pour les réponfes, en interprétant avec malignité quelque phrafe louche, en empoifonnant une expreffion innocente. Enfin la faction qui l'opprimait, arracha des juges l'arrêt qui condamna ce malheureux a la mort.

Pour juftifier cette mort, il falait bien accufer cet infortuné de ce qu'il y avait de plus affreux. Le minime &. très minime *Merfenne* a pouffé la démence jufqu'à imprimer, que Vanini *était parti de Naples avec douze de fes apôtres, pour aller convertir toutes les nations à l'athéïfme*. Quelle pitié ! Comment un pauvre prêtre aurait-il pu avoir douze hommes à fes gages ? comment

ment aurait-il pu perſuader douze Napolitains de voyager à grands frais pour répandre partout cette abominable & révoltante doctrine au péril de leur vie ? Un roi ſerait-il aſſez puiſſant pour payer douze prédicateurs d'athéiſme ? Perſonne, avant le père *Merſenne*, n'avait avancé une ſi énorme abſurdité. Mais après lui on l'a répétée, on en a infecté les journaux, les dictionnaires hiſtoriques ; & le monde qui aime l'extraordinaire, a cru ſans examen cette fable.

Bayle lui-même, dans ſes *Penſées diverſes*, parle de *Vanini* comme d'un athée : il ſe ſert de cet exemple pour appuyer ſon paradoxe qu'*une ſociété d'athées peut ſubſiſter* ; il aſſure que *Vanini* était un homme de mœurs très réglées, & qu'il fut le martyr de ſon opinion philoſophique. Il ſe trompe également ſur ces deux points. Le prêtre *Vanini* nous apprend dans ſes dialogues faits à l'imitation d'*Éraſme*, qu'il avait eu une maîtreſſe nommée *Iſabelle*. Il était libre dans ſes écrits comme dans ſa conduite ; mais il n'était point athée.

Un ſiécle après ſa mort, le ſavant *La Croze*, & celui qui a pris le nom de *Philalète*, ont voulu le juſtifier ; mais comme perſonne ne s'intéreſſe à la mémoire d'un malheureux Napolitain, très mauvais auteur, preſque perſonne ne lit ces apologies.

Le jéſuite *Hardouin*, plus ſavant que *Ga-*

rasse, & non moins téméraire, accuse d'athéïsme, dans son livre *Athei detecti*, les Descartes, les Arnaulds, les Pascals, les Malebranches; heureusement ils n'ont pas eu le sort de *Vanini*.

SECTION QUATRIÉME.

De Bonaventure Des-Périers, *accusé d'athéïsme.*

L'inquiétude, la vivacité, la loquacité, la pétulance française supposa toûjours plus de crimes qu'elle n'en commit. C'est pourquoi il meurt rarement un prince chez *Mézerai* sans qu'on lui ait donné le boucon. Le jésuite *Garasse*, & le jésuite *Hardouin* trouvent partout des athéïstes. Force moines, ou gens pires que moines, craignant la diminution de leur crédit, ont été des sentinelles, criant toûjours qui vive, l'ennemi est aux portes, graces soient rendues à DIEU de ce que nous avons bien moins de gens niant DIEU qu'on ne l'a dit.

Un des premiers exemples en France de la persécution fondée sur des terreurs paniques, fut le vacarme étrange qui dura si longtems au sujet du *cimbalum mundi*, petit livret d'une cinquantaine de pages tout au plus. L'auteur, *Bonaventure Des-Périers*, vivait au commencement du seiziéme siécle. Ce *Des-Périers* était domestique de *Marguerite de Valois* sœur de *François I.* Les lettres commençaient alors à renaître. *Des-Périers* voulut faire en latin quelques dialogues dans le goût de *Lucien*: il compofa quatre dialogues très infipides fur les prédictions, fur la pierre philofophale, fur un cheval qui parle, fur les chiens d'*Actéon*. Il n'y a pas affurément dans tout ce fatras de plat écolier, un feul mot qui ait le moindre & le plus éloigné rapport aux chofes que nous devons révérer.

On perfuada à quelques docteurs qu'ils étaient défignés par les chiens & par les chevaux. Pour les chevaux ils n'étaient pas accoutumés à cet honneur. Les docteurs aboyèrent; auffi-tôt l'ouvrage fut recherché, traduit en langue vulgaire & imprimé: & chaque fainéant d'y trouver des allufions, & les docteurs de crier à l'hérétique, à l'impie, à l'athée. Le livret fut déféré aux magiftrats, le libraire *Morin* mis en prifon, & l'auteur en de grandes angoiffes.

L'injuftice de la perfécution frappa fi fortement le cerveau de *Bonaventure*, qu'il fe tua de fon épée dans le palais de *Marguerite*. Toutes les langues des prédicateurs, toutes les plumes des théologiens s'exercèrent fur cette mort funefte. Il s'eft défait lui-même, donc il était coupable, donc il ne croyait point en DIEU, donc fon petit livre, que perfonne n'avait pourtant la patience de lire, était le catéchifme des athées; chacun le dit, chacun le crut : *credidi propter quod locutus sum*, j'ai cru parce que j'ai parlé, est la devise des hommes. On répète une sotise, & à force de la redire on en est persuadé.

Le livre devint d'une rareté extrême; nouvelle raison pour le croire infernal. Tous les auteurs d'anecdotes littéraires, & des dictionnaires, n'ont pas manqué d'affirmer que le *cimbalum mundi* est le précurseur de *Spinosa*.

Nous avons encor un ouvrage d'un conseiller de Bourges, nommé *Catherinot*, très digne des armes de Bourges : ce grand juge dit, nous avons deux livres impies que je n'ai jamais vus, l'un *de tribus impostoribus*, l'autre le *cimbalum mundi*. Eh! mon ami, si tu ne les as pas vus, pourquoi en parles-tu ?

Le minime *Mersenne*, ce facteur de *Descartes*, le même qui donne douze apôtres à *Vanini*, dit de Bonaventure Des-Périers, *c'est un monstre & un fripon, d'une impiété achevée*. Vous remarquerez qu'il n'avait pas lu son livre. Il n'en restait plus que deux exemplaires dans l'Europe quand *Prosper Marchand* le réimprima à Amsterdam en 1711. Alors le voile fut tiré, on ne cria plus à l'impiété, à l'athéisme : on cria à l'ennui, & on n'en parla plus.

DE THÉOPHILE.

Il en a été de même de *Théophile*, très célèbre dans son tems ; c'était un jeune homme de bonne compagnie, fesant très facilement des vers médiocres, mais qui eurent de la réputation ; très instruit dans les belles-lettres, écrivant purement en latin ; homme de table autant que de cabinet, bien venu chez les jeunes seigneurs qui se piquaient d'esprit, & surtout chez cet illustre & malheureux duc de *Montmorenci* qui, après avoir gagné des batailles, mourut sur un échaffaut.

S'étant trouvé un jour avec deux jésuites, & la conversation étant tombée sur quelques points de la malheureuse philosophie de son tems, la dispute s'aigrit. Les jésuites substituèrent les injures aux raisons. Théophile était poete & Gascon, *genus irritabile vatum & Vasconum*. Il fit une petite piéce de vers où les jésuites n'étaient pas trop bien traités ; en voici trois qui coururent toute la France :

> Cette grande & noire machine,
> Dont le souple & le vaste corps
> Etend ses bras jusqu'à la Chine.

Théophile même les rappelle dans une épître en vers, écrite de sa prison au roi *Louis XIII*. Tous les jésuites se déchaînèrent contre lui. Les deux plus furieux, *Garasse* & *Guérin*, déshonorèrent la chaire & violèrent les loix en le nommant dans leurs sermons, en le traitant d'athée & d'homme abominable, en excitant contre lui toutes leurs dévotes.

Un jésuite plus dangereux, nommé *Voisin*, qui n'écrivait ni ne prêchait, mais qui avait un grand crédit auprès du cardinal de *la Rochefoucault*, intenta un procès criminel à *Théophile*, & suborna contre lui un jeune débauché nommé *Sajeot* qui avait été son écolier, & qui passait pour avoir servi à ses plaisirs infames, ce que l'accusé lui reprocha à la confrontation. Enfin le jésuite *Voisin* obtint par la faveur du jésuite *Caussin* confesseur du roi, un décret de prise de corps contre *Théophile* sur l'accusation d'impiété & d'athéïsme. Le malheureux prit la fuite, on lui fit son procès par contumace, il fut brûlé en effigie en 1621. Qui croirait que la rage des jésuites ne fut pas encor assouvie! *Voisin* paya un lieutenant de la connétablie nommé *le Blanc* pour l'arrêter dans le lieu de sa retraite en Picardie. On l'enferma chargé de fers dans un cachot aux acclamations de la populace, à qui *le Blanc* criait, C'est un athée que nous allons brûler. De-là on le mena à Paris à la conciergerie, où il fut mis dans le cachot de *Ravaillac*. Il y resta une année entière, pendant laquelle les jésuites prolongèrent son procès pour chercher contre lui des preuves.

Pendant qu'il était dans les fers, *Garasse* publiait sa doctrine curieuse, dans laquelle il dit que *Pasquier*, le cardinal *Volsey*, *Scaliger*, *Luther*, *Calvin*, *Béze*, le roi d'Angleterre, le landgrave de Hesse & Théophile sont des *belîtres d'atheistes & de carpocratiens*. Ce *Garasse* écrivait dans son tems comme le misérable ex-jésuite *Nonotte* a écrit dans le sien: la différence est que l'insolence de *Garasse* était fondée sur le crédit qu'avaient alors les jésuites, & que la fureur de l'absurde *Nonotte* est le fruit de l'horreur & du mépris où les jésuites sont tombés dans l'Europe; c'est le serpent qui veut mordre encore quand il a été coupé en tronçons. *Théophile* fut surtout interrogé sur le *Parnasse satyrique*, recueil d'impudicités dans le goût de *Pétrone*, de *Martial*, de *Catulle*, d'*Ausone*, de l'archevêque de Bénévent *la Caza*, de l'évêque d'Angoulême *Octavien de St. Gelais* & de *Mélin de St. Gelais* son fils, de l'*Aretin*, de *Chorier*, de *Marot*, de *Verville*, des épigrammes de *Rousseau*, & de cent autres sotises licentieuses. Cet ouvrage n'était pas de *Théophile*. Le libraire avait rassemblé tout ce qu'il avait pu de *Maynard*, de *Colletet*, d'un nommé *Frenide*, & de quelques seigneurs de la cour. Il fut avéré que *Théophile* n'avait point de part à cette édition, contre laquelle lui-même avait présenté requête. Enfin les jésuites, quelque puissans qu'ils fussent alors, ne purent avoir la consolation de le faire brûler, & ils eurent même beaucoup de peine à obtenir qu'il fût banni de Paris. Il y revint malgré eux, protégé par le duc de *Montmorenci*, qui le logea dans son hôtel où il mourut en 1626 du chagrin auquel une si cruelle persécution le fit enfin succomber.

DE DES-BARREAUX.

Le conseiller au parlement *Des-Barreaux* qui dans sa jeunesse avait été ami de *Théophile*, & qui ne l'avait pas abandonné dans sa disgrace, passa constamment pour un athée : & sur quoi ? sur un conte qu'on fait de lui sur l'avanture de l'*omelette au lard*. Un jeune homme à saillies libertines peut très bien dans un cabaret manger gras un samedi, & pendant un orage mêlé de tonnerres jetter le plat par la fenêtre, en disant, *voilà bien du bruit pour une omelette au lard*, sans pour cela mériter l'affreuse accusation d'athéisme. C'est sans doute une très grande irrévérence, c'est insulter l'église dans laquelle il était né ; c'est se moquer de l'institution des jours maigres, mais ce n'est pas nier l'existence de DIEU.

Ce qui lui donna cette réputation, ce fut principalement l'indiscrète témérité de *Boileau*, qui dans sa *Satyre des femmes*, laquelle

ATHÉISME. Sect. IV. 313

n'est pas sa meilleure, dit qu'il a vu plus d'une capanée.

Du tonnerre dans l'air bravant les vains carreaux,
Et nous parlant de Dieu du ton de Des-Barreaux.

Jamais ce magistrat n'écrivit rien contre la Divinité. Il n'est pas permis de flétrir du nom d'athée un homme de mérite contre lequel on n'a aucune preuve; cela est indigne. On a imputé à *Des-Barreaux* le fameux sonnet qui finit ainsi.

Tonne, frape, il est tems, ren-moi guerre pour guerre;
J'adore en périssant la raison qui t'aigrit:
Mais dessus quel endroit tombera ton tonnerre,
Qui ne soit tout couvert du sang de Jésus-Christ?

Ce sonnet ne vaut rien du tout. JESUS-CHRIST en vers n'est pas tolérable; *ren-moi guerre*, n'est pas français; *guerre pour guerre* est très plat; & *dessus quel endroit*, est détestable. Ces vers sont de l'abbé de *Lavau*; & *Des-Barreaux* fut toûjours très fâché qu'on les lui attribuât. C'est ce même abbé de *Lavau* qui fit cette abominable épigramme sur le mausolée elevé dans St. Eustache à l'honneur de *Lulli*.

Laissez tomber sans plus attendre
Sur ce buste honteux votre fatal rideau,
Et ne montrez que le flambeau
Qui devrait avoir mis l'original en cendre.

De La Motte le Vayer.

Le sage *La Motte le Vayer*, conseiller d'état, précepteur de *Monsieur* frère de *Louis XIV*, & qui le fut même de *Louis XIV* près d'une année, n'essuia pas moins de soupçons que le voluptueux *Des-Barreaux*. Il y avait encor peu de philosophie en France. Le traité de *la vertu des payens*, & les dialogues d'*Orazius Tubero*, lui firent des ennemis. Les jansénistes surtout qui ne regardaient après *St. Augustin* les vertus des grands-hommes de l'antiquité, que comme des *péchés splendides*, se déchaînèrent contre lui. Le comble de l'insolence fanatique est de dire, *nul n'aura de vertu que nous & nos amis ; Socrate, Confucius, Marc-Aurèle, Epictète, ont été des scélérats, puisqu'ils n'étaient pas de notre communion.* On est revenu aujourd'hui de cette extravagance ; mais alors elle dominait. On a rapporté dans un ouvrage curieux, qu'un jour un de ces énergumènes voyant passer *La Motte le Vayer* dans la galerie du Louvre, dit tout haut, Voilà un homme sans religion. *Le Vayer*, au-lieu de le faire punir, se retourna vers cet homme, & lui dit, *Mon ami, j'ai tant de religion que je ne suis pas de ta religion.*

De St. Evremont.

On a donné quelques ouvrages contre le christianisme sous le nom de *St. Evremont*, mais aucun n'est de lui. On crut après sa mort faire passer ces dangereux livres à l'abri de sa réputation ; parce qu'en effet on trouve dans ses véritables ouvrages plusieurs traits qui annoncent un esprit dégagé des préjugés de l'enfance. D'ailleurs sa vie épicurienne, & sa mort toute philosophique, servirent de prétexte à tous ceux qui voulaient accréditer de son nom leurs sentimens particuliers.

Nous avons surtout une *analyse de la religion chrétienne* qui lui est attribuée. C'est un ouvrage qui tend à renverser toute la chronologie & presque tous les faits de la sainte Ecriture. Nul n'a plus approfondi que l'auteur l'opinion où sont quelques théologiens, que l'astronome *Phlégon* avait parlé des ténèbres qui couvrirent toute la terre à la mort de notre Seigneur JESUS-CHRIST. J'avoue que l'auteur a pleinement raison contre ceux qui ont voulu s'appuyer du témoignage de cet astronome ; mais il a grand tort de vouloir combattre tout le système chrétien sous prétexte qu'il a été mal défendu.

Au reste, *St. Evremont* était incapable de ces recherches savantes. C'était un esprit agréable & assez juste ; mais il avait peu de science, nul génie, & son goût était peu sûr : ses discours sur les Romains lui firent une réputation dont il abusa pour faire les plus plates comédies, & les plus mauvais vers dont on ait jamais fatigué les lecteurs, qui n'en sont plus fatigués aujourd'hui puisqu'ils ne les lisent plus. On peut le mettre au rang des hommes aimables & pleins d'esprit qui ont fleuri dans les tems brillans de *Louis XIV*; mais non pas au rang des hommes supérieurs. Au reste ceux qui l'ont appellé *athéïste*, sont d'infames calomniateurs.

DE FONTENELLE.

Bernard de Fontenelle, depuis secrétaire de l'académie de sciences, eut une secousse plus vive à soutenir. Il fit insérer en 1686, dans la *République des Lettres de Bayle*, une rélation de l'isle de Borneo fort ingénieuse; c'était une allégorie sur Rome & Genève; elles étaient désignées sous le nom de deux sœurs, *Mero* & *Enegu*. Mero était une magicienne tyrannique; elle exigeait que ses sujets vinssent lui déclarer leurs plus secrettes pensées, & qu'ensuite ils lui apportassent tout leur argent. Il falait avant de venir lui baiser les pieds, adorer des os de morts; & souvent, quand on voulait déjeûner, elle fesait disparaitre le pain. Enfin ses sortilèges & ses fureurs soulevèrent un grand parti contre elle; & sa sœur Enegu lui enleva la moitié de son royaume.

Bayle n'entendit pas d'abord la plaisanterie ; mais l'abbé *Terson* l'ayant commentée, elle fit beaucoup de bruit. C'était dans le tems de la révocation de l'édit de Nantes. *Fontenelle* courait risque d'être enfermé à la Bastille. Il eut la bassesse de faire d'assez mauvais vers à l'honneur de cette révocation, & à celui des jésuites ; on les inséra dans un mauvais recueil intitulé *le Triomphe de la religion sous Louïs le grand*, imprimé à Paris chez l'*Anglois* en 1687.

Mais ayant depuis rédigé en français avec un grand succès la savante *Histoire des oracles* de Vandale, les jésuites le persécutèrent. *Le Tellier* confesseur de *Louïs XIV*, rappellant l'allégorie de *Mero* & d'*Enegu*, aurait voulu le traiter comme le jésuite *Voisin* avait traité *Théophile*. Il sollicita une lettre de cachet contre lui. Le célèbre garde-des-sceaux d'*Argenson*, alors lieutenant de police, sauva *Fontenelle* de la fureur de *le Tellier*. S'il avait falu choisir un *athéiste* entre *Fontenelle* & *le Tellier*, c'était sur le calomniateur *le Tellier* que devait tomber le soupçon.

Cette anecdote est plus importante que toutes les bagatelles littéraires dont l'abbé *Trublet* a fait un gros volume concernant *Fontenelle*. Elle apprend combien la philosophie est dangereuse quand un fanatique ou un fripon, ou un moine qui est l'un & l'autre, a malheureusement l'oreille du prince. C'est un danger auquel bien des gens de mérite ont été expofés.

DE L'ABBÉ DE ST. PIERRE.

L'*Allégorie du mahométifme* par l'abbé de St. Pierre, fut beaucoup plus frappante que celle de *Mero*. Tous les ouvrages de cet abbé, dont plufieurs paffent pour des rêveries, font d'un homme de bien & d'un citoyen zélé ; mais tout s'y reffent d'un pur théïfme. Cependant, il ne fut point perfécuté, c'eft qu'il écrivait d'une manière à ne rendre perfonne jaloux : fon ftile n'a aucun agrément ; il était peu lu, il ne prétendait à rien : ceux qui le lifaient fe moquaient de lui, & le traitaient de bon homme. S'il eût écrit comme *Fontenelle*, il était perdu, furtout quand les jéfuites régnaient encore.

DE BARBEIRAC.

Barbeirac eft le feul commentateur dont on faffe plus de cas que de fon auteur. Il traduifit & commenta le fatras de *Puffendorf* ; mais il l'enrichit d'une préface qui fit feule débiter le livre. Il remonte, dans cette préface, aux fources de la morale, & il a la candeur hardie de faire voir que les pères de l'églife n'ont pas toûjours connu cette morale pure, qu'ils l'ont défigurée par d'étranges allégories, comme lorfqu'ils

Athéisme. Sect. IV. 319

disent que le lambeau de drap rouge exposé à la fenêtre par la cabaretière *Raab*, est visiblement le sang de Jesus-Christ ; que *Moïse* étendant les bras pendant la bataille contre les Amalécites, est la croix sur laquelle Jesus expire ; que les baisers de la Sunamite sont le mariage de Jesus-Christ avec son église ; que la grande porte de l'arche de Noé désigne le corps humain, & la petite porte désigne l'anus. &c. &c.

Barbeirac ne peut souffrir, en fait de morale, qu'*Augustin* devienne persécuteur après avoir prêché la tolérance. Il condamne hautement les injures grossières que *Jérôme* vomit contre ses adversaires, & surtout contre *Rufin* & contre *Vigilantius*. Il relève les contradictions qu'il remarque dans la morale des pères ; & il s'indigne qu'ils ayent quelquefois inspiré la haine de la patrie, comme *Tertullien* qui défend positivement aux chrétiens de porter les armes pour le salut de l'empire.

Barbeirac eut de violens adversaires qui l'accusèrent de vouloir détruire la religion chrétienne, en rendant ridicules ceux qui l'avaient soutenue par des travaux infatigables. Il se défendit : mais il laissa paraître dans sa défense un si profond mépris pour les pères de l'église ; il témoigne tant de dédain pour leur fausse éloquence & pour leur dialectique ; il leur préfère si hautement

Confucius, *Socrate*, *Zaleucus*, *Cicéron*, l'empereur *Antonin*, *Epictète*, qu'on voit bien que *Barbeirac* eſt plutôt le zélé partiſan de la juſtice éternelle & de la loi naturelle donnée de DIEU aux hommes, que l'adorateur des ſaints myſtères du chriſtianiſme. S'il s'eſt trompé en penſant que DIEU eſt le père de tous les hommes, s'il a eu le malheur de ne pas voir que DIEU ne peut aimer que les chrétiens ſoumis de cœur & d'eſprit, ſon erreur eſt du moins d'une belle ame; & puiſqu'il aimait les hommes, ce n'eſt pas aux hommes à l'inſulter; c'eſt à DIEU de le juger. Certainement il ne doit pas être mis au nombre des *athéiſtes*.

DE FRÉRET.

L'illuſtre & profond *Fréret* était ſecrétaire perpétuel de l'académie des belles-lettres de Paris. Il avait fait dans les langues orientales, & dans les ténèbres de l'antiquité, autant de progrès qu'on en peut faire. En rendant juſtice à ſon immenſe érudition, & à ſa probité, je ne prétends point excuſer ſon hétérodoxie. Non-ſeulement il était perſuadé avec *St. Irénée* que JESUS était âgé de plus de cinquante ans, quand il ſouffrit le dernier ſupplice; mais il croyait avec le *Targum* que JESUS n'était point né du tems d'*Hérode*; & qu'il faut rapporter ſa naiſſance

sance au tems du petit roi *Jannée* fils d'*Hircan*. Les Juifs sont les seuls qui ayent eu cette opinion singulière ; Mr. *Fréret* tâchait de l'appuyer, en prétendant que nos évangiles n'ont été écrits que plus de quarante ans après l'année où nous plaçons la mort de Jesus, qu'ils n'ont été faits qu'en des langues étrangères & dans des villes très éloignées de Jérusalem, comme Alexandrie, Corinthe, Ephèse, Antioche, Ancire, Thessalonique, toutes villes d'un grand commerce, remplies de thérapeutes, de disciples de Jean, de judaïtes, de Galiléens divisés en plusieurs sectes. De-là vient, dit-il, qu'il y eut un très grand nombre d'évangiles tout différens les uns des autres, chaque société particulière & cachée voulant avoir le sien. *Fréret* prétend que les quatre qui sont restés canoniques ont été écrits les derniers. Il croit en apporter des preuves incontestables ; c'est que les premiers pères de l'église citent très souvent des paroles qui ne se trouvent que dans l'évangile des Egyptiens, ou dans celui des Nazaréens, ou dans celui de *St. Jacques*, & que *Justin* est le premier qui cite expressément les évangiles reçus.

Si ce dangereux système était accrédité, il s'ensuivrait évidemment que les livres intitulés de *Matthieu*, de *Jean*, de *Marc*, & de *Luc*, n'ont été écrits que vers le tems de l'enfance de *Justin*, environ cent ans

Seconde partie. X

après notre ère vulgaire. Cela seul renverserait de fond en comble notre religion. Les mahométans qui virent leur faux prophète débiter les feuilles de son Koran, & qui les virent après sa mort rédigées solemnellement par le calife *Abubeker*, triompheraient de nous; ils nous diraient: *Nous n'avons qu'un Alcoran, & vous avez eu cinquante évangiles: nous avons précieusement conservé l'original, & vous avez choisi au bout de quelques siécles quatre Evangiles dont vous n'avez jamais connu les dates. Vous avez fait votre religion piéce-à-piéce, la nôtre a été faite d'un seul trait, comme la création. Vous avez cent fois varié, & nous n'avons changé jamais.*

Graces au ciel, nous ne sommes pas réduits à ces termes funestes. Où en serions-nous, si ce que *Fréret* avance était vrai? Nous avons assez de preuves de l'antiquité des quatre évangiles: *St. Irénée* dit expressément qu'il n'en faut que quatre.

J'avoue que *Fréret* réduit en poudre les pitoyables raisonnemens d'*Abadie*. Cet *Abadie* prétend que les premiers chrétiens mouraient pour les Evangiles, & qu'on ne meurt que pour la vérité. Mais cet *Abadie* reconnait que les premiers chrétiens avaient fabriqué de faux évangiles. Donc, selon *Abadie* même, les premiers chrétiens mouraient pour le mensonge. *Abadie* devait considérer deux choses essentielles ; premiérement qu'il n'est écrit nulle part que les premiers martyrs ayent été interrogés par les magistrats sur les évangiles ; secondement qu'il y a des martyrs dans toutes les communions. Mais si *Fréret* terrasse *Abadie*, il est renversé lui-même par les miracles que nos quatre saints Evangiles véritables ont opérés. Il nie les miracles, mais on lui oppose une nuée de témoins ; il nie les témoins ; & alors il ne faut que le plaindre.

Je conviens avec lui qu'on s'est servi trop souvent de fraudes pieuses ; je conviens qu'il est dit dans l'appendix du premier concile de Nicée, que pour distinguer tous les livres canoniques des faux, on les mit pêle-mêle sur une grande table, qu'on pria le St. Esprit de faire tomber à bas tous les apocryphes ; aussi-tôt ils tombèrent, & il ne resta que les véritables. J'avoue enfin que l'église a été inondée de fausses légendes. Mais de ce qu'il y a eu des mensonges & de la mauvaise foi, s'ensuit-il qu'il n'y ait eu ni vérité ni candeur ? Certainement *Fréret* va trop loin ; il renverse tout l'édifice au-lieu de le réparer ; il conduit, comme tant d'autres le lecteur à l'adoration d'un seul Dieu, sans la médiation du Christ. Mais du moins son livre respire une modération qui lui ferait presque pardonner ses erreurs ; il ne prêche que l'indulgence & la tolérance ; il ne dit point d'injures cruelles aux chrétiens comme mylord *Bolingbroke*; il ne se moque point d'eux comme le curé *Rabelais*, & le curé *Swift*. C'est un philosophe d'autant plus dangereux qu'il est très-instruit, très conséquent, & très modeste. Il faut espérer qu'il se trouvera des savans qui le réfuteront mieux qu'on n'a fait jusqu'à présent.

Son plus terrible argument est que si Dieu avait daigné se faire homme & juif, & mourir en Palestine par un supplice infame, pour expier les crimes du genre-humain, & pour bannir le péché de la terre, il ne devait plus y avoir ni péché ni crime: cependant, dit-il, les chrétiens ont été des monstres cent fois plus abominables que tous les sectateurs des autres religions ensemble. Il en apporte pour preuve évidente les massacres, les roues, les gibets, & les buchers des Cevennes, & près de cent mille ames péries dans cette province sous nos yeux ; les massacres des Vallées de Piémont, les massacres de la Valteline du tems de *Charles Borromée*, les massacres des anabatistes massacreurs & massacrés en Allemagne, les massacres des luthériens & des papistes depuis le Rhin jusqu'au fond du Nord, les massacres d'Irlande, d'Angleterre & d'Écosse du tems de *Charles I* massacré lui-même ; les massacres ordonnés par *Marie* & par *Henri*

ATHÉISME. Sect. IV.

VIII son père, les massacres de la St. Barthelemi en France, & quarante ans d'autres massacres depuis *François II* jusqu'à l'entrée de *Henri IV* dans Paris; les massacres de l'inquisition, peut-être plus abominables encore, parce qu'ils se font juridiquement; enfin les massacres de douze millions d'habitans du nouveau monde, exécutés le crucifix à la main: sans compter tous les massacres faits précédemment au nom de JESUS-CHRIST depuis *Constantin*, & sans compter encore plus de vingt shismes, & de vingt guerres de papes contre papes, & d'évêques contre évêques, les empoisonnemens, les assassinats, les rapines des papes *Jean XI*, *Jean XII*, des *Jean XVIII*, des *Grégoire VII*, des *Boniface VIII*, des *Alexandre VI*, & de quelques autres papes qui passèrent de si loin en scélératesse les *Néron*, & les *Caligula*. Enfin il remarque que cette épouvantable chaîne presque perpétuelle de guerres de religion pendant quatorze cent années, n'a jamais subsisté que chez les chrétiens, & qu'aucun peuple, hors eux, n'a fait couler une goûte de sang pour des argumens de théologie. On est forcé d'accorder à Mr. *Fréret* que tout cela est vrai. Mais en fesant le dénombrement des crimes qui ont éclaté, il oublie les vertus qui se sont cachées; il oublie surtout que les horreurs infernales dont il fait un si prodigieux étalage, sont l'abus de la religion chrétienne, & n'en font pas l'esprit. Si JESUS-CHRIST n'a pas détruit le péché sur la terre, qu'est-ce que cela prouve ? On en pourait inférer tout au plus, avec les janſéniſtes, que JESUS-CHRIST n'eſt pas venu pour tous, mais pour pluſieurs, *pro vobis & pro multis*. Mais ſans comprendre les hauts myſtères, contentons-nous de les adorer, & ſurtout n'accuſons pas cet homme illuſtre d'avoir été athéïſte.

DE BOULANGER.

Nous aurions plus de peine à juſtifier le Sr. *Boulanger*, directeur des ponts & chauſſeés. Son *Chriſtianiſme dévoilé* n'eſt pas écrit avec la méthode & la profondeur d'érudition & de critique qui caractériſent le ſavant *Fréret*. *Boulanger* eſt un philoſophe audacieux qui remonte aux ſources ſans daigner ſonder les ruiſſeaux. Ce philoſophe eſt auſſi chagrin qu'intrépide. Les horreurs dont tant d'égliſes chrétiennes ſe ſont ſouillées depuis leur naiſſance ; les lâches barbaries des magiſtrats qui ont immolé tant d'honnêtes citoyens aux prêtres ; les princes qui, pour leur plaire, ont été d'infames perſécuteurs ; tant de folies dans les querelles eccléſiaſtiques, tant d'abominations dans ces querelles, les peuples égorgés ou ruinés, les trônes de tant de prêtres compoſés des dépouilles & cimentés du ſang des hommes ; ces guerres affreuſes de religion dont le christianisme seul a inondé la terre ; ce chaos énorme d'absurdités & de crimes, remue l'imagination du Sr. *Boulanger* avec une telle puissance qu'il va, dans quelques endroits de son livre, jusqu'à douter de la providence divine. Fatale erreur que les buchers de l'inquisition, & nos guerres religieuses excuseráient peut-être si elle pouvait être excusable. Mais nul prétexte ne peut justifier l'athéïsme. Quand tous les chrétiens se feraient égorgés les uns les autres, quand ils auraient dévoré les entrailles de leurs frères assassinés pour des argumens, quand il ne resterait qu'un seul chrétien sur la terre, il faudrait qu'en regardant le soleil il reconnût & il adorât l'Être éternel ; il pourrait dire dans sa douleur, Mes pères & mes frères ont été des monstres, mais DIEU est DIEU.

ATOMES.

Epicure aussi grand génie qu'homme respectable par ses mœurs, qui a mérité que *Gassendi* prît sa défense ; après Epicure *Lucrèce*, qui força la langue latine à exprimer les idées philosophiques, & (ce qui attira l'admiration de Rome) à les exprimer en vers; *Epicure* & *Lucrèce*, dis-je, admirent les atômes & le vide : *Gassendi* soutint cette doctrine, & *Newton* la démontra. En vain un reste de cartésianisme combattait pour le plein, en vain *Leibnitz* qui avait d'abord adopté le système raisonnable d'*Epicure*, de *Lucrèce*, de *Gassendi* & de *Newton*, changea d'avis sur le vide quand il se fut brouillé avec *Newton* son maître. Le plein est aujourd'hui regardé comme une chimère. *Boileau* qui était un homme de très grand sens, a dit avec beaucoup de raison,

Que Rohaut vainement sèche pour concevoir,
Comment tout étant plein tout a pu se mouvoir.

Le vide est reconnu, on regarde les corps les plus durs, comme des cribles ; & ils sont tels en effet. On admet des atômes, des principes insécables, inaltérables, qui constituent l'immutabilité des élémens & des espèces; qui font que le feu est toûjours feu soit qu'on l'apperçoive, soit qu'on ne l'apperçoive pas ; que l'eau est toûjours eau, la terre toûjours terre, & que les parties qui forment l'homme ne forment point un oiseau.

Epicure & *Lucrèce* avaient déja établi cette vérité, quoique noyée dans des erreurs. *Lucrèce* dit en parlant des atômes :

ATOMES.

Sunt igitur solida pollentia simplicitate,

Le soutient de leur être est la simplicité.

Sans ces élémens d'une nature immuable, il est à croire que l'univers ne serait qu'un chaos ; & en cela *Epicure* & *Lucrèce* paraissent de vrais philosophes.

Leurs intermèdes qu'on a tant tournés en ridicule, ne sont autre chose que l'espace non résistant dans lequel *Newton* a démontré que les planètes parcourent leurs orbites dans des tems proportionnels à leurs aires ; ainsi ce n'étaient pas les intermèdes d'*Epicure* qui étaient ridicules, ce furent leurs adversaires.

Mais lorsqu'ensuite *Epicure* nous dit que ses atômes ont décliné par hazard dans le vide, que cette déclinaison a formé par hazard les hommes & les animaux, que les yeux par hazard se trouvèrent au haut de la tête, & les pieds au bout des jambes, que les oreilles n'ont point été données pour entendre ; mais que la déclinaison des atômes ayant fortuitement composé des oreilles, alors les hommes s'en sont servis fortuitement pour écouter. Cette démence qu'on appellait *physique*, a été traitée de ridicule à très juste titre.

Les vrais philosophes ont donc distingué depuis longtems ce qu'*Epicure* & *Lucrèce* ont de bon d'avec leurs chimères fondées sur l'imagination & l'ignorance. Les esprits plus soumis ont adopté la création dans le tems, & les plus hardis ont admis la création de tout tems, les uns ont reçu avec foi un univers tiré du néant ; les autres, ne pouvant comprendre cette physique, ont cru que tous les êtres étaient des émanations du grand Etre, de l'Etre suprème & universel ; mais tous ont rejetté le concours fortuit des atômes, tous ont reconnu que le hazard est un mot vide de sens. Ce que nous appellons *hazard* n'est, & ne peut être que la cause ignorée d'un effet connu. Comment donc se peut-il faire qu'on accuse encor les philosophes de penser, que l'arrangement prodigieux & ineffable de cet univers soit une production du concours fortuit des atômes, un effet du hazard ? ni *Spinosa*, ni personne n'a dit cette absurdité.

Cependant le fils du grand *Racine* dit, dans son *poëme de la religion*,

O toi qui follement fais ton Dieu du hazard,
Viens me développer ce nid qu'avec tant d'art,
A l'aide de son bec maçonne l'hirondelle.
Comment, pour élever ce hardi bâtiment,
A-t-elle en le broyant arrondi son ciment ?

Ces vers sont assurément en pure perte; personne ne fait son Dieu du hazard, personne n'a dit qu'*une hirondelle en broyant, en arrondissant son ciment ait élevé son hardi bâtiment par hazard.* On dit au contraire, qu'*elle fait son nid par les loix de la nécessité*, qui est l'opposé du hazard. Le poëte *Rousseau* tombe dans le même défaut dans une épître à ce même *Racine*.

De là sont nés Epicures nouveaux,
Ces plans fameux, ces systêmes si beaux,
Qui dirigeant sur votre prud'hommie
Du monde entier toute l'économie,
Vous ont appris que ce grand univers
N'est composé que d'un concours divers
De corps muets, d'insensibles atômes,
Qui par leur choc forment tous ces fantômes
Que détermine & conduit le hazard,
Sans que le ciel y prenne aucune part.

Où ce versificateur a-t-il trouvé *ces plans fameux d'Epicures nouveaux, qui dirigent sur leur prud'hommie du monde entier toute l'économie ?* Où a-t-il vu que *ce grand univers est composé d'un concours divers de corps muets*, tandis qu'il y en a tant qui retentissent & qui ont de la voix ? Où a-t-il vu ces *insensibles atômes qui forment des fantômes, & des fantômes conduits par le hazard ?* C'est ne connaître ni son siécle, ni la philosophie, ni la poésie, ni sa langue, que de s'exprimer ainsi. Voilà un plaisant philosophe ! l'auteur des *Epigrammes sur la sodomie & la bestialité* devait-il écrire si magistralement & si mal sur des matières qu'il n'entendait point du tout, & accuser des philosophes d'un libertinage d'esprit qu'ils n'avaient point ?

Je reviens aux atômes : la seule question qu'on agite aujourd'hui consiste à savoir si l'auteur de la nature a formé des parties primordiales, incapables d'être divisées pour servir d'élémens inaltérables ; ou si tout se divise continuellement & se change en d'autres élémens. Le premier système semble rendre raison de tout ; & le second de rien ; du moins jusqu'à présent.

Si les premiers élémens des choses n'étaient pas indestructibles, il pourait se trouver à la fin qu'un élément dévorât tous les autres, & les changeât en sa propre substance. C'est probablement ce qui fit imaginer à *Empédocle* que tout venait du feu, & que tout serait détruit par le feu.

On sait que *Robert Boyle* à qui la physique eut tant d'obligations dans le siécle passé, fut trompé par la fausse expérience d'un chimiste qui lui fit croire qu'il avait changé de l'eau en terre. Il n'en était rien. *Boerhave* depuis découvrit l'erreur par des expériences mieux faites ; mais avant qu'il l'eût découverte, *Newton* abusé par *Boyle* comme *Boyle* l'avait été par son chimiste, avait déja pensé que les élémens pouvaient se changer les uns dans les autres : & c'est ce qui lui fit croire que le globe perdait toûjours un peu de son humidité, & fesait des progrès en sécheresse ; qu'ainsi Dieu serait un jour obligé de remettre la main à son ouvrage ; *manum emendatricem désideraret.*

Leibnitz se récria beaucoup contre cette idée, & probablement il eut raison cette fois contre Newton. *Mundum tradidit disputationi eorum.*

Mais malgré cette idée que l'eau peut devenir terre, *Newton* croyait aux atômes insécables, indestructibles, ainsi que *Gassendi* & *Boerhave* ; ce qui paraît d'abord difficile à concilier ; car si l'eau s'était changée en terre, ses élémens se seraient divisés & perdus.

Cette question rentre dans cette autre question fameuse de la matière divisible à l'infini. Le mot d'*atôme* signifie *non partagé*, sans parties. Vous le divisez par la pensée ; car si vous le divisiez réellement, il ne serait plus atôme.

Vous pouvez diviser un grain d'or en dix-huit millions de parties visibles ; un grain de cuivre dissous dans l'esprit de sel ammoniac, a montré aux yeux plus de vingt-deux milliards de parties ; mais quand vous êtes arrivé au dernier élément, l'atôme échape au microscope, vous ne divisez plus que par imagination.

Il en est de l'atôme divisible à l'infini comme de quelques propositions de géométrie. Vous pouvez faire passer une infinité de courbes entre le cercle & sa tangente; oui, dans la supposition que ce cercle & cette tangente sont des lignes sans largeur: mais il n'y en a point dans la nature.

Vous établissez de même que des asymptotes s'approcheront sans jamais se toucher; mais c'est dans la supposition que ces lignes sont des longueurs sans largeur, des êtres de raison.

Ainsi vous représentez l'unité par une ligne, ensuite vous divisez cette unité & cette ligne en tant de fractions qu'il vous plait; mais cette infinité de fractions ne sera jamais que votre unité & votre ligne.

Il n'est pas démontré en rigueur que l'atôme soit indivisible; mais il paraît prouvé qu'il est indivisé par les loix de la nature.

AVARICE.

A *Varities, amor habendi*, desir d'avoir, avidité, convoitise.

A proprement parler, l'*avarice* est d'accumuler soit en grains, soit en meubles, ou en fonds, ou en curiosités. Il y avait des avares avant qu'on eût inventé la monnoie.

Nous n'appellons point *avare* un homme qui a vingt-quatre chevaux de carrosse, & qui n'en prêtera pas deux à son ami ; ou bien qui ayant deux mille bouteilles de vin de Bourgogne destinées pour sa table, ne vous en enverra pas une demi-douzaine quand il saura que vous en manquez. S'il vous montre pour cent mille écus de diamans, vous ne vous avisez pas d'exiger qu'il vous en présente un de cinquante louis ; vous le regardez comme un homme fort magnifique, & point du tout comme un avare.

Celui qui dans les finances, dans les fournitures des armées, dans les grandes entreprises gagne deux millions chaque année, & qui se trouvant enfin riche de quarante-trois millions sans compter ses maisons de Paris & son mobilier ; dépensa pour sa table cinquante mille écus par année, & prêta quelquefois à des seigneurs de l'argent à cinq pour cent, ne passa point dans l'esprit du peuple pour un avare. Il avait cependant brûlé toute sa vie de la soif d'avoir. Le démon de la convoitise l'avait perpétuellement tourmenté. Il accumula jusqu'au dernier jour de sa vie. Cette passion toûjours satisfaite ne s'appelle jamais *avarice*. Il ne dépensait pas la vingtième partie de son revenu, & il avait la réputation d'un homme généreux qui avait trop de faste.

Un père de famille qui ayant vingt mille livres de rente n'en dépensera que cinq ou six, & qui accumulera ses épargnes pour établir ses enfans, est réputé par ses voisins *avaricieux*, *pince-maille*, *ladre verd*, *vilain*, *fesse-Mathieu*, *gagne-denier*, *grippe-sou*, *cancre*; on lui donne tous les noms injurieux dont on peut s'aviser.

Cependant, ce bon bourgeois est beaucoup plus honorable que le Crésus dont je viens de parler; il dépense cinq fois plus à proportion. Mais voici la raison qui établit entre leurs réputations une si grande différence.

Les hommes ne haïssent celui qu'ils appellent *avare*, que parce qu'il n'y a rien à gagner avec lui. Le médecin, l'apoticaire, le marchand de vin, l'épicier, le sellier, & quelques demoiselles gagnent beaucoup avec notre Crésus, qui est le véritable avare. Il n'y a rien à faire avec notre bourgeois économe & serré, ils l'accablent de malédictions.

Les avares qui se privent du nécessaire, sont abandonnés à *Plaute* & à *Molière*.

Un gros avare mon voisin, disait il n'y a pas longtems, On en veut toûjours à nous autres pauvres riches. A *Molière*, à *Molière*.

AUGU-

AUGURE.

NE faut-il pas être bien possedé du démon de l'étymologie pour dire avec *Pezron*, que le mot romain *augurium* vient des mots celtiques *au* & *gur* ? *Au*, selon ces savans, devait signifier *le foie* chez les Basques & les Bas-Bretons; parce que *asu*, qui (disent-ils) signifiait *gauche*, devait aussi désigner le foie qui est à droite; & que *gur* voulait dire *homme*, ou bien *jaune* ou *rouge* dans cette langue celtique, dont il ne nous reste aucun monument. C'est puissamment raisonner.

On a poussé sa curiosité absurde (car il faut appeller les choses par leur nom) jusqu'à faire venir du caldéen & de l'hébreu certains mots teutons & celtiques. *Bochard* n'y manque jamais. On admirait autrefois ces pédantes extravagances. Il faut voir avec quelle confiance ces hommes de génie ont prouvé que sur les bords du Tibre on emprunta des expressions du patois des sauvages de la Biscaye. On prétend même que ce patois était un des premiers idiomes de la langue primitive, de la langue mère de toutes les langues qu'on parle dans l'univers entier. Il ne reste plus qu'à dire que les différens ramages des oiseaux viennent du cri

Seconde partie.

des deux premiers perroquets, dont toutes les autres espèces d'oiseaux ont été produites.

La folie religieuse des augures était originairement fondée sur des observations très naturelles & très sages. Les oiseaux de passage ont toûjours indiqué les saisons ; on les voit venir par troupes au printems , & s'en retourner en automne. Le coucou ne se fait entendre que dans les beaux jours : il semble qu'il les appelle ; les hirondelles qui rasent la terre annoncent la pluye ; chaque climat a son oiseau qui est en effet son augure.

Parmi les observateurs il se trouva sans doute des fripons qui persuadèrent aux sots qu'il y avait quelque chose de divin dans ces animaux , & que leur vol présageait nos destinées , qui étaient écrites sous les ailes d'un moineau tout aussi clairement que dans les étoiles.

Les commentateurs de l'histoire allégorique & intéressante de *Joseph* vendu par ses frères , & devenu premier ministre du pharaon roi d'Egypte pour avoir expliqué un de ses rêves , infèrent que *Joseph* était savant dans la science des augures, de ce que l'intendant de *Joseph* est chargé de dire à ses frères : *Pourquoi avez-vous volé la tasse d'argent de mon maître dans laquelle il boit, & avec laquelle il a coutume de prendre les*

Gen. ch. XLIV. ⅴ. 5, & suivans.

augures ? Joseph ayant fait venir ses frères devant lui, leur dit: *Comment avez-vous pu agir ainsi ? ignorez-vous que personne n'est semblable à moi dans la science des augures ?*

Juda convient au nom de ses frères, que Joseph est un grand devin ; que c'est DIEU qui l'a inspiré ; DIEU *a trouvé l'iniquité de vos serviteurs.* Ils prenaient alors Joseph pour un seigneur Egyptien. Il est évident, par le texte, qu'ils croyaient que le DIEU des Egyptiens & des Juifs avait découvert à ce ministre le vol de sa tasse.

℣. 16.

Voilà donc les augures, la divination très nettement établie dans le livre de la Genèse, & si bien établie qu'elle est défendue ensuite dans le Lévitique, où il est dit: *Vous ne mangerez rien où il y ait du sang ; vous n'obser-verez ni les augures, ni les songes ; vous ne couperez point votre chevelure en rond ; vous ne vous raserez point la barbe.*

Ch. XIX.
℣. 26 &
27.

A l'égard de la superstition de voir l'avenir dans une tasse, elle dure encore : cela s'appelle *voir dans le verre.* Il faut n'avoir éprouvé aucune pollution, se tourner vers l'Orient, prononcer *abraxa per dominum nostrum* ; après quoi on voit dans un verre plein d'eau toutes les choses qu'on veut. On choisit d'ordinaire des enfans pour cette opération ; il faut qu'ils ayent leurs cheveux ; une tête rasée ou une tête en perruque ne

Y ij

peuvent rien voir dans le verre. Cette facétie était fort à la mode en France sous la régence du duc d'*Orléans*, & encor plus dans les tems précédens.

Pour les augures ils ont péri avec l'empire Romain ; les évèques ont seulement conservé le bâton augural qu'on appelle *crosse*, & qui était une marque distinctive de la dignité des augures ; & le simbole du mensonge est devenu celui de la vérité.

Les différentes sortes de divinations étaient innombrables ; plusieurs se sont conservées jusqu'à nos derniers tems. Cette curiosité de lire dans l'avenir est une maladie que la philosophie seule peut guérir : car les ames faibles qui pratiquent encor tous ces prétendus arts de la divination, les fous mêmes qui se donnent au diable, font tous servir la religion à ces prophanations qui l'outragent.

C'est une remarque digne des sages que *Cicéron*, qui était du collège des augures, ait fait un livre exprès pour se moquer des augures. Mais ils n'ont pas moins remarqué que *Cicéron* à la fin de son livre dit, qu'il faut *détruire la superstition & non pas la religion. Car*, ajoute-t-il, *la beauté de l'univers & l'ordre des choses célestes nous force de reconnaître une nature éternelle & puissante. Il faut maintenir la religion qui est jointe à la connaissance de cette nature, en extirpant tou-*

tes les racines de la superstition ; car c'est un monstre qui vous poursuit, qui vous presse de quelque côté que vous vous tourniez. La rencontre d'un devin prétendu, un présage, une victime immolée, un oiseau, un caldéen, un aruspice, un éclair, un coup de tonnerre, un événement conforme par hazard à ce qui a été prédit, tout enfin vous trouble & vous inquiète. Le sommeil même qui devrait faire oublier tant de peines & de frayeurs, ne sert qu'à les redoubler par des images funestes.

Cicéron croyait ne parler qu'à quelques Romains ; il parlait à tous les hommes & à tous les siécles.

La plûpart des grands de Rome ne croyaient pas plus aux augures que le pape *Alexandre VI*, *Jules II* & *Léon X* ne croyaient à Notre-Dame de Lorette, & au sang de *St. Janvier*. Cependant *Suétone* rapporte qu'*Octave* surnommé *Auguste* eut la faiblesse de croire qu'un poisson, qui sortait hors de la mer sur le rivage d'Actium, lui préfageait le gain de la bataille. Il ajoute qu'ayant ensuite rencontré un ânier, il lui demanda le nom de son âne, & que l'ânier lui ayant répondu que son âne s'appellait *Nicolas*, qui signifie *vainqueur des peuples*, Octave ne douta plus de la victoire; & qu'ensuite il fit ériger des statues d'airain à l'ânier, à l'âne & au poisson sautant. Il assure même que ces statues furent placées dans le Capitole.

Il est fort vraisemblable que ce tyran habile se moquait des superstitions des Romains, & que son âne, son ânier, & son poisson n'étaient qu'une plaisanterie. Cependant il se peut très bien qu'en méprisant toutes les sotises du vulgaire, il en eût conservé quelques-unes pour lui. Le barbare & dissimulé *Louis XI* avait une foi vive à la croix de St. Lo. Presque tous les princes, excepté ceux qui ont eu le tems de lire & de bien lire, ont un petit coin de superstition.

AUGUSTE OCTAVE.

ON a demandé souvent sous quelle dénomination, & à quel titre *Octave* citoyen de la petite ville de Veletri, surnommé *Auguste*, fut le maître d'un empire qui s'étendait du mont Taurus au mont Atlas, & de l'Euphrate à la Seïne. Ce ne fut point comme dictateur perpétuel, ce titre avait été trop funeste à *Jules César*. *Auguste* ne le porta que onze jours; la crainte de périr comme son prédécesseur, & les conseils d'*Agrippa* lui firent prendre d'autres mesures. Il accumula insensiblement sur sa tête toutes les dignités de la république. Treize consulats, le

AUGUSTE-OCTAVE.

tribunat renouvellé en fa faveur de dix ans en dix ans, le nom de *prince du fénat*, celui d'*empereur* qui d'abord ne fignifiait que général d'armée, mais auquel il fut donner une dénomination plus étendue ; ce font là les titres qui femblèrent légitimer fa puiffance. Le fénat ne perdit rien de fes honneurs, & conferva même toûjours de très grands droits. *Augufte* partagea avec lui toutes les provinces de l'empire ; mais il retint pour lui les principales : enfin, maître de l'argent & des troupes, il fut en effet fouverain.

Ce qu'il y eut de plus étrange, c'eft que *Jules Céfar* ayant été mis au rang des Dieux après fa mort, *Augufte* fut Dieu de fon vivant. Il eft vrai qu'il n'était pas tout-à-fait Dieu à Rome ; mais il l'était dans les provinces, il y avait des temples & des prêtres : l'abbaye d'Eney à Lyon était un beau temple d'*Augufte. Horace* lui dit :

Jurandafque tuum per nomen ponimus aras.

Cela veut dire qu'il y avait chez les Romains mêmes, d'affez bons courtifans pour avoir dans leurs maifons de petits autels qu'ils dédiaient à *Augufte*. Il fut donc en effet canonifé de fon vivant ; & le nom de *Dieu* devint le titre ou le fobriquet de tous les empereurs fuivans.

Caligula se fit Dieu sans difficulté; il se fit adorer dans le temple de *Castor* & de *Pollux*, sa statue était posée entre ces deux gemeaux; on lui immolait des paons, des faisans, des poules de Numidie; jusqu'à ce qu'enfin on l'immola lui même. *Néron* eut le nom de *Dieu* avant qu'il fût condamné par le sénat à mourir par le supplice des esclaves.

Ne nous imaginons pas que ce nom de *Dieu* signifiât chez ces monstres ce qu'il signifie parmi nous. Le blasphème ne pouvait être porté jusques-là : *divus* voulait dire précisément *sanctus*.

De la liste des proscriptions, & de l'épigramme ordurière contre *Fulvie*, il y a loin jusqu'à la Divinité. Il y eut onze conspirations contre ce Dieu, si l'on compte la prétendue conjuration de *Cinna* : mais aucune ne réussit; & de tous ces misérables qui usurpèrent les honneurs divins, *Auguste* fut sans doute le plus fortuné. Il fut véritablement celui par lequel la république Romaine périt; car *César* n'avait été dictateur que dix mois, & *Auguste* régna plus de quarante années.

Des mœurs d'Auguste.

On ne peut connaître les mœurs que par les faits, & il faut que ces faits soient incontestables. Il est avéré que cet homme si immodérément loué d'avoir été le restaurateur des mœurs & des loix, fut longtems un des plus infames débauchés de la république Romaine. Son épigramme sur *Fulvie* faite après l'horreur des proscriptions, démontre qu'il avait autant de mépris des bienséances dans les expressions, que de barbarie dans sa conduite.

Quod futuit glaphyram Antonius, hanc mihi pœnam
Fulvia constituit, se quoque uti futuam.
Aut futue aut pugnemus, ait: quid quod mihi vitâ
Charior est ipsâ mentula ? signa canant.

Cette abominable épigramme est un des plus forts témoignages de l'infamie des mœurs d'*Auguste*. *Sextes Pompée* lui reprocha des faiblesses infames. *Effœminatum insectatus est.* Antoine avant le triumvirat déclara que *César*, grand oncle d'*Auguste*, ne l'avait adopté pour son fils, que parce qu'il avait servi à ses plaisirs; *adoptionem avunculi stupro meritum.*

Lucius César lui fit le même reproche, & prétendit même qu'il avait poussé la bassesse jusques à vendre son corps à *Hirtius* pour une somme très considérable. Son impudence alla depuis jusqu'à arracher une femme consulaire à son mari au milieu d'un souper; il passa quelque tems avec elle dans un cabinet voisin, & la ramena ensuite à table, sans que lui, ni elle, ni son mari en rougissent.

Nous avons encore une lettre d'*Antoine*

à *Auguste* conçue en ces mots : *Ita valeas ut hanc Epistolam cum leges non inieris Testullam, aut Terentillam, aut Rufsilam, aut Salviam, aut omnes. Anne refert ubi, & in quam arrigas.* On n'ose traduire cette lettre licentieuse.

Rien n'est plus connu que ce scandaleux festin de cinq compagnons de ses plaisirs, avec six principales femmes de Rome. Ils étaient habillés en dieux & en déesses, & ils en imitaient toutes les impudicités inventées dans les fables :

Dum nova divorum cœnat adulteria.

Enfin, on le désigna publiquement sur le théâtre par ce fameux vers.

Vides ne ut cinœdus orbem digito temperet ?

Le doigt d'un vil giton gouverne l'univers.

Presque tous les auteurs Latins qui ont parlé d'*Ovide*, prétendent qu'*Auguste* n'eut l'insolence d'exiler ce chevalier Romain, qui était beaucoup plus honnête homme que lui, que parce qu'il avait été surpris par lui dans un inceste avec sa propre fille *Julia*, & qu'il ne relégua même sa fille que par jalousie. Cela est d'autant plus vraisemblable, que *Caligula* publiait hautement que sa mère était née de l'inceste d'*Auguste* & de *Julie* ; c'est ce que dit *Suétone* dans la vie de *Caligula*.

On sait qu'*Auguste* avait répudié la mère de *Julie* le jour même qu'elle accoucha d'elle : & il enleva le même jour *Livie* à son mari, grosse de *Tibère*, autre monstre qui lui succéda : voilà l'homme à qui *Horace* disait,

Res italas armis tuteris, moribus ornes,
Legibus emendes, &c.

Il est difficile de n'être pas saisi d'indignation en lisant à la tête des *Géorgiques*, qu'*Auguste* est un des plus grands Dieux, & qu'on ne sait quelle place il daignera occuper un jour dans le ciel ; s'il régnera dans les airs, ou s'il sera le protecteur des villes, ou bien s'il acceptera l'empire des mers ?

An Deus immensi venias maris, ac tua nautæ
Numina sola colant, tibi serviat ultima Thule.

L'*Arioste* parle bien plus sensément, comme aussi avec plus de grace, quand il dit dans son admirable trente-cinquiéme chant :

« *Non fu si santo ne benigno Augusto,*
« *Come la tromba di Virgilio suona ;*
« *L'aver avuto in poësia buon gusto,*
« *La proscriptione iniqua gli perdona &c.*

Tyran de son pays, & scélerat habile,
Il mit Pérouse en cendre & Rome dans les fers ;
Mais il avait du goût, il se connut en vers.
Auguste au rang des Dieux est placé par Virgile.

DES CRUAUTÉS D'AUGUSTE.

Autant qu'*Auguste* se livra longtems à la dissolution la plus effrenée, autant son énorme cruauté fut tranquille & réfléchie. Ce fut au milieu des festins & des fetes qu'il ordonna les proscriptions ; il y eut près de trois cent sénateurs de proscrits, deux mille chevaliers & plus de cent pères de famille obscurs, mais riches, dont tout le crime était dans leur fortune. *Octave* & *Antoine* ne les firent tuer que pour avoir leur argent, & en cela ils ne furent nullement différens des voleurs de grand chemin qu'on fait expirer sur la roue.

Octave, immédiatement avant la guerre de Pérouse, donna à ses soldats véterans, toutes les terres des citoyens de Mantoue & de Crémone. Ainsi il récompensait le meurtre par la déprédation.

Il n'est que trop certain que le monde fut ravagé depuis l'Euphrate jusqu'au fond de l'Espagne, par un homme sans pudeur, sans loi, sans honneur, sans probité, fourbe, ingrat, avare, sanguinaire, tranquille dans le crime, & qui dans une république bien policée aurait péri par le dernier supplice au premier de ses crimes.

Cependant on admire encor le gouvernement d'*Auguste*, parce que Rome goûta sous lui la paix, les plaisirs & l'abondance : *Sénèque* dit de lui, *clementiam non voco laſſam crudelitatem*. Je n'appelle point clémence la laſſitude de la cruauté.

On croit qu'*Auguſte* devint plus doux quand le crime ne lui fut plus néceſſaire, & qu'il vit qu'étant maître abſolu, il n'avait plus d'autre intérêt que celui de paraître juſte. Mais il me ſemble qu'il fut toûjours plus impitoyable que clément; car après la bataille d'Actium il fit égorger le fils d'*Antoine* au pied de la ſtatue de *Céſar*, & il eut la barbarie de faire trancher la tête au jeune *Céſarion*, fils de *Céſar* & de *Cléopatre*, que lui-même avait reconnu pour roi d'Egypte.

Ayant un jour ſoupçonné le préteur *Gallius Quintus* d'être venu à l'audience avec un poignard ſous ſa robe, il le fit appliquer en ſa préſence à la torture; & dans l'indignation où il fut de s'entendre appeler *tyran* par ce ſénateur, il lui arracha lui-même les yeux; ſi on en croit *Suétone*.

On ſait que *Céſar*, ſon père adoptif, fut aſſez grand pour pardonner à preſque tous ſes ennemis; mais je ne vois pas qu'*Auguſte* ait pardonné à un ſeul. Je doute fort de ſa prétendue clémence envers *Cinna*. *Tacite*, ni *Suétone* ne diſent rien de cette avanture. *Suétone* qui parle de toutes les conſpirations faites contre *Auguste*, n'aurait pas manqué de parler de la plus célèbre. La singularité d'un consulat donné à *Cinna* pour prix de la plus noire perfidie, n'aurait pas échapé à tous les historiens contemporains. *Dion Cassius* n'en parle qu'après *Sénèque* ; & ce morceau de *Sénèque* ressemble plus à une déclamation qu'à une vérité historique. De plus, *Sénèque* met la scène en Gaule, & *Dion* à Rome. Il y a là une contradiction qui achève d'ôter toute vraisemblance à cette avanture. Aucune de nos histoires romaines compilées à la hâte & sans choix, n'a discuté ce fait intéressant. L'histoire de *Laurent Echard* a paru aux hommes éclairés aussi fautive que tronquée : l'esprit d'examen a rarement conduit les écrivains.

Il se peut que *Cinna* ait été soupçonné ou convaincu par *Auguste* de quelque infidélité, & qu'après l'éclaircissement, *Auguste* lui eût accordé le vain honneur du consulat : mais il n'est nullement probable que *Cinna* eût voulu par une conspiration s'emparer de la puissance suprême, lui qui n'avait jamais commandé d'armée, qui n'était appuyé d'aucun parti, qui n'était pas enfin un homme considérable dans l'empire. Il n'y a pas d'apparence qu'un simple courtisan subalterne ait eu la folie de vouloir succéder à un souverain affermi depuis vingt années, & qui avait des héritiers ; & il n'est nullement probable qu'*Auguste* l'eût fait conful immédiatement après la confpiration.

Si l'avanture de *Cinna* eft vraie, *Augufte* ne pardonna que malgré lui, vaincu par les raifons ou par les importunités de *Livie*, qui avait pris fur lui un grand afcendant, & qui lui perfuada, dit *Sénèque*, que le pardon lui ferait plus utile que le châtiment. Ce ne fut donc que par politique qu'on le vit une fois exercer la clémence ; ce ne fut certainement point par générofité.

Comment peut-on tenir compte à un brigand enrichi & affermi de jouïr en paix du fruit de fes rapines, & de ne pas affaffiner tous les jours les fils & les petits-fils des profcrits quand ils font à genoux devant lui & qu'ils l'adorent ? il fut un politique prudent après avoir été un barbare ; mais il eft à remarquer que la poftérité ne lui donna jamais le nom de *vertueux* comme à *Titus*, à *Trajan*, aux *Antonins*. Il s'introduifit même une coutume dans les complimens qu'on fefaient aux empereurs à leur avénement, c'était de leur fouhaiter d'être plus heureux qu'*Augufte*, & meilleurs que *Trajan*.

Il eft donc permis aujourd'hui de regarder *Augufte* comme un monftre adroit & heureux.

Louis Racine, fils du grand *Racine*, & héritier d'une partie de fes talens, femble s'oublier un peu quand il dit dans fes réflexions sur la poësie, qu'*Horace & Virgile gâtèrent Auguste, qu'ils épuisèrent leur art pour empoisonner Auguste par leurs louanges*. Ces expressions pouraient faire croire que les éloges si bassement prodigués par ces deux grands poëtes, corrompirent le beau naturel de cet empereur. Mais *Louïs Racine* savait très bien qu'*Auguste* était un fort méchant homme, indifférent au crime & à la vertu, se servant également des horreurs de l'un & des apparences de l'autre, uniquement attentif à son seul intérêt, n'ensanglantant la terre & ne la pacifiant, n'employant les armes & les loix, la religion & les plaisirs que pour être le maître, & sacrifiant tout à lui-même. *Louïs Racine* fait voir seulement que *Virgile* & *Horace* eurent des ames serviles.

Il a malheureusement trop raison quand il reproche à *Corneille* d'avoir dédié *Cinna* au financier *Montauron*, & d'avoir dit à ce receveur ; *ce que vous avez de commun avec Auguste, c'est surtout cette générosité avec laquelle*... car enfin, quoi qu'*Auguste* ait été le plus méchant des citoyens Romains, il faut convenir que le premier des empereurs, le maître, le pacificateur, le législateur de la terre alors connue, ne devait pas être mis absolument de niveau avec un financier commis d'un controlleur-général en Gaule.

Le même *Louïs Racine* en condamnant justement l'abaissement de *Corneille* & la lâcheté
du

du siécle d'*Horace* & de *Virgile*, relève merveilleusement un passage du petit carême de Massillon. *On est aussi coupable quand on manque de vérité aux rois que quand on manque de fidélité, & on aurait dû établir la même peine pour l'adulation que pour la révolte.*

Père *Massillon*, je vous demande pardon; mais ce trait est bien oratoire, bien prédicateur, bien exagéré. La ligue & la fronde ont fait, si je ne me trompe, plus de mal que les prologues de *Quinault*. Il n'y a pas moyen de condamner *Quinault* à être roué comme un rebelle. Père Massillon, *est modus in rebus*, & c'est ce qui manque net à tous les feseurs de sermons.

AUGUSTIN.

CE n'est pas comme évêque, comme docteur, comme père de l'église que je considère ici *St. Augustin*, natif de Tagaste ; c'est en qualité d'homme. Il s'agit ici d'un point de physique qui regarde le climat d'Afrique.

Il me semble que *St. Augustin* avait environ quatorze ans lorsque son père, qui était pauvre, le mena avec lui aux bains publics. On dit qu'il était contre l'usage & la bienséance qu'un père se baignât avec son

Seconde partie. Z

fils; & *Bayle* même fait cette remarque. Oui, les patriciens à Rome, les chevaliers Romains ne se baignaient pas avec leurs enfans dans les étuves publiques. Mais croira-t-on que le pauvre peuple, qui allait au bain pour un liard, fût scrupuleux observateur des bienséances des riches?

L'homme opulent couchait dans un lit d'yvoire & d'argent sur des tapis de pourpre, sans draps, avec sa concubine; sa femme dans un autre appartement parfumé couchait avec son amant. Les enfans, les précepteurs, les domestiques avaient leurs chambres séparées; mais le peuple couchait pêle-mêle dans des galetas. On ne fesait pas beaucoup de façons dans la ville de Tagaste en Afrique. Le père d'*Augustin* menait son fils au bain des pauvres.

Ce saint raconte que son père le vit dans un état de virilité qui lui causa une joie vraiment paternelle, & qui lui fit espérer d'avoir bientôt des petits-fils *in ogni modo*, comme de fait il en eut.

Le bon homme s'empressa même d'aller conter cette nouvelle à sainte *Monique* sa femme.

St. *Augustin* qui était un enfant très libertin, avait l'esprit aussi prompt que la chair. *Confession* Il dit, qu'ayant à peine vingt ans il apprit liv. IV. sans maître la géométrie, l'arithmétique & ch. XVI. la musique.

Cela ne prouve-t-il pas deux chofes, que dans l'Afrique, que nous nommons aujourd'hui *la Barbarie*, les corps & les efprits font plus avancés que chez nous?

Où font à Paris, à Strasbourg, à Ratifbonne, à Vienne les jeunes gens qui apprennent l'arithmétique, les mathématiques, la mufique, fans aucun fecours, & qui foient pères à quatorze ans?

Ce n'eft point fans doute une fable, qu'*Atlas* prince de Mauritanie, appellé *fils du ciel* par les Grecs, ait été un célèbre aftronome, qu'il ait fait conftruire une fphère célefte comme il en eft à la Chine depuis tant de fiécles. Les anciens, qui exprimaient tout en allégories, comparèrent ce prince à la montagne qui porte fon nom, parce qu'elle élève fon fommet dans les nues, & les nues ont été nommées *le ciel* par tous les hommes qui n'ont jugé des chofes que fur le rapport de leurs yeux.

Ces mêmes Maures cultivèrent les fciences avec fuccès, & enfeignèrent l'Efpagne & l'Italie pendant plus de cinq fiécles. Les chofes font bien changées. Le pays de *St. Auguftin* n'eft plus qu'un repaire de pirates. L'Angleterre, l'Italie, l'Allemagne, la France qui étaient plongées dans la barbarie, cultivent les arts mieux que n'ont jamais fait les Arabes.

Nous ne voulons donc, dans cet article, que faire voir combien ce monde est un tableau changeant. *Augustin* débauché devient orateur & philosophe. Il se pousse dans le monde, il est professeur de rhétorique ; il se fait manichéen ; du manichéisme il passe au christianisme. Il se fait batiser avec un de ses bâtards nommé *Deodatus* : il devient évêque ; il devient père de l'église. Son *système sur la grace* est respecté onze cent ans comme un article de foi. Au bout d'onze cent ans, des jésuites trouvent moyen de faire anathématiser le système de *St. Augustin* mot pour mot, sous le nom de *Jansénius*, de *St. Ciran*, d'*Arnaud*, de *Quesnel*. (Voyez *Grace*.) Nous demandons si cette révolution dans son genre n'est pas aussi grande que celle de l'Afrique, & s'il y a rien de permanent sur la terre ?

AVIGNON.

AVignon & son comtat sont des monumens de ce que peuvent à la fois l'abus de la religion, l'ambition, la fourberie & le fanatisme. Ce petit pays, après mille vicissitudes, avait passé au douziéme siécle dans la maison des comtes de Toulouse, descendans de *Charlemagne* par les femmes.

AVIGNON. 357

Raimond VI comte de Toulouse, dont les ayeux avaient été les principaux héros des croisades, fut dépouillé de ses états par une croisade que les papes suscitèrent contre lui. La cause de la croisade était l'envie d'avoir ses dépouilles : le prétexte était, que dans plusieurs de ses villes, les citoyens pensaient à-peu-près comme on pense depuis plus de deux cent ans en Angleterre, en Suède, en Dannemarck, dans les trois quarts de la Suisse, en Hollande, & dans la moitié de l'Allemagne.

Ce n'était pas une raison pour donner au nom de DIEU, les états du comte de Toulouse au premier occupant, & pour aller égorger & brûler ses sujets un crucifix à la main, & une croix blanche sur l'épaule. Tout ce qu'on nous raconte des peuples les plus sauvages n'approche pas des barbaries commises dans cette guerre, appellée *sainte*. L'atrocité ridicule de quelques cérémonies religieuses accompagna toûjours les excès de ces horreurs. On sait que *Raimond VI* fut trainé à une église de St. Giles devant un légat nommé *Milon*, nud jusqu'à la ceinture, sans bas & sans sandales, ayant une corde au cou, laquelle était tirée par un diacre, tandis qu'un second diacre le fouettait, qu'un troisiéme diacre chantait un *miserere* avec des moines, & que le légat était à diner.

Telle est la première origine du droit des papes sur Avignon.

Le comte *Raimond*, qui s'était soumis à être fouetté pour conserver ses états, subit cette ignominie en pure perte. Il lui fallut défendre par les armes ce qu'il avait cru conserver par une poignée de verges ; il vit ses villes en cendre, & mourut en 1213 dans les vicissitudes de la plus sanglante guerre.

Son fils *Raimond VII* n'était pas soupçonné d'hérésie comme le père ; mais étant fils d'un hérétique il devait être dépouillé de tous ses biens en vertu des décretales, c'était la loi. La croisade subsista donc contre lui. On l'excommuniait dans les églises les dimanches & les jours de fêtes au son des cloches, & à cierges éteints.

Un légat qui était en France dans la minorité de *St. Louis*, y levait des décimes pour soutenir cette guerre en Languedoc & en Provence. *Raimond* se défendait avec courage, mais les têtes de l'hydre du fanatisme renaissaient à tout moment pour le dévorer.

Enfin le pape fit la paix, parce que tout son argent se dépensait à la guerre.

Raimond VII vint signer le traité devant le portail de la cathédrale de Paris. Il fut forcé de payer dix mille marcs d'argent au légat, deux mille à l'abbaye de Citeaux, cinq cent à l'abbaye de Clervaux, mille à celle de Grand-Selve, trois cent à celle de Belleperche, le tout pour le falut de fon ame, comme il eſt ſpécifié dans le traité. C'était ainſi que l'égliſe négociait toûjours.

Il eſt très remarquable que dans l'inſtrument de cette paix, le comte de Toulouſe met toûjours le légat avant le roi. ,, Je jure & ,, promets au légat & au roi d'obſerver de ,, bonne foi toutes ces choſes, & de les faire ,, obſerver par mes vaſſaux & ſujets, &c.

Ce n'était pas tout, il céda au pape *Grégoire IX* le comtat Venaiſſin au-delà du Rhône, & la ſuzeraineté de ſoixante & treize châteaux en deçà. Le pape s'adjugea cette amende par un acte particulier, ne voulant pas que dans un inſtrument public l'aveu d'avoir exterminé tant de chrétiens, pour ravir le bien d'autrui, parût avec trop d'éclat. Il exigeait d'ailleurs ce que *Raimond* ne pouvait lui donner ſans le conſentement de l'empereur *Fréderic II.* Les terres du comte à la gauche du Rhône étaient un fief impérial. *Fréderic II* ne ratifia jamais cette extorſion.

Alphonſe, frère de *St. Louïs*, ayant épouſé la fille de ce malheureux prince, & n'en ayant point eu d'enfans, tous les états de *Raimond VII* en Languedoc furent réunis à la couronne de France, ainſi qu'il avait été ſtipulé par le contract de mariage.

Le comtat Venaissin, qui est dans la Provence, avait été rendu avec magnanimité par l'empereur *Fréderic II* au comte de Toulouse. Sa fille *Jeanne*, avant de mourir, en avait disposé par son testament en faveur de *Charles d'Anjou* comte de Provence & roi de Naples.

Philippe le hardi, fils de *St. Louis*, pressé par le pape *Grégoire X*, donna le Venaissin à l'église romaine en 1274. Il faut avouer que *Philippe le hardi* donnait ce qui ne lui appartenait point du tout ; que cette cession était absolument nulle, & que jamais acte ne fut plus contre toutes les loix.

Il en est de même de la ville d'Avignon. *Jeanne de France* reine de Naples, descendante du frère de *St. Louis*, accusée avec trop de vraisemblance d'avoir empoisonné son mari, voulut avoir la protection du pape *Clément VI*, qui siégeait alors dans la ville d'Avignon, domaine de *Jeanne*. Elle était comtesse de Provence. Les Provençaux lui firent jurer en 1347, sur les évangiles, qu'elle ne vendrait aucune de ses souverainetés. A peine eut-elle fait son serment qu'elle alla vendre Avignon au pape. L'acte autentique ne fut signé que le 12 Juin 1348 ; on y stipula pour prix de la vente la somme de quatre-vingt mille florins d'or. Le pape la déclara innocente du meurtre de son mari, mais il ne la paya point. On n'a jamais produit la quit-

AVIGNON.

tance de *Jeanne*. Elle réclama quatre fois juridiquement contre cette vente illusoire.

Ainsi donc, Avignon & le comtat ne furent jamais réputés démembrés de la Provence que par une rapine d'autant plus manifeste, qu'on avait voulu la couvrir du voile de la religion.

Lorsque *Louis XI* acquit la Provence, il l'acquit avec tous ses droits, & voulut les faire valoir en 1464, comme on le voit par une lettre de *Jean de Foix* à ce monarque. Mais les intrigues de la cour de Rome eurent toûjours tant de pouvoir, que les rois de France condescendirent à la laisser jouir de cette petite province. Ils ne reconnurent jamais dans les papes une possession légitime, mais une simple jouissance.

Dans le traité de Pise, fait par *Louis XIV* en 1664 avec *Alexandre VII*, il est dit, *qu'on lèvera tous les obstacles, afin que le pape puisse jouir d'Avignon comme auparavant*. Le pape n'eut donc cette province que comme des cardinaux ont des pensions du roi, & ces pensions sont amovibles.

Avignon & le comtat furent toûjours un embarras pour le gouvernement de France. Ce petit pays était le réfuge de tous les banqueroutiers & de tous les contrebandiers. Par-là il causait de grandes pertes, & le pape n'en profitait guères.

Louis XIV rentra deux fois dans ses droits; mais pour châtier le pape plus que pour réunir Avignon & le comtat à sa couronne.

Enfin *Louis XV* a fait justice à sa dignité & à ses sujets. La conduite indécente & grossière du pape *Rezzonico*, *Clément XIII*, l'a forcé de faire revivre les droits de sa couronne en 1768. Ce pape avait agi comme s'il avait été du quatorziéme siécle. On lui a prouvé qu'on était au dix-huitiéme, avec l'applaudissement de l'Europe entière.

Lorsque l'officier-général, chargé des ordres du roi entra dans Avignon, il alla droit à l'appartement du légat sans se faire annoncer, & lui dit, *Monsieur l'abbé, le roi prend possession de sa ville, & vous donne deux jours pour vous retirer.*

Il y a loin de là à un comte de Toulouse fouetté par un diacre pendant le dîner d'un légat. Les choses, comme on voit, changent avec le tems.

AUSTÉRITÉS,

MORTIFICATIONS, FLAGELLATIONS.

Que des hommes choisis, amateurs de l'étude, se soient unis après mille catastrophes arrivées au monde; qu'ils se soient occupés d'adorer DIEU, & de régler les temps de l'année, comme on le dit des anciens bracmanes, des mages, il n'eſt rien là que de bon & d'honnête. Ils ont pu être en exemple au reſte de la terre par une vie frugale ; ils ont pu s'abſtenir de toute liqueur enyvrante, & du commerce avec leurs femmes, quand ils célébrèrent des fêtes. Ils durent être vêtus avec modeſtie & décence. S'ils furent ſavans, les autres hommes les conſultèrent : S'ils furent juſtes, on les reſpecta & on les aima. Mais la ſuperſtition, la gueuſerie, la vanité ne ſe mirent-elles pas bientôt à la place des vertus ?

Le premier fou qui ſe fouetta publiquement pour appaiſer les Dieux, ne fut-il pas l'origine des prêtres de la déeſſe de Syrie qui ſe fouettaient en ſon honneur, des prêtres d'*Iſis* qui en feſaient autant à certains jours ; des prêtres de Dodone nommés *Seliens* qui ſe feſaient des bleſſures, des prêtres de *Bellone* qui ſe donnaient des coups de ſabre ? des prêtres de *Diane* qui s'enſanglantaient à coups de verges, des prêtres de *Cybèle* qui ſe feſaient eunuques, des faquirs des Indes qui ſe chargèrent de chaînes ? L'eſpérance de tirer de larges aumônes n'entra-t-elle pour rien dans leurs auſtérités ?

Les gueux qui ſe font enfler les jambes avec de la titimale, & qui ſe couvrent d'ulcères pour attacher quelques deniers aux paſſans, n'ont-ils pas quelque rapport aux énergumènes de l'antiquité qui s'enfonçaient des cloux dans les feſſes, & qui vendaient ces ſaints cloux aux dévots du pays?

Enfin, la vanité n'a-t-elle jamais eu part à ces mortifications publiques qui attiraient les yeux de la multitude? Je me fouette; mais c'eſt pour expier vos fautes. Je marche tout nud; mais c'eſt pour vous reprocher le faſte de vos vêtemens. Je me nourris d'herbe & de colimaçons; mais c'eſt pour corriger en vous le vice de la gourmandiſe. Je m'attache un anneau de fer à la verge; pour vous faire rougir de votre laſciveté. Reſpectez-moi comme un homme cher aux Dieux, qui attirera leurs faveurs ſur vous. Quand vous ſerez accoutumés à me reſpecter, vous n'aurez pas de peine à m'obéir. Je ferai votre maître au nom des Dieux. Et ſi quelqu'un de vous alors trangreſſe la moindre de mes volontés, je le ferai empâler pour appaiſer la colère céleſte.

Si les premiers faquirs ne prononcèrent pas ces paroles, il eſt bien probable qu'ils les avaient gravées dans le fond de leur cœur.

Ces auſtérités affreuſes furent peut-être les origines des ſacrifices de ſang humain. Des gens qui répandaient leur ſang en public à coups de verges, & qui se tailladaient les bras & les cuisses pour se donner de la considération, firent aisément croire à des sauvages imbécilles qu'on devait sacrifier aux Dieux ce qu'on avait de plus cher ; qu'il falait immoler sa fille pour avoir un bon vent ; précipiter son fils du haut d'un rocher pour n'être point attaqué de la peste ; jetter une fille dans le Nil pour avoir infailliblement une bonne récolte.

Ces superstitions asiatiques ont produit parmi nous les flagellations que nous avons imitées des Juifs. Leurs dévots se fouettaient & se fouettent encor les uns les autres, comme fesaient autrefois les prêtres de Syrie & d'Egypte. *Voyez Confession. Voyez Apulée.*

Parmi nous les abbés fouettèrent leurs moines, les confesseurs fouettèrent leurs pénitens des deux sexes. *St. Augustin* écrit à Marcellin le tribun, *qu'il faut fouetter les donatistes comme les maitres d'école en usent avec les écoliers.*

On prétend que ce n'est qu'au dixiéme siécle que les moines & les religieuses commencèrent à se fouetter à certains jours de l'année. La coutume de donner le fouet aux pécheurs pour pénitence, s'établit si bien, que le confesseur de *St. Louis* lui donnait très souvent le fouet. *Henri II* d'Angleterre fut fouetté par les chanoines de Cantorberi. *Raimond* en 1209, comte de Touloufe fut fouetté la corde au cou par un diacre, à la porte de l'églife de St. Giles, devant le légat *Milon*, comme nous l'avons vu.

en 1223. Les chapelains du roi de France *Louïs VIII*, furent condamnés par le légat du pape *Innocent III* à venir aux quatre grandes fêtes aux portes de la cathédrale de Paris, préfenter des verges aux chanoines pour les fouetter, en expiation du crime du roi leur maître qui avait accepté la couronne d'Angleterre, que le pape lui avait ôtée après la lui avoir donnée en vertu de fa pleine puiffance. Il parut même que le pape était fort indulgent en ne fefant pas fouetter le roi lui-même, & en fe contentant de lui ordonner, fous peine de damnation, de payer à la chambre apoftolique deux années de fon revenu.

C'eft de cet ancien ufage que vient la coutume d'armer encor dans St. Pierre de Rome les grands pénitenciers, de longues baguettes au-lieu de vergés, dont ils donnent de petits coups aux pénitens profternés de leur long. C'eft ainfi que le roi de France *Henri IV* reçut le fouet fur les feffes des cardinaux d'*Offat* & *Duperron*. Tant il eft vrai que nous fortons à peine de la barbarie dans laquelle nous avons encor une jambe enfoncée jufqu'au genou.

AUSTÉRITÉS. 367

Au commencement du treiziéme siécle il se forma en Italie des confréries de pénitens, à Pérouse & à Bologne. Les jeunes gens presque nuds, une poignée de verge dans une main, & un petit crucifix dans l'autre, se fouettaient dans les rues. Les femmes les regardaient à travers les jalousies des fenêtres, & se fouettaient dans leurs chambres.

Ces flagellans inondèrent l'Europe; on en voit encor beaucoup en Italie, en Espagne & en France même, à Perpignan. Il était assez commun au commencement du seiziéme siécle, que les confesseurs fouettassent leurs pénitentes sur les fesses. Une histoire des Pays-bas, composée par *Meteren*, rapporte que le cordelier nommé *Adriacem*, grand prédicateur de Bruges, fouettait ses pénitentes toutes nues. *Meteren, Historia belgica anno 1570. Histoire des Flagellans. pag. 198.*

Le jésuite *Edmond Auger* confesseur de Henri III, engagea ce malheureux prince à se mettre à la tête des flagellans. *De Thou livre 28.*

Dans plusieurs couvens de moines & de religieuses, on se fouette sur les fesses. Il en a résulté quelquefois d'étranges impudicités, sur lesquelles il faut jetter un voile pour ne pas faire rougir celles qui portent un voile sacré, & dont le sexe & la profession méritent les plus grands égards. (Voyez *Expiation*.)

AUTELS,

TEMPLES, RITES, SACRIFICES, &c.

IL est universellement reconnu que les premiers chrétiens n'eurent ni temples, ni autels, ni cierges, ni encens, ni eau bénite, ni aucun des rites que la prudence des pasteurs institua depuis, selon les tems & les lieux, & surtout selon les besoins des fidèles.

Nous avons plus d'un témoignage d'*Origène*, d'*Athenagore*, de *Théophile*, de *Justin*, de *Tertullien*, que les premiers chrétiens avaient en abomination les temples & les autels. Ce n'est pas seulement parce qu'ils ne pouvaient obtenir du gouvernement, dans ces commencemens, la permission de bâtir des temples, mais c'est qu'ils avaient une aversion réelle pour tout ce qui semblait avoir le moindre rapport avec les autres religions. Cette horreur subsista chez eux pendant deux cent cinquante ans. Cela se démontre par *Minutius Felix*, qui vivait au troisième siécle. *Vous pensez*, dit-il aux Romains, *que nous cachons ce que nous adorons parce que nous n'avons ni temples ni autels. Mais quel simulacre érigerons-nous à* DIEU *puisque l'homme est lui-même le simulacre de* DIEU?

Dieu ? Quel temple lui, bâtirons-nous quand le monde, qui eſt ſon ouvrage, ne peut le contenir ? Comment enfermerai-je la puiſſance d'une telle majeſté dans une ſeule maiſon ? ne vaut-il pas bien mieux lui conſacrer un temple dans notre eſprit & dans notre cœur ?

„ Putatis autem nos occultare quod co-
„ limus, ſi delubra & aras non habemus?
„ Quod enim ſimulacrum Deo fingam, cum
„ ſi recte exiſtimes ſit Dei homo ipſe ſimu-
„ lacrum ? templum quod ei extruam, cum
„ totus hic mundus ejus opere fabricatus
„ eum capere non poſſit, & cum homo
„ latius maneam, intra unam ædiculam vim
„ tantæ majeſtatis includam? Nonne melius
„ in noſtra dedicandus eſt mente ? In noſtro
„ imo conſecrandus eſt pectore ?

Les chrétiens n'eurent donc des temples que vers le commencement du règne de *Dioclétien*. L'égliſe était alors très nombreuſe. On avait beſoin de décorations & de rites qui auraient été juſques-là inutiles & même dangereux à un troupeau faible longtems méconnu, & pris ſeulement pour une petite ſecte de Juifs diſſidens.

Il eſt manifeſte que dans le tems où ils étaient confondus avec les Juifs, ils ne pouvaient obtenir la permiſſion d'avoir des temples. Les Juifs qui payaient très chèrement leurs ſynagogues s'y ſeraient oppoſés; ils

Seconde partie. A a

étaient mortels ennemis des chrétiens, & ils étaient riches. Il ne faut pas dire avec *Toland*, qu'alors les chrétiens ne fefaient femblant de méprifer les temples & les autels, que comme le renard difait, que les raifins étaient trop verds.

Cette comparaifon femble auffi injufte qu'impie, puifque tous les premiers chrétiens de tant de pays différens s'accordèrent à foutenir qu'il ne faut point de temples & d'autels au vrai DIEU.

La providence, en fefant agir les caufes fecondes, voulut qu'ils bâtiffent un temple fuperbe dans Nicomédie réfidence de l'empereur *Dioclétien*, dès qu'ils eurent la protection de ce prince. Ils en conftruifirent dans d'autres villes, mais ils avaient encor en horreur les cierges, l'encens, l'eau luftrale, les habits pontificaux; tout cet appareil impofant n'était alors à leurs yeux que marque diftinctive du paganifme. Ils n'adoptèrent ces ufages que peu-à-peu fous *Conftantin* & fous fes fucceffeurs; & ces ufages ont fouvent changé.

Aujourd'hui, dans notre Occident, les bonnes femmes qui entendent le dimanche une meffe baffe en latin, fervie par un petit garçon, s'imaginent que ce rite a été obfervé de tout tems, qu'il n'y en a jamais eu d'autre, & que la coutume de s'affembler dans d'autres pays pour prier DIEU en commun, est diabolique & toute récente. Une messe basse est sans contredit quelque chose de très respectable, puisqu'elle a été autorisée par l'église. Elle n'est point du tout ancienne, mais elle n'en exige pas moins notre vénération.

Il n'y a peut-être aujourd'hui pas une seule cérémonie qui ait été en usage du tems des apôtres. Le St. Esprit s'est toûjours conformé aux tems. Il inspirait les premiers disciples dans un méchant galetas. Il communique aujourd'hui ses inspirations dans St. Pierre de Rome qui a coûté deux cent millions; également divin dans le galetas & dans le superbe édifice de *Jules II*, de *Léon X*, de *Paul III*, & de *Sixte V*. Voyez *Eglise primitive*.

AUTEURS.

AUteur est un nom générique qui peut, comme le nom de toutes les autres professions, signifier du bon & du mauvais, du respectable ou du ridicule, de l'utile & de l'agréable, ou du fatras de rebut.

Ce nom est tellement commun à des choses différentes, qu'on dit également l'*auteur de la nature & l'auteur des chansons du pont-neuf*, ou *l'auteur de l'Année littéraire*.

Nous croyons que l'auteur d'un bon ouvrage doit se garder de trois choses, du titre, de l'épître dédicatoire & de la préface. Les autres doivent se garder d'une quatrième, c'est d'écrire.

Quant au titre, s'il a la rage d'y mettre son nom, ce qui est souvent très dangereux, il faut du moins que ce soit sous une forme modeste ; on n'aime point à voir un ouvrage pieux qui doit renfermer des leçons d'humilité par, *Messire ou Monseigneur un tel, conseiller du roi en ses conseils, évêque & comte d'une telle ville*. Le lecteur qui est toujours malin, & qui souvent s'ennuie, aime fort à tourner en ridicule un livre annoncé avec tant de faste. On se souvient alors que l'auteur de l'*imitation de* JESUS-CHRIST n'y a pas mis son nom.

Mais les apôtres, dites-vous, mettaient leurs noms à leurs ouvrages. Cela n'est pas vrai, ils étaient trop modestes. Jamais l'apôtre *Matthieu* n'intitula son livre *Evangile de St. Matthieu*, c'est un hommage qu'on lui rendit depuis. *St. Luc* lui-même qui recueillit ce qu'il avait entendu dire, & qui dédie son livre à *Théophile*, ne l'intitule point *Evangile de Luc*. Il n'y a que *St. Jean* qui se nomme dans l'Apocalypse ; & c'est ce qui fit soupçonner que ce livre était de *Cérinthe* qui prit le nom de *Jean* pour autoriser cette production.

Quoi qu'il en puisse être des siécles passés, il me parait bien hardi dans ce siécle de mettre son nom & ses titres à la tête de ses œuvres. Les évêques n'y manquent pas ; & dans les gros *in-4º* qu'ils nous donnent sous le titre de *Mandemens*, on remarque d'abord leurs armoiries avec de beaux glands ornés de houppes ; ensuite il est dit un mot de l'humilité chrétienne, & ce mot est suivi quelquefois d'injures atroces contre ceux qui sont, ou d'une autre communion, ou d'un autre parti. Nous ne parlons ici que des pauvres auteurs prophanes. Le duc de *la Rochefoucault* n'intitula point ses *pensées* par *Monseigneur le duc de la Rochefoucault pair de France*, &c.

Plusieurs personnes trouvent mauvais qu'une compilation dans laquelle il y a de très beaux morceaux, soit annoncée par *Monsieur*, &c. ci-devant professeur de l'université, docteur en théologie, recteur, précepteur des enfans de Mr. le duc de.... membre d'une académie & même de deux. Tant de dignités ne rendent pas le livre meilleur. On souhaiterait qu'il fût plus court, plus philosophique, moins rempli de vieilles fables. A l'égard des titres & qualités, personne ne s'en soucie.

L'épitre dédicatoire n'a été souvent présentée que par la bassesse intéressée à la vanité dédaigneuse :

> *De là vient cet amas d'ouvrages mercénaires,*
> *Stances, odes, sonnets, épîtres luminaires,*
> *Où toûjours le héros passe pour sans pareil,*
> *Et fût-il louche & borgne, est réputé soleil.*

Qui croirait que *Rohaut* soi-disant physicien, dans sa dédicace au duc de *Guise*, lui dit, *que ses ancêtres ont maintenu aux dépends de leur sang les vérités politiques, les loix fondamentales de l'état, & les droits des souverains.* Le *Balafré* & le duc de *Mayenne* seraient un peu surpris si on leur lisait cette épitre. Et que dirait *Henri IV* ?

On ne sait pas que la plûpart des dédicaces en Angleterre ont été faites pour de l'argent, comme les capucins chez-nous viennent présenter des salades à condition qu'on leur donnera pour boire.

Les gens de lettres en France ignorent aujourd'hui ce honteux avilissement; & jamais ils n'ont eu tant de noblesse dans l'esprit, excepté quelques malheureux qui se disent *gens des lettres* dans le même sens que des barbouilleurs se vantent d'être de la profession de *Raphaël*, & que le cocher de *Vertamont* était poëte.

AUTEURS.

Les préfaces font un autre écueil; Le *Moi* est haïssable, disait *Pascal*. Parlez de vous le moins que vous pourez; car vous devez savoir que l'amour-propre du lecteur est aussi grand que le vôtre. Il ne vous pardonnera jamais de vouloir le condamner à vous estimer. C'est à votre livre à parler pour lui; s'il parvient à être lu dans la foule.

Les illustres suffrages dont ma piéce a été honorée, devraient me dispenser de répondre à mes adversaires. Les applaudissemens du public..... rayez tout cela, croyez-moi; vous n'avez point eu de suffrages illustres; votre piéce est oubliée pour jamais.

Quelques censeurs ont prétendu qu'il y a un peu trop d'événemens dans le troisiéme acte, & que la princesse découvre trop tard dans le quatriéme les tendres sentimens de son cœur pour son amant; à cela je réponds que..... Ne réponds point, mon ami, car personne n'a parlé ni ne parlera de ta princesse. Ta piéce est tombée parce qu'elle est ennuieuse & écrite en vers plats & barbares; ta préface est une prière pour les morts; mais elle ne les ressuscitera pas.

D'autres attestent l'Europe entière qu'on n'a pas entendu leur systême sur les *comp. possibles*, sur les *supralapsaires*; sur la différence qu'on doit mettre entre les hérétiques Macédoniens, & les hérétiques Valentiniens.

Mais vraiment je crois bien que personne ne t'entend, puisque personne ne te lit.

On est inondé de ces fatras, & de ces continuelles répétitions, & des insipides romans qui copient de vieux romans, & de nouveaux systèmes fondés sur d'anciennes rêveries, & de petites historiettes prises dans des histoires générales.

Voulez-vous être auteur, voulez-vous faire un livre ? songez qu'il doit être neuf, & utile, ou du moins infiniment agréable.

Quoi ! du fond de votre province vous m'assassinerez de plus d'un *in-4º* pour m'apprendre qu'un roi doit être juste, & que *Trajan* était plus vertueux que *Caligula* ? vous ferez imprimer vos sermons qui ont endormi votre petite ville inconnue ! vous mettrez à contribution toutes nos histoires pour en extraire la vie d'un prince sur qui vous n'avez aucuns mémoires nouveaux !

Si vous avez écrit une histoire de votre tems, ne doutez pas qu'il ne se trouve quelque éplucheur de chronologie, quelque commentateur de gazette qui vous relévera sur une date, sur un nom de batême, sur un escadron mal placé par vous à trois cent pas de l'endroit où il fut en effet posté. Alors, corrigez-vous vite.

Si un ignorant, un folliculaire se mêle de critiquer à tort & à travers, vous pouvez les confondre ; mais nommez-le rarement, de peur de fouiller vos écrits.

Vous attaque-t-on sur le stile, ne répondez jamais ; c'est à votre ouvrage seul de répondre.

Un homme dit que vous êtes malade, contentez-vous de vous bien porter, sans vouloir prouver au public que vous êtes en parfaite santé. Et surtout, souvenez-vous que le public s'embarrasse fort peu si vous vous portez bien ou mal.

Cent auteurs compilent pour avoir du pain, & vingt folliculaires font l'extrait, la critique, l'apologie, la satyre de ces compilations, dans l'idée d'avoir aussi du pain ; parce qu'ils n'ont point de métier. Tous ces gens-là vont les vendredis demander au lieutenant de police de Paris la permission de vendre leurs drogues. Ils ont audiance immédiatement après les filles de joie, qui ne les regardent pas, parce qu'elles savent bien que ce sont de mauvaises pratiques.

Ils s'en retournent avec une permission tacite de faire vendre & débiter partout le royaume, leurs *historiettes*, leurs *recueils de bons mots*, la *vie du bienheureux Regis*, la *traduction d'un poëme allemand*, les *nouvelles découvertes sur les anguilles* ; un *nouveaux choix de vers* ; un *système sur l'origine des cloches* ; les *amours du crapaud*. Un libraire achète leurs productions dix écus ; ils en donnent cinq au folliculaire du coin, à condition qu'il en dira du bien dans ses gazettes. Le folliculaire prend leur argent, & dit, de leurs *opuscules*, tout le mal qu'il peut. Les lézés viennent se plaindre au juif qui entretient la femme du folliculaire ; on se bat à coups de poing chez l'apoticaire *Le Lièvre* ; la scène finit par mener le folliculaire au Four-l'Evêque. Et cela s'appelle *des auteurs !*

Ces pauvres gens se partagent en deux ou trois bandes, & vont à la quête comme des moines mendians ; mais n'ayant point fait de vœux, leur société ne dure que peu de jours ; ils se trahissent comme des prêtres qui courent le même bénéfice, quoi qu'ils n'ayent nul bénéfice à espérer. Et cela s'appelle *des auteurs !*

Le malheur de ces gens-là vient de ce que leurs pères ne leur ont pas fait apprendre une profession. C'est un grand défaut dans la police moderne. Tout homme du peuple qui peut élever son fils dans un art utile, & ne le fait pas, mérite punition. Le fils d'un metteur en œuvre se fait jésuite à dix-sept ans. Il est chassé de la société à vingt-quatre, parce que le désordre de ses mœurs a trop éclaté. Le voilà sans pain ; il devient folliculaire ; il infecte la basse littérature & devient le mépris & l'horreur de la canaille même. Et cela s'appelle *des auteurs !*

Les auteurs véritables sont ceux qui ont

réuffi dans un art véritable, foit dans l'épopée, foit dans la tragédie, foit dans la comédie, foit dans l'hiftoire ou dans la philofophie, qui ont enfeigné ou enchanté les hommes. Les autres dont nous avons parlé font, parmi les gens de lettres, ce que les frelons font parmi les oifeaux.

On cite, on commente, on critique, on néglige, on oublie, & furtout on méprife communément un auteur qui n'eft qu'auteur.

A-propos de citer un auteur, il faut que je m'amufe à raconter une fingulière bévue du révérend père *Viret* cordelier, profeffeur en théologie. Il lit dans la *philofophie de l'hiftoire* de ce bon abbé Bazin, *que jamais aucun auteur n'a cité un paffage de Moïfe avant Longin, qui vécut & mourut du tems de l'empereur Aurélien.* Auffi-tôt le zèle de *St. François* s'allume: *Viret* crie que cela n'eft pas vrai, que plufieurs écrivains ont dit qu'il y avait eu un *Moïfe*; que *Jofeph* même en a parlé fort au long, & que l'abbé *Bazin* eft un impie qui veut détruire les fept facremens. Mais, cher père *Viret*, vous deviez vous informer auparavant de ce que veut dire le mot *citer*. Il y a bien de la différence entre faire mention d'un auteur & citer un auteur. Parler, faire mention d'un auteur, c'eft dire il a vécu, il a écrit en tel tems. Le citer c'eft rapporter un de fes paffages, *comme Moïfe le* dit dans son *Exode*, comme *Moïse a écrit dans sa Genèse*. Or l'abbé *Bazin* affirme qu'aucun écrivain étranger, aucun même des prophètes Juifs n'a jamais cité un seul passage de *Moïse*, quoiqu'il soit un auteur divin. Père *Viret*, en vérité vous êtes un auteur bien malin, mais on saura du moins, par ce petit paragraphe, que vous avez été un auteur.

Les auteurs les plus volumineux que l'on ait eus en France, ont été les controlleurs-généraux des finances. On ferait dix gros volumes de leurs déclarations, depuis le règne de *Louis XIV* seulement. Les parlemens ont fait quelquefois la critique de ces ouvrages; on y a trouvé des propositions erronées, des contradictions. Mais où sont les bons auteurs qui n'ayent pas été censurés !

AUTORITÉ.

Misérables humains, soit en robe verte, soit en turban, soit en robe noire, ou en surplis, soit en manteau & en rabat; ne cherchez jamais à employer l'autorité là où il ne s'agit que de raison, ou consentez à être bafoués dans tous les siécles comme les plus impertinens de tous les hommes, & à subir la haine publique comme les plus injustes.

AUTORITÉ. 381

On vous a parlé cent fois de l'infolente abfurdité avec laquelle vous condamnates *Galilée*, & moi je vous en parle pour la cent & uniéme ; & je veux que vous en faffiez à jamais l'anniverfaire, je veux qu'on grave à la porte de votre St. Office ;

Ici fept cardinaux affiftés de frères mineurs, firent jetter en prifon le maître à penfer de l'Italie, âgé de foixante & dix ans ; le firent jeûner au pain & à l'eau, parce qu'il inftruifait le genre-humain & qu'ils étaient des ignorans.

Là on rendit un arrêt en faveur des cathégories d'*Ariftote*, & on ftatua favamment & équitablement la peine des galères contre quiconque ferait affez ofé pour être d'un autre avis que le ftagirite, dont jadis deux conciles brûlèrent les livres.

Plus loin une faculté qui n'a pas de grandes facultés, fit un décret contre les idées innées, & fit enfuite un décret pour les idées innées, fans que la dite faculté fût feulement informée par fes bedauts de ce que c'eft qu'une idée.

Dans des écoles voifines on a procédé juridiquement contre la circulation du fang.

On a intenté procès contre l'inoculation, & parties ont été affignées par exploit.

On a faifi à la douane des penfées vingt & un volumes *in-folio*, dans lefquels il était dit méchamment & proditoirement que les triangles ont toûjours trois angles ; qu'un père est plus âgé que son fils, que *Rhea Silvia* perdit son pucelage avant d'accoucher, & que de la farine n'est pas une feuille de chène.

En une autre année on jugea le procès *Utrum chimæra bombinans in vacuo possit comedere secundas intentiones*, & on décida pour l'affirmative.

En conséquence on se crut très supérieur à *Archimède*, à *Euclide*, à *Ciceron*, à *Pline*, & on se pavana dans le quartier de l'université.

A X E.

D'Où vient que l'axe de la terre n'est pas perpendiculaire à l'équateur ? Pourquoi se relève-t-il vers le nord, & s'abaisse-t-il vers le pole austral dans une position qui ne paraît pas naturelle, & qui semble la suite de quelque dérangement, ou d'un période d'un nombre prodigieux d'années ?

Est-il bien vrai que l'écliptique se relève continuellement par un mouvement insensible vers l'équateur ; & que l'angle que forment ces deux lignes soit un peu diminué depuis deux mille années ?

Est-il bien vrai que l'écliptique ait été autrefois perpendiculaire à l'équateur ; que les Egyptiens l'ayent dit, & qu'*Hérodote* l'ait rapporté ? Ce mouvement de l'écliptique formerait un période d'environ deux millions d'années ; ce n'est point cela qui effraye ; car la terre a un mouvement imperceptible d'environ vingt-neuf mille ans, qui fait la précession des équinoxes ; & il est aussi aisé à la nature de produire une rotation de vingt mille siécles, qu'une rotation de deux cent quatre-vingt dix siécles.

On s'est trompé quand on a dit que les Egyptiens avaient, selon *Hérodote*, une tradition que l'écliptique avait été autrefois perpendiculaire à l'équateur. La tradition, dont parle *Hérodote*, n'a point de rapport à la coincidence de la ligne équinoxiale & de l'écliptique ; c'est toute autre chose.

Les prétendus savans d'Egypte disaient que le soleil, dans l'espace de onze mille années, s'était couché deux fois à l'orient, & levé deux fois à l'occident. Quand l'équateur & l'écliptique auraient coïncidé ensemble, quand toute la terre aurait eu la sphère droite, & que partout les jours eussent été égaux aux nuits, le soleil ne changerait pas pour cela son coucher & son lever. La terre aurait toûjours tourné sur son axe d'occident en orient, comme elle y tourne aujourd'hui. Cette idée de faire coucher le soleil à l'orient n'eſt qu'une chimère digne du cerveau des prêtres d'Egypte, & montre la profonde ignorance de ces jongleurs qui ont eu tant de réputation. Il faut ranger ce conte avec les ſatyres qui chantaient & danſaient à la ſuite d'*Oſiris*, avec les petits garçons auxquels on ne donnait à manger qu'après avoir couru huit lieuës pour leur apprendre à conquérir le monde; avec les deux enfans qui crièrent *bec* pour demander du pain, & qui par-là firent découvrir que la langue phrygienne était la première que les hommes euſſent parlé; avec le roi *Pſamé- ticus* qui donna ſa fille à un voleur pour le récompenſer de lui avoir pris ſon argent très adroitement, &c. &c. &c. &c. &c.

Ancienne hiſtoire, ancienne aſtronomie, ancienne phyſique, ancienne médecine, (à *Hippocrate* près) ancienne géographie, ancienne métaphyſique, tout cela n'eſt qu'ancienne abſurdité, qui doit faire ſentir le bonheur d'être nés tard.

Il y a, ſans doute, plus de vérité dans deux pages de l'Encyclopédie concernant la phyſique, que dans toute la bibliothéque d'Alexandrie, dont pourtant on regrette la perte.

Fin de la ſeconde partie.

TABLE

TABLE
DES ARTICLES
contenus dans cette seconde partie.

APOCRYPHE, *du mot grec qui signifie caché.* . . . . pag. 1.
De la vie de Moïse, livre apocryphe de la plus haute antiquité. . . . 5.
Fragment de la vie de Moïse. . 6.
De la mort de Moïse. . . 12.
Livres apocryphes de la nouvelle loi. 15.
Des autres livres apocryphes du premier & du second siécles. . . . 17.
Suite des livres apocryphes. . . 28.
A Marie qui a porté CHRIST, *son dévot Ignace.* . . . . 33.
Réponse de la Ste. Vierge, à Ignace son disciple chéri & l'humble servante de JESUS-CHRIST. . . . 34.

Seconde partie. Bb

APOINTÉ, DESAPOINTÉ. pag. 39.
APOINTER, APOINTEMENT,
 termes de palais. . . . 40.
APOSTAT. . . . . 41.
APOTRES. . . . . 53.
APPARENCE. . . . 70.
APPARITION. . . . 74.
APROPOS, L'APROPOS. . 81.
ARABES, *& par occasion du livre de Job.* 83.
ARANDA. *Droits royaux, jurispruden-*
 ce, inquisition. . . . 92.
 Etablissement curieux de l'inquisition en
  Portugal. . . . . 97.
ARARAT. . . . . 101.
ARBRE A PAIN. . . 104.
ARBRE A SUIF. . . 107.
ARC. *Jeanne d'Arc dite* la Pucelle d'Or-
 léans. . . . . 109.
ARDEUR. . . . . 116.
ARGENT. . . . . 118.
ARIANISME. . . . 129.
ARISTÉE. . . . . 143.
ARISTOTE. . . . 147.
 De sa logique. . . . ibid.

DES ARTICLES. 387

De sa physique. . . . . pag. 150.
*Traité d'*Aristote *sur les animaux.* . 152.
Du monde éternel. . . . ibid.
De sa métaphysique. . . 153.
De sa morale. . . . ibid.
De sa rhétorique. . . 155.
Poëtique. . . . . 158.

ARMES, ARMÉES. . . 162.
AROT ET MAROT. . . 172.
ARRÊTS NOTABLES, *sur la liberté
naturelle.* . . . 184.
ART DRAMATIQUE, OUVRAGES
   DRAMATIQUES, TRAGÉDIE,
   COMÉDIE, OPÉRA. . . 189.
Du théâtre espagnol. . . 193.
Du théâtre anglais. . . 198.
Scène traduite de la Cléopatre de Shakespear. . . . 200.
Du mérite de Shakespear. . 206.
D'Adisson. . . . . 208.
De la bonne tragédie française. . 211.
Second acte d'Iphigénie. . 215.
Troisième acte. . . . 220.
Quatriéme acte. . . . 222.

Bb ij

Cinquième acte.	pag. 225.
D'Athalie.	227.
Des chefs-d'œuvre tragiques français.	229.
Comédie.	230.
De l'opéra.	236.
Du récitatif de Lulli.	245.

ART POËTIQUE. . . . . 251.
ASMODÉE. . . . . . 254.
ASPHALTE, Lac Asphaltide, Sodome. . . . . . 258.
ASSASSIN. . . . . . 266.
ASSASSINAT. (Section seconde.) 271.
ASSEMBLÉE. . . . . 273.
ASTRONOMIE, & quelques réflexions sur l'astrologie. . . 275.
ATHÉISME. (Section première.)
   De la comparaison si souvent faite entre l'athéïsme & l'idolâtrie. . . 283.
   Section seconde. Des athées modernes. Raisons des adorateurs de DIEU. . . . . . . 288.
   Raisons des athées. . . . 289.
   Nouvelle objection d'un athée moderne. . . . . . . 292.

Epître à l'auteur du livre des trois imposteurs. . . . pag. 296.
Section troisiéme. *Des injustes accusations; & de la justification de Vanini.* . . . 299.
Section quatriéme. *De Bonaventure Des-Périers accusé d'athéisme.* . 306.
De Théophile. . . . 309.
De Des-Barreaux. . . . 312.
De La Motte le Vayer. . 314.
De Fontenelle. . . . 316.
De l'abbé de St. Pierre. . 318.
De Barbeirac. . . . ibid.
De Fréret. . . . . 320.
De Boulanger. . . . 326.

ATOMES. . . . . 327.
AVARICE. . . . . 334.
AUGURE. . . . . 337.
AUGUSTE OCTAVE. . . 342.
  *Des mœurs d'*Auguste. . 344.
  *Des cruautés d'*Auguste. . 348.
AUGUSTIN. . . . 353.
AVIGNON. . . . . 356.

AUSTÉRITÉS, MORTIFICATIONS, FLAGELLATIONS. . pag. 362.
AUTELS, TEMPLES, RITES, SACRIFICES, &c. . 368.
AUTEURS. . . . . 371.
AUTORITÉ. . . . 380.
AXE. . . . . . 382.

ERRATA
du second volume.

Page 72. *ligne* 6. & que la nature, *corrigez*, & la nature.

page 83. *lig*. 19. sherif, *corr*. cherif.

page 85. *lig*. 16. la langue, *corr*. comme la langue.

page 89. *lig. antepénult. Shadaïd*, corr. *Shadaï*.

page 144. *lig*. 19. en agir, *ôtez* en.

page 163. *lig*. 1. Kerchonèse, *corr*. Kersonèse.

page 172. *lig*. 1. *firanding*, corr. *flanding*.

page 214. *lig*. 5. qui a bien vu, *corr*. qui a bien voulu.

page 229. *lig*. 7. sa pâture, *corr*. leur pâture.

page 244. *lig*. 8. triomphante, *corr*. foudroiante.

page 245. *lig*. 8. *fugitiva*, corr. *fugitivive*.

page 273. *lig*. *dernière*. Eglige, *corr*. Eglise.

page 288. *lig* 10. crussent pas en DIEU, *corr*. crussent en DIEU.

page 334. *lig*. *pénult*. est d'accumuler, *corr*. est le desir d'accumuler.

page 363. *lig*. 2. commes, *corr*. comme.

www.ingramcontent.com/pod-product-compliance
Lightning Source LLC
Chambersburg PA
CBHW060557170426
43201CB00009B/808